HERMES

在古希腊神话中，赫耳墨斯是宙斯和迈
亚的儿子，奥林波斯神们的信使，道路
与边界之神，睡眠与梦想之神，亡灵的
引导者，演说者、商人、小偷、旅者和
牧人的保护神……

西方传统 经典与解释 **HERMES**
Classici et Commentarii

伯纳德特集

张辉 ◉ 主编

（第二版）

古典诗学之路

—— 相遇与反思：与伯纳德特聚谈

Encounters & Reflections:
Conversations with Seth Benardete

［美］罗娜·伯格 Ronna Burger ｜ 编

肖涧 ｜ 译

张爽 曹聪 ｜ 校

華夏出版社

本成果受到中国人民大学
"统筹支持一流大学和一流学科建设"经费的支持

"伯纳德特集" 出版说明

与许多伟大天才具有相同的命运，伯纳德特（Seth Benardete，1932－2002）的重要性，在他身后才格外彰显；而随着时间的推移，他在思想史上的意义也将长久不可磨灭。

正像哈佛大学教授、著名哲学家曼斯菲尔德（H. Mansfield）在"悼词"中所说，作为一个古典学者，特别是作为一个杰出的哲学家，伯纳德特生前并不为知识界所普遍了解，他本人似乎对获得某种赫赫声名也并不感兴趣。但是，他又无疑是我们时代最有学问的人，同时也是最深刻的思想家（the most learned man alive, and the deepest thinker as well）。或者如另一位学者伯格（Ronna Burger）所言，他的一生，便是哲学式生活的楷模。

从 1965 年起，伯纳德特就在纽约大学（NYU）任教。在教书和研究的 40 年中，他几乎将全部精力都放在了对古希腊哲学和文学的研究与翻译上。逝世前一周，他还在为大家讲授柏拉图的《欧蒂德谟》（*Euthydemus*）——而这篇对话录，据说是仅剩的、少数他所没有讲授过的柏拉图对话录了。像他的伟大老师施特劳斯一样，他试图用那些"伟大的书"作为一面镜子，为平庸的现代世界，寻找到真正的、不可回避的对照；为实用而虚无的人生，提供另外一种生活的可能性。

而这一切是建立在严格而持久的学术苦修上的。伯纳德特对古代语言和古代文本天才的把握，甚至不得不使他的"宿敌"——美国形而上学学会会长罗森（Stanley Rosen）叹服。法国著名学者维达—那克（Pierre Vidal – Naquet）也认为，在这方面："他堪获得荷马的英雄般的荣耀。"而伯纳德特涉足的广泛领域，更是当代学界少有人可以匹敌。1953 年完成关于柏拉图的《忒阿格斯》（*Theages*）的硕士论文、1955 年又完成关于荷马史诗的博士论文之后，他不仅翻译和疏解了埃斯库罗斯、索福克勒斯以及欧里庇得斯等人的戏剧；发表了关于赫西俄德、希罗多德的论文和专著；而且，还为几乎所有重要的柏拉图对话录——从《王制》、《会饮》到《法义》等等，在翻译基础上写了非常耐人寻味的评注。他对现有学科界限的超越，代表了一种学术和精神的高度，一种几乎难以企及的高度，历史、文学、哲学……诸多知识领域，在他的经典研究中精彩地融会贯通，而远非各自为政。

　　本系列从伯纳德特大量论文、专著和对话录中编选出 11 卷，向汉语知识界比较全面地介绍这位沉静而深刻的哲人的不朽思想。他对生活的悲剧与喜剧进行"情节论辩"的高超功力，他在体察"道德与哲学的修辞术"时所表现出的见微知著的惊人智慧，他与古代圣贤相遇并对话的奇特方式，以及他始终不渝的对美好生活的永恒追问，都将令拥有五千年文明的我们反躬自省。阅读伯纳德特，不仅会启发我们重新体认伟大的古代诗学传统，而且将对我们重新估量那些被现代学问与生活方式所遮蔽乃至毁坏的一切具有重要借鉴作用。

古典文明研究工作坊

西方典籍编译部戊组

2010 年 7 月

目　　录

中译本前言

喜欢念书的人无不企望从学时师从好老师，但天命并不安排每个时代都出现好老师——读书人是否碰上一位好老师，只能靠运气。像姜亮夫先生那样，曾先后师从廖平、王国维、章太炎，让人觉得，他把从学的福气享尽了，令我们只有惊羡的分儿。

没有福分亲炙于好老师，从有福分的学生那里听到一些关于他们经受好老师教诲的经历，也算求之不得的美事。因此，我们后学特别感谢诸如《蒙文通学记》（蒙默编，北京：三联书店1993）和《蒿庐问学记：吕思勉生平与学术》（俞振基编，北京：三联书店1996）一类有福分的学生的忆学杂记，让我们这些没福分的得以感领好老师的为学和为人。

著名古典学家伯纳德特当学生时，先后或同时师从三位古典学的好老师——施特劳斯、格瑞纳（David Grene）和布莱肯哈根（Peter von Blanckenhagen），并成为施特劳斯最喜欢的学生之一（伯纳德特离校后一直与施特劳斯保持通信问学，直到施特劳斯仙逝）。这样的福分，我们当然连想也不敢想。转眼间，伯纳德特也已经成就为一位好老师，养育过诸多学有所成的学子——本来，我们曾有年轻的学子企望到美国纽约大学古典学系跟从伯纳德特学习古典学问，谁料当我们知道他是位好老师不久，他就病逝了。天命就是如此。我们仅能指望有一天从伯纳德特的学生们那里听到一些关于他的事情，或许通过他，也能听到一些关于他的老师的一些事情。

无用赘言，这本《相遇与反思：与伯纳德特聚谈》实在难得，我相信，好些年青的中国学子也巴望从中得到自己想要得到的东西，因为，他们如今明白，真正滋润灵魂的学问是古典的学问。

原文索引附后，原文页码见于文中的方括号。

刘小枫
2005 年 10 月 25 日於中山大学哲学系

序

你这个非凡的人！——想要恰当地说明任何较为重要的问题而不使用范例很难。我们每个人都像是在梦中观察事物，以为自己完全知晓这些事物，然而，醒来的时候却发现自己一无所知。

——柏拉图《治邦者》277d，据伯纳德特译文

[vii] 本书的缘起可追溯至 70 年代早期，当时伯纳德特在社会研究新学院（the New School for Social Research）① 讲授夜间课程，内容是柏拉图或亚里士多德。每逢上课的夜晚，我们一小群人会漫步课堂之外，到相隔几个街区的雪松酒馆（Cedar Tavern）楼上畅谈。后来谈话地点又改到荷马餐厅（Homer's Diner），我们坐在挂有荷马肖像的小隔间内，好几个小时都不会有人打扰。会谈一开始通常讨论和我们正在研读的文本有关的问题，内容涉及政治与历史、古典学术和当代物理学、希腊与罗马作家、犹太教与基督教、英国人与德国人，然后从荷马或黑格尔或海德格尔绕回到柏拉图。

我们的谈话如涓涓细流，通常止于伯纳德特字字珠玑的简洁评述。他的话语散发着迷人魅力——属于一个学者世界的魅力，这个世界已逐渐消失，并且似乎可能被遗忘。这里指的学者世界比我们所知的学术界要小很多，它主要由欧洲人组成，他们中许多人经历

---

① ［译注］社会研究新学院于 1918 年创立于纽约，创办人包括杜威在内的著名学者，旨在创立"进步的"成人教育和独立的社会科学研究机构。

数次历史转折，最终成为美国战后一代学生的老师。50 年代早期，伯纳德特入读芝加哥大学，与布鲁姆、罗森、斯坦纳（Goerge Steiner）、达登（Severn Darden）等人成为同窗。他与访问该校的布伯（Matin Buber）、汤因比、艾略特亦有过接触，并得到包括葛佳恩（David Grene）和布莱肯哈根（Peter von Blanckenhagen）在内的诸位教授的悉心指导。不过最为重要的是，他在芝加哥大学与施特劳斯的相遇决定了他的哲学发展路向。伯纳德特曾获得一系列奖学金资助，游历雅典、罗马、佛罗伦萨，[viii] 在圣约翰大学获得他第一个教席，后来又到哈佛大学加入"初级研究员项目"（Junior Fellows Program）。这些年的学术生涯不仅磨砺了他的语文学技巧，加深了他对古代思想的理解，而且经由与各色人等接触——古怪的、虔诚的以及用自己独特方式表现出复杂性的人，形成了他对人性的认识。当然，有幸在有趣的时代生活在有趣的地方还不够；伴随这些机遇的，还有伯纳德特敏锐的洞察力与牢固的记忆力。不过最为重要的是，他娓娓道来的各种故事是一个哲学头脑的产物：它们更为具体地阐明了他自己对哲学的理解——思想与不可预期之物的真实相遇。

与伯纳德特长达数年的谈话重构了一个世界，它充实了我们当时正在研读的书本；我们自己的学生或许又隔了一层。我开始设想这些对话的记录或许可以提供通向那个世界的途径：这个记录，诚如苏格拉底在《斐德若》中所言，将为我们自己以及后来的同路人储藏一笔记忆的财富，帮助我们抗拒遗忘。心中有了这个念头，我们三人——罗伯特、米歇尔和我，便手拎录音机，于 1992 年和 1993 年间在伯纳德特的办公室与他进行了六次谈话，每次数小时。一开始我们询问他在曾经驻足过的各高校遇到的教师与学者。在他搜寻记忆的过程中，问题逐渐转变为：一个人能教给另一个人什么以及通过经验学习意味着什么。人似乎需要很长时间才能真正明白自己很早就意识到的东西，伯纳德特不止一次对此感到惊异：我们不得不在清醒状态下逐渐认识我们似乎早已在梦中知晓的事物。他回顾自己关于荷马的学位论文，关于希罗多德的著作，关于希腊悲剧和柏拉图对话的早期文章，四十年间他不断返回到对这些作品的研究；四十年后，伯纳德特认为自己在其中犯了若干错误，他现在开始在这些错误中更为清晰地看到一种普遍形式。伯纳德特作品中重复出现的主题——爱欲与惩戒、美与正义、城邦、灵魂与诸神，由于我们探寻其特征与意义，在我们的谈话之流中不断涌现，并充盈在我们关于自然科学、诗歌、宗教以及它们与哲学关系的讨论之中。

本书正文部分记述我们参与、记录并在后来整理的对话。我们整理录音记录，以便删除重复的内容，让讨论显得连贯有序，同时又尽可能不损害原有场景的自发性。[ix] 尽管我们谈话的顺序差不多遵循在此处提及的顺序，我们最初并没有把它构想为分成两部分的整体。本书标题"相遇与反思"似乎适用于这两个部分，因为它们展现了伯纳德特称之为"未定之二"（indeterminate dyad）的结构，"未定之二"意为构成一对组合的事物不是独立的单元，不能被简单地算作"二"；相反，它们是整体的部分，在某种程度上互相包含对方。第一部分由伯纳德特的回忆组成——他在塑形阶段与各种人物和地点的相遇；第二部分关注在与诗歌或哲学作品相遇时所产生的反思的性质。每个部分自身和彼此共有的二元性囊括在关于希腊悲剧的公式中：pathei mathos——通过经验来学习。我们的讨论暗示，从人生际遇中寻求洞见（尤其从所犯错误中寻求洞见）的过程与解释一个文本（只要这个文本包含对某人错误出发点的揭示，随后又深刻认识到这种出发点的必然性）之间存在着相似性。柏拉图在苏格拉底"第二次起航"的描述中提供了一种范例（paradigm）——通过认识到自己最初与先行者们同犯的错误发现自己的道路。诚如这些对话证实的那样，伯纳德特践行的哲学阐释活动即为这种行进方式的生动例证。

不管试图捕捉伯纳德特独特声音痕迹的目标多么严肃，整个录音过程自始至终都轻松愉快。现在它却带上了不同的色彩：正当我们获悉本书应允付梓之际，伯纳德特不幸患病。他读过这部书稿的早期校样；伯纳德特于 2001 年 11 月 14 日辞世，当时本书最后一稿正躺在他的书桌上等待审阅。我们希望我们的校对能够与他可能做的足够贴近，当然我们对此并不确信。

在编辑这些对话并看到它们作为一个整体显现的过程中，我们发现一个特殊的主题似乎明显缺席，或至少没有得到足够的强调，我们曾希望在另一次对话中讨论这个主题。法律是什么，以及法律在使人成其为人的过程中扮演什么角色——这是伯纳德特希腊悲剧解释的中心问题，他曾长期将这个问题与希伯来《圣经》联系在一起思考；他曾开设关于古代法律的多门课程，并尤其喜欢阅读多布（David Daube）关于希腊、罗马和《圣经》法律的著作；伯纳德特的最后著作是对柏拉图《法义》的精妙解读——一部精微深奥的鸿篇巨制，如果我们曾与他更为随意地谈到他对《法义》基本意图的理解，我们必定会获益良多。[x] 但是，我们曾计划深入讨论的却不是这个主题。开始试图重建谈话可能涉及的一些方向要求我们回忆与伯纳德特谈话的不可取代的特征——思维的跳跃和转折带来令人惊异的洞见，尽管（或因为）这些洞见是如此不可预期。

伯纳德特喜欢把思维的意象比作在沙滩上行走的过程：沙中的脚印只留存片刻，旋即又被覆盖，而人在渺无足迹的路途中继续前行。他比任何人都更能够和更愿意重新开始，并且似乎更容易被前面未知的路途所激励，而不是热衷在身后留下任何丰碑。不过，当他已与世长辞，留存他足印的这些微弱痕迹会带给我们些许安慰，无论这样的安慰多么微不足道。

致　谢

　　伯纳德特夫人审阅本书手稿并提出诸多有益建议，我们在此致以谢意。我们还要感谢伯纳德特的家人、维克托（Victor Gourevitch）与杰奎琳（Jacqueline Gourevitch）、萨姆（Sam Kulter）以及米歇尔（Michael Platt），他们为我们送来许多精彩照片（我们未能全部采用）。本书注释部分有赖不少人提供帮助，尤其劳伦斯（Laurence Berns）、拉瑞莎（Larissa Bonfante）、艾米（Amy Kealiher）、玛丽（Mary Nichols）、罗森、马丁（Martin Sitte）和斯图加特（Stuart Warner），在此表示感激。本书的最后定稿端赖克劳迪娅（Claudia Rex）聪颖细致的编辑工作。这部作品有别于通常类型的著作，约翰（John Tryneski）一开始就表现出对本书的兴趣，并一直支持我们的工作，在此谨致谢忱。

引　子

聚谈人物

瑟特·伯纳德特　Seth Benardete

罗伯特·伯尔曼　Robert Berman

萝娜·伯格　Ronna Burger

米歇尔·戴维斯　Michael Davis

瑟特：我父亲过去给我们讲阿凡提（Nasreddin Hoja）的故事，这个人半是机灵鬼半是傻瓜。我哥哥和我最爱听这个故事，我们常常要他给我们讲，至少一年一次。

　　[I]① 阿凡提那时已经非常有名，不过他在旅行时总是十分节俭。他在礼拜五来到一个村子，在去清真寺祷告之前，自然先去澡堂。澡堂的佣工扫了他一眼，就把他扔进最冷的水里，给他一条最粗糙的毛巾，然后打发他离开。不过与所有土耳其佣工相同，他们在收费时紧闭双眼，摊开手心。阿凡提在他们的掌心放了一枚钱币，然后往清真寺方向走去。当他走到半路，那些佣工睁开眼睛发现手里是一枚金币。他们奔走相告："那个男人，我们待他像污泥，他却给了我们一枚金币。"一周后，在礼拜五去清真寺之前，阿凡提又来到那个澡堂。这回澡堂里洒

_____

① ［译按］方括号内为本书英文版页码，全书同。

满了香水，有女郎吹笛助兴，还有人伺奉茶水、冰块，佣工们在列队恭候，像伺候国王那样伺候他。待阿凡提沐浴完毕，他们又排成一队，闭上眼睛，摊开手掌。阿凡提在他们手中放了个子儿，然后往清真寺走去。第一个睁开眼的佣工发现手里放着一文钱。佣工们都感到十分惊讶，他们一边追着阿凡提一边嚷："大爷，大爷，你肯定搞错了。"阿凡提问："搞错了什么？""上礼拜我们像对待乞丐那样对待你，你给了我们一个金币；这礼拜我们像伺候皇帝那样伺候你，[Ⅱ]你却给我们一文钱。"阿凡提说，"哦，这文钱是付上礼拜的，那枚金币是付这礼拜的。"

我父亲讲的关于阿凡提的另一个故事更令人难以置信。

阿凡提有一次来到一个镇，镇上人人都知道他，要求他礼拜五在清真寺发表演说。他说："不行、不行，我在别的地方还有事，不能久留。"但是他们说："我们让你在全镇最有钱的人家里住上一个礼拜。"于是阿凡提就说："好吧，我会重新考虑。"到了礼拜五，人人都在盼望他的发言。他起床后说："穆罕默德们，女人们，孩子们，你们知道我今天会说什么吗？"他们说："不知道。""好吧，如果你们不明白我要说什么，我就不说。"然后转身离开。镇上的人觉得很恼火，他们要求他在最有钱的人家里再住上一个礼拜。他说："好哇"。第二个礼拜他起床后问了同样的问题，这次每个人都回答："知道"。因此他说："既然你们都知道了，我就不用再说。"镇上的人确实希望知道他会说什么，就想出个计策。当他第三个礼拜再问这个问题的时候，他听到一些人说"知道"，一些人说"不知道"。然后他说："好吧，知道的人告诉不知道的人，再见。"他们认为确实有必要听听他会说什么，所以第四个礼拜他又在最有钱的人家里度过。礼拜五来了，他又问了通常的问题，这回全场鸦雀无声。他重复了一遍，人们依然沉默不语。他就嚷道："穆罕默德们，女人们，孩子们，你们知道我今天会说什么吗?"仍然是一片沉默。最后，他说："我昏花的老眼可能欺骗了我，这里一个人也没有。"

我先前以为这些故事是我父亲自己编的。他自己创造了一个人物"阿凡提"，这个人有其他冒险的经历，放弃了永生，然后又复活，等等——有点像普罗米修斯。但是，我多年后发现，阿凡提在土耳其和波斯家喻户晓。我去伊斯坦布尔的时候，坐在我一个叔叔的办公室里，翻阅土耳其语—英语贸易杂志，在那里的每个星期，都是一个阿凡提故事。

第一部分　相遇

第一章　芝加哥大学（1948、1954—1955）

［5］入读芝大

米歇尔　或许我们应该首先问你为何选择芝大？

瑟特　我在布碌伦技术高中①念完中学。当时我母亲记得她认识一个芝大的学生，我们夏天在达特茅斯消假时，他们曾见过面。他叫兰姆（Donald Lamb），是麦克科恩②的弟子。我母亲写信给他，他说如果我申请，他们可能会考虑。所以我就申请了。我后来见过他，他确实是位如羔羊般温柔和气的人（［译按］英文中"兰姆"和"羔羊"一词的拼写相同）。

萝娜　他在古典系吗？

瑟特　不，兰姆在哲学系，一辈子都研究康德，不过他又是麦克科恩的崇拜者。

萝娜　当时有很多麦克科恩的崇拜者，是吗？

瑟特　格沃斯③也是，不过他的级别要高得多。我想兰姆只是在

---

① ［译按］布碌伦技术中学，纽约市三大公立高中之一，侧重数理，每年都有很高的常春藤名校入学率。

② Richard Mckeon（1900—1985），1925 年至 1973 年间任芝加哥大学哲学系教授。他设计了理念与方法分析协会（Committee on Analysis of Ideas and Methods）的跨学科项目，并成为这个项目的主要负责人。

③ Alan Gewirth（1912—），哲学系教授，研究领域为道德哲学。

学院教书，而且几乎没上过研究生课程。

罗伯特　你知道自己想在芝大学什么吗？

瑟特　我离开布碌伦技术高中时打算学习数学。

萝娜　不过当时你已经学过希腊语，对吧？他们在高中开设希腊语吗？

[6]　**瑟特**　没有，我是去布碌伦大学学的。

萝娜　你最初对希腊语的兴趣从何而来？

瑟特　我父亲说："你应该学希腊语。"

罗伯特　不过他没有说为什么？罗杰①也学过希腊语？

瑟特　没有。

罗伯特　你父亲也要求他学诸如希腊语之类的什么吗？

瑟特　没有，他对诗歌感兴趣，后来转向哲学。

萝娜　你立刻就喜欢上了古希腊语？

瑟特　是的，不过我觉得我不会专攻希腊语。

罗伯特　希腊语教授是位古典学者？

瑟特　那位教授就是维拉，②我后来又在这里遇到她。不过，我没问她是否在多年前做过我的教授。

早年岁月

布碌伦技术高中

萝娜　你对布碌伦技术高中还有印象吗？那是座男校？

---

①　Jose Benardete，瑟特的哥哥，Syracuse 大学哲学系教授，著作主要涉及形而上学和数学哲学。

②　Vera Lachmann（1904—1985），1939 年移民美国，诗人，相继在 Brooklyn 大学和纽约大学担任古典语言教师。

瑟特　是男校，校风非常好。有几千名学生，秩序井然。

罗伯特　班级里学生的情况怎样？家庭背景都差不多？

瑟特　从底层社会到上流社会的人都有。不过我们班里非常富裕人家的孩子只有两三个。他们比其他人要悠然自得得多，这一点十分明显。

萝娜　是通过考试录取学生吗？

瑟特　是的。

萝娜　而且特别注重培养学生的数学和自然科学能力？

瑟特　是的，尽管教育方式非常老套。机械绘图四年、徒手画两年、工作室四年、车床工艺两年。

米歇尔　所以你著作中的图表就是从这里学来的？

罗伯特　你当时接触过哲学吗？

瑟特　没有……不过我记得读过马克思，还有汤因比。

[7]　布碌伦大学

萝娜　你父亲是西班牙语教授，对吧？

瑟特　是的，他在布碌伦大学教书。

罗伯特　那么你母亲呢？她叫什么名字？

瑟特　多丽丝，她在英语系。

萝娜　你母亲的父亲也是教授？

瑟特　是个商人，来自奥地利。在 Rapp – Coudert 协会的系列活动中，我父母受牵连，这些活动的目的是清除各城市大学中的共产主义分子。

萝娜　那是哪一年？

瑟特　可能是 1938 年或 1939 年。

罗伯特　你那时候 8 岁？

瑟特　是的。当时英语系有个人在法庭上说，不少人是共产主义分子，由于他需要两名证人，他又说我母亲知道这些人的情况。他们在深夜送来传票，那场面挺骇人。当然，现在人们对这类事情已经习以为常，不过，在那个年代你不会希望这种事发生到自己头上。我母亲立刻去了教师联盟（Teacher's Union），他们为她提供了一名辩护律师。

罗伯特　她认识这个人吗？

瑟特　是的，我下面会谈到。这个故事还另有一番有趣的波折。他们知道我父亲是激进的反共产主义者，曾经在布碌伦大学的餐厅里公开谴责这些人。所以，他们分别传唤我父母在同一时间出席布碌伦市中心的会议，但事先没有告诉他们。在会议上他们对我父亲谦恭有礼，却完全把我母亲晾在一边，不闻不问。因为他们认为我父亲是土耳其人，可以忍受自己的妻子被人蔑视。我父亲对此十分气愤，以致他们的整盘战略后院起火。

米歇尔　你母亲后来怎样？

瑟特　他们决定庭上解决，控告她做伪证。我母亲非常聪明地找到布碌伦最好的律师事务所，这个事务所有最广泛的关系网。他们问她的第一件事是："你对那个告发此事的人了解多少？"我母亲告诉他们："你们要知道，在他做学生的时候，是我父亲把他从大街上带回来的。他住在我们家的时候诱奸了一个女孩。"那些律师说："让我们来办。"［8］这件事没有闹上法庭。他们肯定说："你带她上庭，我们就让他身败名裂。"

米歇尔　美好的旧时光。那时候还可以用这类事情让人身败名裂。

瑟特　是不是很有意思？若干年后，在反美活动调查委员会（The House Committee on Un‑American Activities）期间，我叔叔收到传票。他是布碌伦的一名牙医。当时他住在长岛，业绩非常好，有些人想搞垮他。所以他惊慌失措，我母亲说："去那家律师事务所。"于是这件事情没有公之于众。

新英格兰之夏

罗伯特 你说你母亲遇见兰姆是你们在达特茅斯①度假的时候。你们定期去那里吗？

瑟特 我们过去夏天常去汉诺威（[译按]达特茅斯学院座落的小镇）。我父母在图书馆有间小卧室，会有一位大学生照看我们兄弟俩。他们中的一人名叫乔治（George Klein），后来成了心理学家。有一年夏天，罗斯福来到这里。全镇的人倾巢而出，聚到达特茅斯学院 Baker 图书馆对面的旅馆前面，看到那辆漂亮的黑色轿车车篷折起，罗斯福端坐其中，嘴里叼着根雪茄。一位服务生出来为他送了杯牛奶，罗斯福接过喝着。全镇的人都在看他。乔治对我们说："我打赌，这肯定是汉诺威前所未有最大规模的集会。"一位老妇人说："年轻人，当年柯立芝总统（Cal Coolidge）来的时候，可惜你不在。"汉诺威确实是共和党人的城镇。

罗伯特 其他人亲眼见过总统吗？

瑟特 我在巴黎见过艾森豪威尔，是和布鲁姆一起。布鲁姆立刻觉察到他虚荣，因为他爱听群众的赞扬，并随着群众热情的高涨而忘乎所以。

①　[译按]指达特茅斯学院，成立于一七六九年，该学院是美国第九所历史最悠久的学院，也是闻名遐迩的长青藤学院之一，座落于新罕布什尔州的汉诺威小镇。

萝娜　你们每年夏天都去汉诺威吗？

瑟特　有段时间我们夏天去佛蒙特。我们向一户人家租了套房子，那家人姓卢梭。男主人和他两个高大的儿子经营一个农场，一个儿子名叫弗朗西斯，另一个我不记得了。女主人经营提供膳食的旅店，每年夏天都有人入住。他们有个女儿叫密茜，她从早忙到晚，打理店里所有事务。她骨瘦如柴，一直不停地吸烟。他们还有个儿子叫路森，他在附近镇上一个非常高雅的家庭里当男管家。路森回家时，会告诉他母亲怎样才算举止得体。他们还有个叫露西的女儿，通常夏天她为我们做饭。她［9］烤的苹果派简直美味无比，我们都没吃过这么好吃的派。每天我们都吃苹果派，一有人赞扬她，她就会露出灿烂的笑容。有一天，我的一个叔叔也在那里，在尝了一块派之后，他在上面涂了层奶酪。我父亲说："你不能在这样的派上加奶酪。"然后走了出去，他不想和他待在一个房间。

萝娜　简直是亵渎圣物！

瑟特　是啊！我父亲有个朋友名叫阿尔塞（José Maria Arce），他是达特茅斯学院西班牙语教授，来自哥斯达尼加。有一年他去意大利旅行，当时他恰好继承了约一万美金的遗产。他在米兰追一个女人，这个女人同时又被菲亚特集团（Fiat）未来的头儿追求。这个女人对他花在她身上的一万美金印象深刻，就嫁给了他，然后一辈子都在后悔，因为那是他所有的钱。他和这个女人生了个女儿。他从未给自己的妻子和女儿任何生活费用，他的钱都花在自己身上。他有各种耗资不菲的爱好。某年可能是摄影，他会买最贵的相机和各种器材。然后他又会对另一件事比如木工有热情，所以他做的第一件事就是从南美洲买最贵的木材，然后计划用这些昂贵的木料替换他所有凿子的把手，他最后只换了一个凿子的把手。不管怎样，有一年夏天我们不仅有露西做饭，还多了个女佣和她的司机丈夫，还有三个大学生要和我们待在一起。

米歇尔　你父母的学生？

瑟特　不是母亲的就是父亲的。有一个人名叫戈德堡（Goldberg，[译按]字面意思为"金山"），我父亲立刻叫他 Montoro（"金山"的西班牙语）。他喜欢这个称呼，所以我们一直叫他 Montoro。有个男生名叫博加特（Bogart），我想他后来成了电视导演。第三个在夏天被打发走了，我不知道为什么。在我们计划去佛蒙特的前一天，阿尔塞往我们在布碌伦的家中打电话，问他可否在那里住上一晚？我父亲当时不在。当我父亲那天晚上回家走进卫生间时，发现一箱非常昂贵的洗漱用具，包括背部纯金的刷子等等。我父亲看着这个箱子说，"上帝啊，这是那个车夫带来的吗？我们该怎么办？"这些都是战前发生的事情。有年夏天，一个叫佳诺夫斯基（Janofski）的大学生和我们在一起，他的摄影技术相当不错。我不知道他后来怎样。但是密茜爱上了他。人人都在议论这件事，命中注定是悲剧。

罗伯特　你和这些学生在一起时，他们一般做什么？

瑟特　我想他们会劈木柴。

[10] 罗伯特　你是指生火炉？

瑟特　是的。

米歇尔　你和罗杰会做什么？

瑟特　噢，我们玩槌球戏，在树林里散步，参观农庄，诸如此类。我记得有一次在路上走，碰到有人改造房子。我与里面的木工交上了朋友，整个夏天都待在那里看他工作。我想我哥哥会写诗。在那里真的无事可做。

米歇尔　你房间里有一幅你的肖像画，一定是在那个时期画的。

瑟特　是的，那是在 1942 年，一个名叫伊斯特班①的人画的。他是 1936 年来当地避难的西班牙难民，当时身无分文，所以我父母决定让他给我画像。当他们告诉我时，我立刻跑到盥洗间，想弄明白他为什么想画我的脸。这可是形象问题！他会在每个星期天的午饭前到。他后来成为非常有名的抽象派画家。他现在还健在，肯定有九十多了！

萝娜　所以你的肖像是他的早期作品，现实主义的。

米歇尔　他从真实的伯纳德特转型到抽象派。

萝娜　你童年时代或者后来在佛蒙特度过的夏天愉快吗？

瑟特　我想那段时光到 44 年就结束了。它们是特别漫长的夏日，适应大学的时间安排。所以我们不得不提前离校，推迟回校，这是学校一贯反对的事情。不过，那时每件事情都与现在全然不同，时间改变了太多东西。

兰姆与关于唐吉诃德的论文

米歇尔　你到芝大的时候实际上跟随兰姆学习？

瑟特　嗯，在大学里要写荣誉学位论文，兰姆同意做我的指导老师。年底我交给他一篇关于唐吉诃德的文章。

萝娜　你记得为什么选唐吉诃德吗？

瑟特　我在一学期结束后，回家与我父亲商量论文的事，他说："你为什么不选唐吉诃德呢？"

罗伯特　这是你在大学的第一年吗？

瑟特　我的第一年。

---

①　Esteban Vicente（1904—2001），抽象派/印象派画家。

萝娜　当时你已经选了专业？

[11]　瑟特　在芝大无专业可选。那里只有为期一年的学院课程。你通过所有考试就可以离开学院。

萝娜　所以你在第一年就获得了相当于本科的学位？

瑟特　唔，其他地方不承认它相当于本科学位。当然，我在其他地方也用不着它。

米歇尔　所以你向兰姆提交了那篇唐吉诃德的论文？

瑟特　他说："噢，不能提交这样的东西，你知道不能提交这样的东西。"我就说"好吧"，不过我从来没问过为什么不行。

罗伯特　你还记得那篇论文的内容吗？

瑟特　都是关于唐吉诃德在被事实证明自己错误之后，如何小心翼翼不去验证事实。我记得是与曼布雷诺（Manbrino）的头盔有关的故事。

罗伯特　是怎样的？

瑟特　他用纸板做了个头盔。他把头盔拿到后院，对着它砍了一剑，头盔立刻就散成碎片。所以他又另外做了一个，但是不再测试它，因为他知道结果。

萝娜　这就是解决办法？

瑟特　对，解决办法就是永不验证。

萝娜　所以你通读这部小说，找出所有例证……

瑟特　关于他如何小心翼翼逃避现实。不管怎样，兰姆说："你知道这篇东西不行，它挺有意思，"他说，"不过你知道它不行。"我从未问过他为什么不行。他非常肯定。我想我那时还很怯懦。

罗伯特　他说的奇怪的话永远没有得到解释，那是不是要求你做别的题目？

瑟特　没有，只是我没有获得荣誉学士学位。

社会思想委员会

米歇尔　你到芝大之后是怎么进入委员会的？

瑟特　通过布莱肯哈根①介绍。他在我们第一学年的春天做过讲座。我在大学里的走道上碰到他，就停下来问了一个和他讲座有关的问题。我们聊了很久，最后他说："你为什么不加入委员会呢？"

罗伯特　就这样吗？

[12]　**瑟特**　就这样。

米歇尔　你想过自己进入委员后会做什么吗？你是不会因为布莱肯哈根说"来吧"，你就加入的。

瑟特　死亡！

萝娜　那将是你的主题？

瑟特　是的。

米歇尔　听说你总穿黑衣服，是真的？

瑟特　我想那是因为我只有黑衣服。有个小伙子叫奥克斯曼（Oxman），他是委员会的学生，研究中世纪、奥雷姆（［译按］法国数学家）—货币理论、微积分的起源和其他所有相关事物。总之，委员会在社科楼五楼，当我正迈进电梯的时候，这个小伙子从电梯

①　Peter Heinrich von Blackenhagen（1909—1990），1936 年在慕尼黑大学获博士学位，后执教于马尔堡大学和汉堡大学。他在 1947 年以访问学者身份来到芝大，1949 年成为社会思想委员会的成员。1959 年，他成为纽约大学艺术学院的教员，负责建立古典研究的项目。他讲授古希腊艺术、希腊化时期艺术和古罗马艺术，对庞贝绘画有特殊兴趣。他的遗作，也即他的最后一篇文章是关于柏拉图的《会饮》。

里出来，有人介绍我们认识。他问我的研究对象是什么，当电梯门关上时，他听到一个词"死亡"。

萝娜　你脱口而出？

瑟特　对，这是总结的方式。我没有意识到多年以后它真的成为我的研究对象。从那一刻开始，某个更高的力量就已经在安排它了。

同窗

达登、斯坦纳、罗森

米歇尔　你第一年在委员会里做了些什么？

瑟特　我没去听要求听的四门课，我就记得这个。

萝娜　你的意思是你逃课？

瑟特　所有的课都逃。

罗伯特　那么你做什么？

瑟特　读书，什么都读。

萝娜　你记得读了些什么吗？

瑟特　索罗亚斯德教（Zoroastrianism）的九世纪文本，贝里（Cyrus Bailey），汤因比——我读了汤因比的所有著作。

萝娜　你在选择时有什么原则吗？

瑟特　没有，我在图书馆里见到什么就读什么。

米歇尔　有和你交流的人吗？

瑟特　我有个室友名叫康博伊（Conboy），来自内布加斯加。他是警官的儿子，有两个"情人"，其中之一是梭罗。他的整个第一年（当我在写唐吉河德的时候）都用来把杜阿美尔（Georges Duhamel）

关于梭罗的论文翻译成英文。那是他的研究计划。后来他还爱上了瓦格纳。

萝娜　多妙的组合！

［13］**瑟特**　而且他长得像伊卡布克莱恩（［译按］《断头谷》中的角色）：很高，有点驼背。他成为达登不少玩笑中的嘲弄对象。

罗伯特　你那时已经认识达登？①

瑟特　我告诉你我们是怎样认识的。我们住进宿舍的第一天，我在房间门外与康博文聊天。这时达登（他的房间在走廊另一头）过来对我说："你知道我们要去哪里吗？"我说："不知道。"他说："那么我们一起去吧。"我们就这样认识了。

米歇尔　所以你们的第一次交谈是个玩笑。

萝娜　那时你们都是十六岁？

瑟特　不，十八岁。他毕业于佛蒙特的 Putney 学校，那是座实验学校。不过他是新奥尔良人。他父亲当时刚成为那里的检查官，并说将对黑人白人一视同仁，以前没有人说过这样的话。所以他获得美国有色人种促进会（NAACP）的奖章。

萝娜　达登写过荣誉学位论文吗？

瑟特　他没有。

————————

① Severn Darden（1930—1995），指南针剧院（The Compass Theater）的创办者，这个即兴创作的剧团后来发展成为第二城市喜剧团（the Second City Comedy Troop）。他的独白常常引用弗洛伊德、康德或赫拉克利特，展现了他独特的喜剧思想，他也以此闻名。后来他涉足电影，做过演员、编剧和导演。尼科尔斯（Mike Nichols）在一篇回忆文章中说，当他感到沮丧时，回忆达登关于动物学的讲话总能让他重新振奋："对于刺激引起的运动，牡蛎只有灰暗的种族记忆。"

萝娜　那他去听课?

瑟特　他要听课,他最好的生活习惯部分就是这么养成的。罗森①也住同一层楼,就在达登隔壁,他也养成了这样的生活习惯。

罗伯特　他怎么可能养成这种生活习惯?

瑟特　有段小插曲还牵涉到斯坦纳。②他住在我们院子的对面。他到这里已经一年多,即将在那年毕业。他也是兰姆的学生,写了篇兰姆认为恰当的论文。

米歇尔　不是关于唐吉诃德。

瑟特　不是。唔,达登有次去上了什么课,回来告诉我们有人在课堂上对老师说:"我在想或许除了你情有独钟的那两个人,是否就没有其他可能性。"[14]罗森兴高采烈,他爱上了这句话。当时我们有个大学广播站,其中一个节目是讨论各种书籍,有一期讨论《盛开的犹大花》(*Flowering Judas*),斯坦纳将参与这期节目。于是罗森怂恿达登申请加入这个节目,他自己负责提供达登在讨论期间需要的全部台词。所以达登就去了。我们所有人都在七点半打开收音机。在开始的二十分钟,达登一句话都没说,全是斯坦纳在唱主角。突然,谈话出现短暂停顿,然后达登说:"我想,或许,除了你情有独钟的那两样事物,是否就没有可能存在第三种选择。我指的当然是田野上的大教堂(Cathedral of the Fields)和新黑格尔派运动中的莫里斯(Willam Morris)……"绝对的风马牛不相及。接下来

---

①　Stanley Rosen(1930—)在培养学生的哲学旨趣方面发挥了重要作用。他原在宾夕法利亚州立大学任教,目前在波士顿大学。他曾在美国、意大利、法国、德国、西班牙、英国以及其他各地的高校举办讲座,其著作内涵宏丰,涉及柏拉图、黑格尔、尼采、海德格尔、形而上学、当代哲学、社会和政治思潮。

②　George Steiner(1929—),剑桥大学 churchill 学院的杰出研究员。国际知名学者,在西方文化、语言和思想史方面造诣颇深。

的话应该由斯坦纳说，他实际上确实说："我对新黑格尔主义知之甚少，但是……"这时主持人说："达登先生一定是在开玩笑。"达登说："当然不是。"节目恰好在这个时候结束。①

瑟特 达登有个绝活，可以打开锁着的门。他总是打得开。他不知怎么发现通向洛克菲勒礼拜堂的一条路。所以他常在半夜披着他的披风去那里弹风琴。有天晚上他拔出风琴所有的音栓，整幢楼都震动了。睡在地下室的门卫被吵醒，打着手电走了进来。他往风琴方向看，发现披着披风的人，然后开始疯狂地追捕。达登不知如何是好，于是冲向圣坛，大叫："庇护所!"门卫吃了一惊，手电掉到地上，达登趁机逃了出来。

萝娜 有目击者吗?

瑟特 没有，不过他回来后立刻告诉了我们。

萝娜 所以应该是真实的。

---

① 据罗森说：我为达登写了篇独白让他记住，在 7 点 22 送到他手中，离节目结束只有几分钟。达登按照我们说好的，从独白的开篇往下读："我想，或许，除了你情有独钟的那两样事物，是否就没有可能存在第三种选择。我指的当然是百合花，田野上的大教堂……"，等等。这是我最好的学术作品之一，不幸从未发表。节目的参与者逐渐慌乱起来，有人紧张地咳嗽。然后达登读到搞笑的部分，包括"新黑格尔派的利尿主义"这样的表达。我们笑得从椅子上跌了下来，身子伏在地板上。在一片混乱中，还能听到斯坦纳坚定的声音："我对新黑格尔派的利尿主义知之甚少，但是……"罗森补充：每天晚饭后，瑟特、达登、鲍勃（Bob Charles）和我总是形影不离，那时我们总是坐着达登的 1933 年的劳斯莱斯到处去兜风，搞各种恶作剧。瑟特白天没空，因为他在学古希腊语。有一次我们去艺术学院，坐在露天的凳子上，听达登发表关于裸体女人绘画的高论。他的演讲胡话连篇，不过得到一群从北海岸来的上流社会女人的热切关注。这些事都发生在 48 到 49 年间。我们在大学度过第一年之后，瑟特加入委员会，我离开一个学期，去了新学院，不过又回来追随施特劳斯。

[15] **瑟特** 在春季学期，他在女浴室重复了这个恶作剧。他可能是在深夜大家熟睡的时候溜进去的。第二天早上，当女生们姗姗而来，他抓着窗帘横杆说："这是去 Clark 街的路吗？"

罗伯特 他遇到过麻烦吗？

瑟特 我不记得了。还是那个春季，达登和我走着去一个公园。他穿着他的披风，在一个街角我们遇到布鲁姆，① 他听说过达登，就用很轻蔑的口气对达登说："你的披风配得上蜡烛吗？"达登立即掏出一只蜡烛来点燃，布鲁姆绝对气炸了。

米歇尔 达登长什么样？

瑟特 唔，他自己说他长得很像劳顿（［译按］美国演员）。他有很严重的皮肤病，是某种可怕的湿疹，很多年后才完全消失。他们认为这种病受心理影响，所以他常常去看心理医生。他为他的分析家们个个都编了稀奇古怪的故事，连他们把衣服放在哪里他都有好奇心。

萝娜 他总是在收集素材。

米歇尔 布鲁姆是和你同时进校的吗？

瑟特 不是，他来到更早，16 岁就来了，这样可以待两三年。

米歇尔 你第一次见他是在什么时候？

瑟特 去公园那次是我第一次见他。第二年我们都成为委员会的学生，我开始与他接触。

米歇尔 你们被称为"金尘兄弟"就是在那个时候吧？这个称呼是怎么来的？

---

① Allan Bloom（1930—1992），芝加哥大学（1979—1992）颇有影响力的教师，之前曾在康奈尔大学（1963—1970）和多伦多大学（1970—1979）任教。他的作品包括翻译柏拉图的《王制》和卢梭的《爱弥尔》，莎士比亚和卢梭研究，以及 1987 年的畅销书《走向封闭的美国精神》（*The Closing of American Mind*）。

瑟特　以前有种肥皂，上面有两个黑人图像，叫做金尘肥皂粉。我们当时跟同一个导师，不知怎么就得了这个头衔。

萝娜　达登加入委员会了吗？

瑟特　没有，没有，我想他没有毕业。他去了巴德学院，在那里搞各种恶作剧。有一次圣诞节，他们知道院长要离开学院。他找了一群人，做了个大十字架。因为院长的房子在一座小山上，门前有一个非常陡的斜坡，所以不到最后一刻什么都发现不了，但是突然它就出现在你眼前。所以他们造了这个大十字架，在达登腰上绑了很细的东西，把他放在十字架上。[16] 院长上山的时候，就能看到达登被钉在十字架上。达登后来被开除了。

萝娜　因为这件事？

瑟特　是的。在他被开除的时候，他对院长说："你要知道，我都准备给你开支票了。"

萝娜　从那以后他就放弃了做学问的目标？

瑟特　他决定当演员。

米歇尔　他很富有吗？

瑟特　他一年有三千美元的收入，当时确实是很多钱。不过这种状况似乎不会长久。他的钱都花在买衬衣上，因为他从来不去洗衣房。你去他的房间打开他的衣柜，就会发现白衬衣一直从柜底堆到柜顶。而他会说，"噢，我没衬衣了"，然后立刻跑到 Brook Brothers 品牌店再买五件，然后塞到他的衣柜里。

萝娜　你与他长期有来往。

瑟特　是的。他在春天花 800 美元买了辆劳斯莱斯，1929 年款，在路易斯安那的一次飓风中丢失了，后来要值 25 万美元。我们从芝加哥开着这辆车去马萨诸塞的格洛斯特，在每个州我们都会被警察叫住停下来。

萝娜　把它当成贼车?

瑟特　是的,不过他们真正想知道的是它能用一加仑的油跑多少里。你知道,它可是个庞然大物,里面坐了两个孩子。

萝娜　你们为什么要去那里?

瑟特　他要去一个表演学校。我们深夜在康涅狄格的某个地方停车,因为那里有个朋友,他曾去过 Putney。我们在夜里被介绍给他,他立刻带我们去房间睡觉。第二天早上,很吵的音响在放《南太平洋》,都快把整个房子掀翻了。我对达登说:"能把这破音乐关掉吗?"他说:"当然可以",然后把它关掉了。我们和那个人共进早餐,然后上了我们的劳斯莱斯继续前进。我们离开那个房子大约一小时光景后,我问道:"那是谁的房子?"他说:"玛丽·马丁([译按]美国音乐剧演员)的。"

米歇尔　有个关于达登把你放进他影片的传说?

瑟特　是的,他把布莱肯哈根放到一部影片中,又把我放进另一部。布莱肯哈根有个周六下午在巴黎觉得无事可做,就去了电影院。他认出里面有个角色是达登,扮演堕胎医生。手术台上[17]躺着个女人,达登站在旁边和其他堕胎医生谈话,他们正在进行关于罗马艺术的激烈讨论。有个人说:"布莱肯哈根是这么说的。"达登说:"布莱肯哈根是头驴。"布莱肯哈根惊呆了。他就在巴黎市中心。

米歇尔　有你在里边的那部电影是怎么样的?

瑟特　很多年以后,那时我已经在纽约大学。纳斯鲍姆(Martha Nussbaum)① 获得了 Danforth 奖学金,那是为期四年的研究生奖学金。所以她那时可能在高年级,已经结婚了,她丈夫也是奖学金

————————

① Martha Nussbaum, 芝加哥大学法学和伦理学教授, 之前曾在哈佛、布朗、牛津等校任教。她的著作涉及亚里士多德、希腊悲剧与哲学、社会正义。

获得者。总之，她安排我参加一个讨论会，地点在伊利诺斯州荒地中部的核防护厂外面，所有 Danforth 奖学金获得者都去了。你们猜主要发言人是谁？普特南，①他那时似乎是毛泽东主义者，在举行会议的旅店大厅中央卖报纸，周围全是右翼的 Danforth 奖学金获得者。总之，纳斯鲍姆问我（她在接待委员会）放什么电影。我说我知道达登制作了部影片叫《处女地总统》，虽然我没看，不过她应该可以放这部影片。所以她就放了。所以三百多名 Danforth 学生一起观看《处女地总统》。影片开始时，达登作为制片人讲述美国的故事，它在建国初期的景象和在未来的变迁。银幕上最初出现一片森林，"这是当年的华盛顿特区"，然后进入故事。达登既扮演美国总统又扮演总统的儿子，作为总统继承人，他被藏在白宫地下室中。他的父亲（即达登）被恶人杀害，因此达登被推选为总统，那时总统都是继承制。他从孩提时代开始就生活在地下室里，所以自然他的服装都显得纯真可爱。他第一次亮相时穿了套小海军衫。不过，他没能把这个国家从一帮恶人手中拯救出来，它后来被一颗原子弹化为焦土。然后，镜头又切换到作为制片人的达登，他说："现在你们已经听了美国的故事。下周我们将和伯纳德特一起讨论厄瓜多尔的崛起。"然后就结束了，这部影片未能得到好评。

萝娜　是不是有段纪录片里有你的镜头？

瑟特　不是，纪录片里的人是罗杰。那是 Wandervogelweiter 教授的《大学讲座》。[18] 一开始，Wandervogelweiter 教授说："为什么我要谈论宇宙？因为除此之外别无他物。"然后他批判罗杰的作品：

　　罗杰·伯纳德特写了本关于赫拉克利特的书。他笔下的赫

---

①　Hilary Putnam（1926—），曾在西北大学、普林斯顿和麻省理工执教，后进入哈佛大学哲学系。他研究心灵哲学（Philosophy of mind）、语言和逻辑。

拉克利特说时间是一条河流，无始无终地穿过宇宙。赫拉克利特不是这么说的。他说的是"时间就像一条河流，无始无终地穿过宇宙"。看这里，伯纳德特！

所以那是罗杰声名远播的时刻。

萝娜　有件夹克衫上是不是有你的故事？

瑟特　是的。洛克菲勒礼拜堂的故事已经说了，跟那个差不多。

萝娜　是怎么回事？

瑟特　我的一个朋友把对我的描述写在夹克衫上："不是中世纪学者就是拜足教（foot fetishism）专家。"这就是对我的刻画。

理查德·罗蒂

罗伯特　你在芝加哥和罗蒂①有接触吗？他也在委员会？

瑟特　我认识罗蒂。他在哲学系，可能和布鲁姆同年入校，也是十六岁。他似乎从很早开始就明显感受到"世界之痛"（Weltschmerz）。但不清楚他的这种痛苦是否有什么根源，看起来与他的晚期思想一致。

萝娜　如何一致？

瑟特　当他接触哲学时，哲学为他的绝望提供了依据。他后来在书中讨论了自己的心理状态。在我看来这是绝佳的配合。

罗伯特　否认知识表现存在，所以知识不是镜子？

瑟特　知识是个隐喻问题（a matter of metaphors），对吧？确实

---

①　Richard Rorty（1931—），斯坦福大学比较文学和哲学教授，之前曾在维吉尼亚大学和普林斯顿大学任教。在他的著作，诸如读者众多的《哲学与自然之镜》（1979）中，他从对认识论和形而上学等传统问题的批判分析中，发展出实用主义的独特形式。

无物可以被认知，这是关键。

罗伯特　我明白了。罗蒂是好学生吗？

瑟特　非常优秀的学生。他在所有事情上都自我贬损，总是满怀歉意。他的论文做的是亚里士多德的潜能观，有六百多页；其实可以很短。

［19］理查德·肯宁顿

米歇尔　你记得和肯宁顿①是怎么认识的吗？

瑟特　我想是布鲁姆介绍我们认识的。

米歇尔　那可能是在 55 年，或大约那段时间。

瑟特　稍晚一些，我想。

米歇尔　你不记得见面时的情景？

瑟特　不记得了，不过我记得我们很快就熟了。

萝娜　是在芝加哥吗？

米歇尔　我知道肯宁顿是新学院的学生，后来到了芝加哥。

萝娜　为了追随施特劳斯？②

①　Richard Kennington（1921—1999），早期现代哲学的主要阐释者，1960 至 1974 年执教宾夕法尼亚州立大学哲学系，1975 年至 1995 年执教美国天主教大学。

②　Leo Strauss（1899—1973），芝加哥大学政治哲学系哈钦斯特别礼遇教授（Robert Maynard Hutchins istinguished Service Professor），在逝世时，成为圣约翰大学长驻著名学者。他在哲学的性质及其与政治共同体的关系问题上独具慧眼，尤其关注哲人思想与其写作方式之间的关系。他出版了系列作品，研究对象包括马基雅维里、霍布斯、斯宾诺莎、尼采、海德格尔、修昔底德、阿里斯托芬、柏拉图、阿尔法拉比和迈蒙尼德。这些研究展现出他对现代哲学根基的批判审视，以及他对柏拉图政治哲学独特的重新发现。

瑟特　是的，对。他在很多年以后才完成他的学位论文，那时我已经去了社会研究新学院，是考试委员会的成员。那是最不同寻常的考试。凯恩斯（Cairns）、乔纳斯（Jonas）、古尔维奇（Gurwitsch）和我组成考试委员会。① 每个人问一个问题，我记得乔纳斯先开始问，然后肯宁顿问答："唔，这个问题由三大部分组成，每个部分又有三个小部分。我将全面阐述。"然后他用了大约四十分钟描述第一个问题的框架，从来没有人听过这样的表达。

萝娜　他那时多大年纪？

米歇尔　我想可能大约五十岁。在我去宾州的时候他还没有拿到学位。

罗伯特　那样长篇大论是他众所周知的特点吗？

瑟特　我以前从未听过他那样说话。

米歇尔　在你的同代人中，我想你承认［20］从他那里学到东西的人就是肯宁顿。你定期和他谈话，是吧？

瑟特　哦，是的，或者给他写信。他给我的印象是心智非常深邃，思想也非常深刻。无论你在讨论什么，他都会走得很远，因此很难跟上他的思路，并且把他所说的和你自己的问题产生关联。我记得自己在谈论天主教时，肯宁顿总会问问题，而且很难把他的问题和我正在谈的内容在同一水平上联系起来。对我而言，他的问题总是比我谈的任何东西都要深得多，我几乎跟不上。这就是他给我的印象。不正是这样吗？

---

① Dorion Cairns（1901—1973），研究胡塞尔的学者，1954 年至 1969 执教于社会研究新学院哲学系。Hans Jonas（1903—1993）1933 年从德国移居到英格兰，1935 年又移居到巴勒斯坦，最后在 1955 年加入社会研究新学院哲学系，著作从诺斯替教（gnosticism）研究到生物哲学都有涉及，尤其关注伦理与技术之间的关系问题。Aron Gurwitsch（1901—1973），现象学家及现代哲学研究者，1959 年至 1971 年在社会研究新学院哲学系任教。

米歇尔　作为研究生，你会去他家共进晚餐，问一个直截了当的问题，然后得到答案的似乎展示了整个世界。你没有意识到这就是你问题的答案，不过你确实意识到它是某个问题的答案，而且它比你的问题要妙得多。你还记得肯宁顿扩展你说话的内容，但你不能跟上的一个具体例子吗？

瑟特　我记得给他送过我的笔记，关于亚里士多德对不矛盾律（Principle of noncontradiction）的三部分描述。

萝娜　在《形而上学》卷三？

瑟特　他给我的回信中提了些尖锐问题，关于这三个公式如何互相联系，但是我当时无法解决这些问题。

米歇尔　他跟你谈过他自己在研究什么吗？

瑟特　是的，一开始是关于笛卡尔。我读的他的第一篇文章是论笛卡尔的梦。第二天我又把它重读了一遍；很精彩的文章，非常有说服力。

萝娜　那是很早的事了？

瑟特　一九六……一，我想。很可能是他写的第一篇东西。我告诉过他"未定之二"，然后他为《自然权利与历史》写了篇评论，说这本书具有未定之二的结构，[①] 非常棒！

萝娜　肯宁顿如何阐述他的观点？

瑟特　以各种方式，比如用一种十分好奇的态度观察施特劳斯如何使用"相"（idea）一词；[21] 他指出该书关于自然权利的柏拉图部分和亚里士多德部分有细微区别；他还谈到术语被运用到错误章节的情况：关于某个事物的概念总是出现在后续的章节中，在

---

① 肯林顿的文章是《笛卡尔的"奥林匹卡"》（Decartes' "Olympica"），载 Social Research 28（1961）。他的《施特劳斯〈自然权利与历史〉评论》收入《施特劳斯的思想》（Leo Strauss's Thought: Towards a Critical Engagement），Alan Udoff 编（Boulder: Lynne Rienner Publishers），页 227 – 252。

与它相关的章节却不出现。

罗伯特 当你给他写信谈及"未定之二"时，你是指《斐勒布篇》吗？

瑟特 我想我已经把这个概念泛化了，我谈的可能是《王制》。我声称"未定之二"实际上就是这本书的原则，然而却对它一无所知！

米歇尔 你还记得其他人怎么看肯宁顿吗？

瑟特 我知道布鲁姆时常想到他，但是我不知道是从肯宁顿来康奈尔开始或是更早。这是布鲁姆生命中的一大憾事，因为在他崇拜的人当中，他和肯宁顿从未成为真正的朋友。某件事物阻碍了他们。

罗伯特 你思考过他们之间的障碍是什么吗，或者他思考过？

瑟特 布鲁姆把它归咎为肯宁顿的虚荣。当然你可以很轻易推翻这一点，并更加贴近事实真相。

萝娜 但布鲁姆崇拜或者说敬重肯宁顿？

瑟特 是啊，但他总说起肯宁顿黑暗的新教徒灵魂。

布鲁姆

米歇尔 当你第一次见到布鲁姆时，他是什么样子？

瑟特 他对人们的缺点过于敏感。他锋芒毕露，确切地知道……

罗伯特 人们的弱点？

瑟特 噢，是的，很特别。

萝娜 你这么多年来一直经常与布鲁姆交流，是吗？

瑟特 非常频繁。不过他常常心不在焉。如果你超过半句话还没有把你想要说的说清楚，他就变得不耐烦。

罗伯特 原声摘要的压力（［译按］这里罗伯特把布鲁姆的要求戏谑地比作新闻节目中时常不到一句话的原声摘要）。

瑟特 我还记得他最近一次到这里来的情景。他准备写一本书，就问我对《斐德若》的看法。我用一句话概括我的看法，不过没能引起他的注意。

萝娜　你记得那句话是什么吗？

瑟特　关于第二篇讲辞如何转变为第三篇讲辞，以及这与人的双重性格如何联系。我用一句话说完，不过没有引起他的兴趣。

[22]**米歇尔**　他可能已经有了自己的想法。

瑟特　那是他的特点。他反对我的研究，认为没有形成观点，而且尽是非常复杂的东西。这是他对《智术师》的批判——在对话还没开始的前两页就提出了所有问题。他想要的是结论——这些可能性中的哪一个是正确的。很明显这与他对教化（edification）的关注有关，这种关注在他思想中占据的位置越来越重要。

米歇尔　我能够理解与他谈论你的研究多么困难，不过你们谈论过他的研究吗？比如他在六十多岁的时候研究《王制》？

瑟特　他会避而不谈。

萝娜　不过你看过他的译文？

瑟特　他寄给我的。

萝娜　要是你说的不是真的，他也不可能把书写成现在这样。

瑟特　很有意思。我觉得在他对教化的兴趣和他被攻击为虚无主义者之间有联系，以及雅法①称之为他所代表的施特劳斯支派有联系。

萝娜　争论的焦点是没有哲学的可能性吗？

米歇尔　我想谴责他的理由是没有道德的可能性。

瑟特　对。

---

①　Harry Jaffa, Claremont Mckenna 大学和 Claremont 研究生院政府荣休教授（Professor emeritus of government），著作涉及亚里士多德和阿奎那、美国革命、林肯。

米歇尔　表面上在捍卫道德，但哲学大家总的来说暗中都在攻击道德。布鲁姆面对两个难以并置在一起的难题：一方面，教化；另一方面，哲学。他的模式似乎是柏拉图《申辩篇》的模式，假装教化和哲学是一回事。照这么解读你可以部分理解《申辩篇》，但无法全部理解。

瑟特　所以布鲁姆在他的生命中，确实复制了对《伦理学》的某种解读。

萝娜　向有教养的人（gentlemen）宣讲？

瑟特　很奇怪，因为周围没有能听他讲话的有教养的人。

米歇尔　我想他自己也知道。

萝娜　或许他相信自己正在创造有教养的人。

瑟特　我想这就是他认为自己在做的事情。

萝娜　他是否想过自己正在做施特劳斯所做的事情？

瑟特　从没想过。我记得在他生命即将走到近头的时候说：[23]"噢，我现在明白你一直知道这一点。不过我刚意识到这个问题有多重要——'神是什么？'（quid sit dues？）。"

瑟特　在布鲁姆逝世的前一年，他和罗森一起出席了犹他州盐湖城的一个研讨会。在其中一次会议结束后，他们去了一家餐厅。那时是早春，积雪还没有完全融化。他们驱车驶过路面，突然看到路的一边，三只鹿在积雪中显露出来的星星点点的草地上吃草。他们停了车。布鲁姆完全被眼前的景象迷住了，他说："如果我下车去接近它们，你想它们会攻击我吗？"罗森说："我想它们没读过《走向封闭的美国精神》。"①

---

①　据罗森回忆，在研究会结束时，他告诉布鲁姆："我会去芝加哥看你。"布鲁姆回答："我会给你搞一个老年市民通行证，然后我们可以成天坐在芝加哥巴士上交谈。"

教授

艾纳森

萝娜　你在委员会的第一年师从的老师中有印象特别深刻的吗？

瑟特　唔，古典系的艾纳森①，伟大的艾纳森。

米歇尔　你为何叫他"伟大的"艾纳森？

瑟特　他看起来像米奇林轮胎广告中的人物，你们记得吗？那个造轮胎的人。他的体型非常好笑——完全是个圆形，好像他是用气球吹出来的，没有头发，大眼镜也完全是圆的。他看起来跟米奇林轮胎那个人一模一样。

萝娜　他的研究领域是什么？

瑟特　希腊语，在这方面他比任何人都知道得多。绝对了不起的知识。不过他说的每件事都以笑声作总结。他是肖里②的学生，在

---

①　Benedict Seneca Einarson，芝加哥大学古典系教授，泰奥弗拉斯托斯（Theophrastus）和普鲁塔克的译者。l. 伯尔尼斯（Laurence Berns），现任圣约翰大学安纳波利斯分校助教，回忆以前在芝加哥大学上艾纳森课的情景。似乎艾纳森最爱做的事情就是寻找奇怪和稀有的希腊语形式，然后援引渊博的德国人、荷兰人或法国人关于它们的专门注释，他当堂翻译出来。最后是出人意料的："呵，呵，呵，他忘记了例外情况"，然后给我们讲例外情况。在色诺芬《远征记》的一堂课上，在某处出现了一个稀有形式，"呵，呵，呵，我周末在学夏威夷语，它们中有个形式和这个很像"。有一次课上出现了 Hegoumai 这个词，伯尔尼斯评论说，虽然它无疑可译为"我想"或"我相信"，在这个场景中，说话人使用了这个词的其他意思："我领导"，艾纳森低声笑起来，"呵，呵，呵，你们应该注意这种情况。我有个学生叫伯纳德特，他过去常作这样的评论。"

②　Paul Shorey（1857—1934），芝加哥大学古典系主任，一直做到1927年；柏拉图研究者；从1906年至1934年任《古典语言学》（Classical Philology）主编。WillardVan Orman Quine（1908—2000），1936年至1978年任哈佛大学哲学教授，在逻辑学和语言哲学方面卓有建树。

奎恩的推荐下成了初级研究员（Junior fellow）。[24]奎恩自己是第一批初级研究员，他对那些高级研究员说："有个有意思的小伙子。"艾纳森就成了初级研究员。艾纳森在哈佛度过了三年时光，然后按学校要求授课。接下来的故事是——这是我听说的事情，不知是不是真的——第二年，有一个学生对老师的评估，艾纳森上的基础希腊语课得到其他老师都没得过的最差评价。他为这件事发了疯，然后在西马萨诸塞州的一个疯人院里待了两年。当他出来时，就不能止住笑。

萝娜　欢笑疗法。

瑟特　有人说他得了一种很罕见的病，叫 gelotophilia。很罕见，在字典里都查不到；很罕见，都没人听说过。他不能止住笑。从那时起发生的事情是——这个病的病根——艾纳森后来一直工作的大学里，每件事都十分有趣。所以他到了合适的地方，二者结合得完美无缺。

萝娜　他写东西吗？

瑟特　他编写教材，翻译泰奥弗拉斯托斯①的《植物探究》，并独自承担 Festugière 版《第三最伟大者赫尔墨斯》（Hermes Trismegistus）的几乎所有修订工作。

萝娜　你从他那里学到过什么吗？

瑟特　他极不愿意传授任何东西，因为他鄙视所有人，觉得他们什么都不懂。所以他有一打事情要说，他总是炫耀自己的学问。

罗伯特　总是被他自己的笑声打断。

瑟特　总是这样。而且他不准任何人有停顿的机会。如果你想翻译，你就必须以闪电般的速度翻译，否则如果你停下来，他就会

_____

①　［译按］亚里士多德的弟子，植物学始祖，著有《植物探究》。

干涉。他会说"对"，然后接着翻译，绝对无懈可击。所以如果你想自己完成，你必须学会怎样非常迅速地翻译。我记得有一天，我从古典学系图书馆（在某幢楼的二层和三层）的阶梯往下走，艾纳森同时往上走，手里拎着厚厚两大堆书。每堆大约有十本左右，他上楼梯的时候，笑得头都抬不起来。当他快上完楼梯时，我说："你为什么笑得这么高兴？" ［25］他说："嗯，我刚买了套赫兹利特（Hazlitt）全集，但后来我发现我已经有了一套。"

萝娜 他没把那套送给你？

瑟特 没有，他送给了布鲁尔恩。①布鲁尔恩喜欢高声尖笑。所以这两人碰到一起，绝对是场混乱。我告诉过你们和艾纳森有关的布鲁姆故事吗？布鲁姆有次来找艾纳森谈话，他坐在一张椅子上。谈话结束后，布鲁姆起身，在他站起来的时候，他的裤子从头到尾裂开。他回头看椅子，发现上面有很多大钉子，全伸出来了。艾纳森笑得头都抬不起来，说："那是老教授肖里的椅子。"

格瑞纳

米歇尔 委员会中还有其他你崇敬的老师吗？

瑟特 嗯，格瑞纳很有意思。②他毕生都在研究死亡，作为他存在的一个话题。

---

① Richard Bruère，拉丁语学者，在芝加哥大学古典系执教到1973年，长期担任《古典语言学》编辑。

② David Grene，社会思想委员会荣休教授，著作包括希腊政治理论研究，古代与现代戏剧，以及赫西俄德、希罗多德和希腊悲剧翻译。他还是《希腊悲剧全集》（*The Complete Greek Tragedies*，Chicago：University of Chicago Press）的编者之一。

萝娜　你的主题从他而来？

瑟特　不，我不这么认为，因为就他而言，他已经拥有了所有的高峰体验，因此只期盼死亡。

萝娜　他多大年纪？

瑟特　他是老师中最为年轻的。要知道，他现在还健在。

萝娜　实践如何死亡。

瑟特　对。有一次，他和一位英语系教授共同举办关于《安东尼和克莉奥特佩拉》的研讨会，非常有趣。所有的讨论都是关于安东尼的高峰体验和最后体验，以及"我是安东尼"；但是没人知道克莉奥特佩拉是谁。不可能是格瑞纳夫人。

萝娜　是不是不止一个格瑞纳？

瑟特　我谈的是马基奥瑞俄·格瑞纳（Majiorie Grene）。他们住在芝大外的一个农庄里。格瑞纳冬天来上课时，靴子上常沾满了泥。我记得有一次，格瑞纳夫人来课堂上找他，靴子上同样沾满了泥。他们两人都穿着农场服。所以从背后看，他俩像 Bobsy 双胞胎，不过型号大很多，双双来到课堂上。

[26]　**萝娜**　大卫·格瑞纳长什么样？他是爱尔兰人？

瑟特　盎格鲁－爱尔兰。他的脸很红，红头发，说话很简洁。他过去喜欢凝视他办公室的窗外。有个人叫爱德温·麦克莱伦（Edwin McClellan）——听名字像苏格兰人，实际上是日本人——到委员会来研究英国宪法史，或者诸如此类的东西，到后来发现自己实际上应该研究日语。格瑞纳是委员会秘书，因此麦柯莱伦到他那里做自我介绍。他先敲门，然后把门打开，看到格瑞纳站在窗户旁往外眺望。他们用这种非常简洁的英国方式交谈，格瑞纳一直没有看他。突然，格瑞纳转过身来，才发现站在那里的是个小个子日本人。

萝娜　你知道格瑞纳最后怎么去了委员会？

瑟特　哦，是的。他和某人大吵一架后就去了委员会。实际上他总是与人争吵。不过哈钦斯①非常喜欢他，这也是他能留下来的原因。他从哈佛过来，有讲师职称，哈钦斯发现了他，把他安排在古典学系。那次吵架之后，他即将被解聘。然后他们就把他安排进委员会。这些都是我听说的，我不知道是不是真的。

萝娜　你跟格瑞纳学什么？

瑟特　噢，我们读《埃涅阿斯纪》、欧里庇得斯的一些作品，也有可能是埃斯库罗斯的作品。

萝娜　你觉得他有趣吗？不过这一点对你不是十分重要。

瑟特　就思想方面而言确实不怎么有趣。

萝娜　只是他的性格有趣？

瑟特　对。有一年格瑞纳获得富布莱特法案基金，他希望有人替他经营农庄。布鲁姆自告奋勇。那年的冬天是芝加哥有史以来最寒冷的。农场里养了绵羊。格瑞纳是这个地区唯一不使用拖拉机而使用马匹耕地和骑行的农场主。布鲁姆和一群打算住下来的学生去了那里，但是天气一转冷，其他人就离开了，布鲁姆独自一人留了下来。周围的农场主帮了不少忙，帮他照料土地等等。不过，农场还是有些改变。布鲁姆有次在床下发现一只死耗子，把它夹了出去。厨房里的火炉上本来盖着一小张油毡布，也被他扔了。而且厨房很脏，他决定粉刷一翻。谷仓里［27］有条裤子，布满了尘垢，以至于可以自己立起来。所以他也把它扔了。春天，格瑞纳夫妇回到农庄。格瑞纳夫人看着厨房说："我知道会有变化，但没想到会是这样

---

①　Robert Maynard Hutchins（1899—1977），1929 年至 1951 年任芝加哥大学校长，1943 至 1974 任《英国大百科全书》（*Encyclopaedia Britann0ica*）编委会主席。

的变化!"布鲁姆以为她会说:"那只死耗子到哪去了?"格瑞纳走进谷仓问:"我的裤子呢?"他火冒三丈。布鲁姆回到学校,眼里明显闪露着狂怒的光芒,说:"他们甚至没给我带礼物。"不过他们后来和解了。

萝娜　布鲁姆和格瑞纳?

瑟特　是的。

布莱肯哈根

罗伯特　你上过布莱肯哈根的课吗?

瑟特　我想,上过一堂课,关于古代绘画,一开始介绍埃及绘画。

萝娜　不过你经常与他交流?

瑟特　是的。第二年他做了一系列讲座。不对,不对,做讲座的是辛普森,① 拜占庭绘画方面的专家。他是门德尔松(Felix Mendelssohn)的后裔,曾获得过封号,还娶了位真正的奥地利公主。那位公主非常和善,一点也不目中无人,倒是辛普森有点自命不凡。辛普森做了三个关于中世纪艺术的讲座。在第三个讲座结束后,有人提问题。第一个提问的人是布莱肯哈根:"在你评价中世纪艺术的肖像学(iconology)和纯真烂漫、迷人魅力和象征主义之后,我们还能说什么?简直是彻底地丧失理智。"辛普森怒气冲天,说:"这种话只有 18 世纪的启蒙哲人才说得出来。""如果是,那更好",布莱肯哈根回敬。这时有个学生说:"布莱肯哈根教授,我不太理解你说中世纪艺术道德上堕落([译按]英文短语 be perverse 指丧失理

----

① Simpson,1912 年生于柏林,曾担任芝加哥大学艺术史教授,其论哥特式教堂的专著最为著名。

智，perverse 又有堕落之意；"彻底地"〔fundamentally〕与道德上〔morally〕谐音）是什么意思？""道德上堕落？"布莱克哈根说："我没说'道德上堕落'，我对道德堕落一无所知。"

米歇尔 布莱肯哈根专攻希腊艺术？

瑟特 实际上，他一开始专攻弗拉维（Flavian）艺术，还有建筑，后来扩展了领域。

罗伯特 他的全部教育都是在德国受的吗？

瑟特 对。布莱肯哈根告诉过我他第一次去罗马的趣事，那是在 30 年代。他在街上走，有个小男孩跟在他身后，一边拉他的衣服一边说："先生，要女孩吗？"男孩又拉了一次，说："要女人？还是女孩？"〔28〕最后，小男孩绝望地说："那你想要什么？"他转过头去："教皇二世！"那个小男孩吓了一跳，布莱肯哈根继续往前走。突然，小男孩又来拉着他说："先生，红衣主教（〔译按〕"红衣主教"〔Cardinale〕与女性名称"卡汀娜"〔Cardinale〕为同一个字）要吗？"

萝娜 最后的推荐。布莱肯哈根是哪里人？

瑟特 里加。我记得他说，他对考古的真正体验是他到罗马看过那些历史遗迹之后。还有一次是他回里加去看老家的房产，他们在 1917 年或 1918 年离开，第一件奇怪的事情是，那里的农民都迎出来吻他大衣上的褶边。

罗伯特 你知道这事大概发生在什么时候吗？

瑟特 三十年代，我想。然后他走进老房子，那时已经全部毁掉了，成了"考古遗迹"。他会拾起一块绿色大理石说，"这是我母亲卧室里的"，诸如此类。他说由于他接受的训练，再去回顾自己的过去会觉得非常奇怪。

罗伯特 当他看到那些碎片的时候。

瑟特 是的，而且明白那就是他曾经的生活。

萝娜 他家的房产是在革命期间毁坏的吗？

瑟特 是的。他家以前有两条看门狗。有一条特别笨，喜欢追逐在空中飞翔的小鸟；另一条只看不追。有一年春天，开始化雪的时候，那只笨狗跑到结冰的池塘里，结果跌了进去。另一只狗伏下身子，千辛万苦地爬到那只笨狗身边，把它拖了出来，又费力地将它慢慢拽到地面上，然后离开。

萝娜 动物王国中的典范。他的家族究竟是什么背景？

瑟特 一个说德语的家庭，并且以三种语言划分群体——俄语作为官方语言，农夫说拉脱维亚语，主人说德语。主人都受过古典教育，在晚间就寝前读修昔底德。他母亲似乎是苏（格兰）—英（格兰）混血。

萝娜 那他的英语一点口音都不带吧？

瑟特 不，他有口音。他的英语是在里加学的。

罗伯特 他们从里加逃出来后，又在何处安身呢？

瑟特 他们定居德国，不过我不知道确切地点。

罗伯特 你知道那时他多大吗？

瑟特 他那时一定还很小。他有一次谈起他在里加的一个故事。那时他年龄已经足够大，所以他母亲同意他参加一个下午茶会，那是他母亲为女士们举办的。他在茶会上发现一位非常漂亮的女人。他的眼睛不能从她身上移开。茶会后，他母亲问他有何感想，他说："那个漂亮女人是谁？"[29] 他母亲说："你是指某某伯爵夫人吗？""不，不，不是她。另外一个。"他母亲说："哦，那个人啊。不过她很蠢。"他把这个故事告诉施特劳斯，施特劳斯说："噢，当然是这样。"不过，这个女人确实给他留下了深刻印象，几年后，当他已经够年龄选择自己家族勋章的石头时，他选择了那个女人丈夫的石头——紫水晶。

米歇尔　你谈的是布莱肯哈根通过追忆自己的往事来达到对考古学的真正理解。通过其他方法也能达到这一点吗？

瑟特　我不这么看。我以前认为我认识的人中只有格瑞纳，他的性格真的是由他喜爱的书塑造的——乔伊斯、叶芝、劳伦斯的书。如果你了解这些书，你就了解格瑞纳。在某种程度上，他由它们构成。后来，我觉得布莱肯哈根也是这样。他一方面由普鲁斯特构成，一方面由歌德笔下的温克尔曼构成。

罗伯特　这与他讲述的自己少年时代的故事相符。

瑟特　是的。我曾想到普鲁斯特在《所多玛与娥摩拉》（*Sodom and Gomorrah*）中对同性恋社会的描述，以夏吕斯（Charlus）男爵为主。你在阅读它的时候，如果了解布莱肯哈根，会觉得说的就是他。

萝娜　贵族元素很重要？

瑟特　是的，还有谨言慎行。当我读到歌德评论温克尔曼的一段话时，我觉得就是在说布莱肯哈根：

> 如果说古代人如我们所言，确实是与他们自身和这个世界相和谐的完整的人，他们还需要经历人类社会的各种关系。他们不可能失掉与性情相投的人之间相互联系的快乐。即便在这一方面，现代和古代的差别也同样显著。与女人的关系在我们这里表现得如此温存并成为一种精神需要，在古代几乎没有越过肉体需要的界限。父母与孩子的关系看来更充满爱意。不过对他们来说，男性之间的友谊是唯一真纯的关系……当我们听到两个年轻人热忱地履行爱的义务，享受永不分离的幸福快乐、一生忘我地投入，或渴望伴随对方走到生命尽头，我们会惊叹

不已……温克尔曼似乎就是为那种性质的友谊而生……

　　不过，假如说一个希腊人后裔对友谊的强烈需要，实际上是创造自己情爱的客体，那么他从中只得到片面的情感上的益处，他从外面世界所得甚少，除非出现一种不同但仍然相关和相似的需要，以及能满足这种需要的客体。[30] 我们指的是感性优美的需要，是感性优美本身，因为优美的人永远是自我完善着的大自然的终极目标……但是自然在创造人这方面只有极少是成功的，因为有无数障碍阻挠它的计划，甚至她的无限权威也不能长久地、完美无缺地维持她创造的美，使这种美永恒。我们有理由说，一个优美的人只有在瞬间是优美的。在这一刻，艺术介入……那些见过"奥林匹亚的朱庇特"（Olympian Jupiter）的人内心会激起这种感情，我们可以从古人的记述、报导和文献中得出这样的结论。神变成了人，为的是把人提高到神的位置。人们看到了崇高的尊严，也在崇高的美面前无限兴奋……温克尔曼就天性而言，善于接受这种美。①

很奇怪，这就是布莱肯哈根。他这样理解他自己。

萝娜　既是激情也是艺术？

瑟特　对，对。以及永恒时刻经由艺术作品存留的观念。

萝娜　但是这两者间存在着张力，不是吗？

---

　　①　歌德，《温克尔曼和他的时代》〔1805〕，Ellen von Nardroff 和 Ernest H. Von Nardroff 译，载《歌德全集》卷3《歌德文艺论文集》，John Gearey 编（New York：Suhrkamp, 1986），页 102 – 104。

　　温克尔曼（1717—1968），写过论希腊绘画和雕塑的专著，被视为现代考古学之父。

　　［译按］文中引文段落根据邵大箴译《温克尔曼论古代艺术》，人民大学出版社 1989 年版。

瑟特 是的，全然相互争执。

萝娜 有意思，他用这种方式欣赏那个女人的美。

瑟特 唔，首先是青春期之前的，另外是非生产性的，因此转型后成为艺术。

米歇尔 你必须透过已经读过普鲁斯特等人的双眼来解读他告诉你的故事，回到他的过去等等，甚至包括那个女人的故事。

瑟特 这就是他与众不同之处。顺便提一句，在这方面他还不是独一无二的。多年以后，我在日内瓦结识了库尔齐乌斯①的遗孀，才知道是他在 1922 年左右把普鲁斯特介绍给德国人。他和这个女人结了婚，这是一桩"白色婚姻"（［译按］波兰电影，其中的女主角在结婚前夕和自己的性取向作斗争）故事。他们在战争期间一直住在德国，并不是十分不同寻常。布莱肯哈根自己也结过婚。

罗伯特 不过你认为布莱肯哈根符合描述温克尔曼的两个方面吗？一方面，他热爱与朋友在一起的生活方式，并且通过奉献使自己变得崇高；另一方面，他又献身于艺术。

瑟特 ［31］不过要注意，即使歌德自己对这种关系的理解也是非常理想化的。它不再关乎古老的事物（antiquity）；它必须涉及你甚至不能接触的事物，你必然缺乏的事物——完美的朋友，完美的艺术品。

萝娜 为什么你说它不再关乎古老的事物？

瑟特 就像你忘记雕塑是上过色的，所以你真正赞美的是这种非常北方化的、无血色的、大理石般的白色。它更加空灵，就像你把文学当作现实。

---

① Ernst Robert Curtius（1814—1896），考古学者，柏林大学教授，五卷本《希腊史》作者。

米歇尔　就好比说文学中的城邦就是城邦。

萝娜　你觉得这一点是不是特别德国？

瑟特　我会这么认为。

米歇尔　在这个故事之前你提到大卫·格瑞纳，说他也是由某些书籍塑造的。让我吃惊的是，他们两人似乎都是由和他们毕生研究无关的书籍塑造。所以对格瑞纳来说，一开始是修昔底德，然后是哪三个人？叶芝？

罗伯特　还有乔伊斯和劳伦斯。

米歇尔　对布莱肯哈根而言，是普鲁斯特和温克尔曼。当然，温克尔曼更容易一些，因为有联系。他们由书籍塑造，但不是那些他们致力于毕生研究的书籍。

瑟特　是很奇怪。但是或许并非不同寻常。切尔尼斯①也是有趣的例子。他是研究柏拉图和亚里士多德的学者；但是他学术研究的主导思想是对亚里士多德的极度厌恶和对柏拉图的极度喜爱。所以就导致一场灾难。布莱肯哈根的情况要好得多，因为他和他的研究是分开的。

萝娜　这让我想起多布关于他自己和肖勒姆②的言论：他不能像肖勒姆那样研究犹太神秘主义，因为他的性情与它相契，暗含的意思是他不可能做到客观。他只能研究法律，因为他的个性是如此充

---

①　Harold Cherniss（1904—1987）曾执教琼斯—霍普金斯、伯克利、普林斯顿古典系，高级研修学院（Institute of Advanced Study）成员，主要研究对象是亚里士多德对前—苏格拉底哲人、柏拉图和学院的批判。

②　David Daube（1909—1990），罗马法与圣经法、《新约》、希伯来犹太教（Rabbinic Judaism）著名研究者。1955 年至 1970 年期间曾执教牛津大学 All Souls 学院，并担任市民法皇家教授（Regius Professor）。后在伯克利大学法学院任教至 1993 年。Gershom Scholem（1897—1982），在二十世纪二十年代移居巴勒斯坦后成为希伯来大学教授，二十世纪犹太神秘主义重要研究者。

满血气。

瑟特　布莱肯哈根有个朋友叫康特·科罗拉多（Count Colorado），我见过一次。他住在加拿大，来自一个对莫扎特不太友善的捷克斯洛伐克家族。[32] 九百年来，这个家族的后代一直是男性，没有女性，他们对此感到非常自豪，而科罗拉多则对他将是最后一个男性后代感到自豪。我见到他是在伦敦，与布莱肯哈根一起，在大英博物馆附近。跟科罗拉多在一起的是一个非常漂亮的年轻人，长长的柔软的睫毛，衣着考究，举止优雅，寡言少语。原来科罗拉多从大街上把这些人带回来，教育他们，帮他们找对象结婚，但是从不和他们睡觉，因为那样做会给予他们影响他的力量，但是他的行事方式非常有趣……

萝娜　扮演皮格马力翁？

瑟特　对。和布莱肯哈根很不一样。

萝娜　但他们长期以来一直是朋友？

瑟特　哦，是的。有一个关于他们在布拉格或某个地方的故事。科罗拉多的姨妈要来，所以他们想给她找个旅馆。结果找到的是布拉格第一号妓院。

萝娜　他们不知道？

瑟特　他们没概念。实际上，类似的事情有一次也发生在我身上。当时我在意大利旅行，我到了帕多瓦，不知道去哪里住。所以我在电话簿上查到一个地方，写的是"小旅馆"。我拿着地图四处游走，最后找到那个地方。我注意到一些奇怪的事情。当时大约是上午十一点，在不同的地点都有男人斜靠着墙，什么话都不说。然后我就按门铃，但是没人答应。我继续按铃。最后，街对面有个服务生走过来问我要什么，然后说："哦，这是妓院。他们都在等开门，开门时间是下午一点。"

瑟特 布莱肯哈根有一次乘船旅行，在船上遇到一个黑人乘务员，后来成了他的情人。这个黑人乘务员在一次航行中娶了个德国女孩。他们住在费城的时候，她成了古热维奇①家的女佣。后来黑人乘务员与她的婚姻破裂，黑人乘务员接着就失去踪影。多年后，布莱肯哈根已经很老了，甚至不能在他的公寓四周走动。有一天他接到那个人从非洲打来的电话。他说："昨晚我梦见你。我要回来照顾你"。这些年来，他辞工去了非洲一个小村子，在那里他拿出自己的积蓄架电话线、引自来水等等。他在那里就像一个国王，然后他做了这个梦。所以第二天他就离开非洲回到纽约。他搬去与布莱肯哈根同住，[33]悉心照顾布莱肯哈根，以至于后者觉得他很厌烦。布莱肯哈根想摆脱他，但是不知该如何着手。他觉得自己像被软禁的囚犯。布莱肯哈根告诉那个男人的事情之一是：他希望死在家里。他不想去医院。有一次他突然昏倒，那个男人把他送进医院。布莱肯哈根在医院醒来，他的所有朋友都围在床前，布莱肯哈根开始抱怨被人送进医院。那个人无意中听到这些话，当天就离开了。布莱肯哈根没有再见过他。最后他死在家里。这是一段维持了三十年的轶事。

罗伯特 他从非洲回来到他离开那天，中间经历了多长时间？

瑟特 不到一年，我想。

罗伯特 布莱肯哈根何时去世的？

瑟特 大概五年前。

萝娜 他在（纽约大学）艺术学院教书，是吧？

瑟特 对。

萝娜 他有弟子吗？

瑟特 唔，这是艺术学院在纪念他时的一件伤心事——几乎没

---

① Victor Gourevitch，卫斯理大学荣休哲学教授，著名的卢梭译者与阐释者。

人将他作为学者提及。艺术学院的人迎合纽约的社会生活，布莱肯
哈根想在表面与此一致。所以他们对他的评价是：有钱艺术爱好者
的最佳餐桌伴侣。

萝娜　他不愿被看作边缘人？

瑟特　他过去常对我说，他每周都看《时代》周刊，所以他比
我更了解美国；我没有接触到美国的脉搏。他渴望被那些不具有他
同样能力的人接受，比如那些在美国考古界身居高位的人，那些人
要么就没有想象力，要么用一种非常专业的方式想象，跟他毫无相
似之处。所以当他们为他的成就颁发奖章时，他感到非常高兴。他
不愿在《帕特农》（Parthenon）上发表他的系列讲稿，因为它们通
不过专家们的审核。在纽约的这些人相信这个国家的法西斯主义。
他吸收了他们的思想，并且在他生命的最后二十年不停抱怨这一点。

米歇尔　他在来之前没意识到这一点吗？

瑟特　我想他总是非常自由散漫，所以美国似乎是一个很不错
的国家。

米歇尔　布莱肯哈根提过他的驼背吗？

瑟特　不常提，但是他对那些让他和周围的人表现不同的情况有
意识。他总是宽恕共产主义者，因为他们不曾体验他经历的共产主义。

[34] **萝娜**　美国共产主义者吗？

瑟特　这与（安东尼）布兰特尤其相关。布莱肯哈根说他和以
赛亚·伯林在这一点上达成一致：伯林被自己的经验拯救，没有沾
染上这个污点。言下之意是，他自己也是这样的人。所以我想，驼
背对他的经验而言非常重要。他不可能成为一个纳粹分子。

萝娜　你为什么这么说？

瑟特　他被自己的经验拯救，没有犯这种类型的错误。比方说，
他的老师布肖尔（Ernst Buschor）后来就成为纳粹党人。布莱肯哈根

认为，这是因为希特勒对人的弱点具有不可思议的判断能力。希特勒在慕尼黑的一次聚会上遇到布肖尔，他知道布肖尔最喜欢自己的写作风格，所以他走到布肖尔跟前说："我喜欢你写作的方式。"

米歇尔　是不是有一个与此类似的斯大林故事？关于诗人的？

瑟特　哦，不太一样。是曼德尔施塔姆（Mandelstam）和电话的故事吗？

米歇尔　那是怎么一回事？

瑟特　曼德尔施塔姆被捕了。帕斯捷尔纳克在星期天的早晨接到一个电话，电话里的声音说："我是斯大林。"帕斯捷尔纳克以为有人在开玩笑，就挂断电话。电话又响了："我是斯大林，告诉我你对曼德尔施塔姆的看法。"帕斯捷尔纳克于是一板一眼地描述曼德尔施塔姆的诗。这时斯大林说："如果我是他的朋友，我会比他写得好。"帕斯捷尔纳克以为他的意思是曼德尔施塔姆会被处决。但是他被放了出来，后来才被处决。这就是斯大林阴险的残酷。

施特劳斯

米歇尔　你能告诉我们你怎样结识施特劳斯的吗？

瑟特　是通过佩特瑞（Petry），他的继子，当时佩特瑞是委员会的学生。[①] 佩特瑞邀请我们去他家——我想那是在第一学年的春天——我们在餐桌旁喝茶时见到施特劳斯夫妇。

罗伯特　你在见他之前还没听说他的名声？

瑟特　没有。

罗伯特　到芝大任教前，施特劳斯究竟在什么地方？

---

①　Thomas Petry Strauss 是 Miriam Strauss 和 Walter Petry 之子。

瑟特　最初他获得剑桥的研究员基金，由巴克①资助。[35] 他在海关见到官员不得不擤鼻涕时对他说"对不起"，从那一刻开始，他就意识到英国与德国非常不同，德国官员绝对不会道歉。总之，他费了些时间才适应英国方式，比如当他们说"也许"，意思是"必定如此"。不过他也没能完全适应。所以，当巴克不得不告诉他下年没钱时（意味着施特劳斯必须设法去美国），作为一个英国人，巴克不可能很直接地告诉他。他们之间有了些可怕的误会，到最后巴克被迫把话说白："你必须去美国。"施特劳斯脸红了，觉得非常难堪。

罗伯特　他应该直接告诉施特劳斯。

瑟特　对。结果在费城美国历史协会（American Historical Association）的会议上，为施特劳斯安排了一次演讲。他做的第一件事情就是去保险公司问："我要远洋旅行，要带这个非常宝贵的手稿，你能告诉我怎样保护它吗？"他们说："我们建议你用油布把它包好。"所以他就用一张巨大的油布把他的手稿包裹起来。然后他又去了裁缝店，说道："我要远洋旅行，我需要一件适合航海的衣服。"英国裁缝当然绝对直接理解了他的话，答道："我将用英国海军用过的布为你做衣服。"所以，当他登上玛丽皇后号准备远航时，身上穿的是海军蓝的套装，胳膊下夹着他的油布包起来的手稿。

罗伯特　来到新世界。

瑟特　所以他来做了讲座，不过他以前从未做过讲座。

萝娜　那时他多大年纪？

罗伯特　39 岁或 40 岁？

瑟特　是的。所以他写了篇非常长的讲稿，在他讲了大约 50 分钟

---

①　Ernest Barker（1874—1960），剑桥大学政治学教授，写过关于希腊政治理论的著作。

以后，人们开始打哈欠。他还有 15 页要讲。更多的人开始打哈欠，他决定最好把它缩短一点。所以他跳过后面 14 页，直接进入结尾段落，每个听众都以为他发疯了，因为他们明显在非常认真地听演讲。

罗伯特　哈欠不代表什么。

瑟特　是的。

萝娜　论证出现断裂。

瑟特　［36］对。总之，他学习英国方式的结果就是这个。他应聘芝大时，麦克科恩（Mckeon）在面试他后说："或许芝大将为你提供一个工作。"施特劳斯立刻回英国说："我在芝加哥大学找到了工作。"因为他知道对英国人而言，"或许"即"确定"。但是在美式英语中，它的意思是"否"。

米歇尔　是不是施特劳斯在英国有一段趣事？关于霍布斯手稿？

瑟特　噢，是的，十分有趣，另一个绝对真实的故事。霍布斯研究中的一个巨大谜团是：他很晚才开始写作——之前发生了什么？施特劳斯在英国时获准进入 Devonshire 公爵的藏书室，那里存放着霍布斯的手稿。他找到一篇有霍布斯手迹的文稿，发现它的写作日期比发表的霍布斯作品都要早。以此为基础，他向剑桥建议重新编辑霍布斯作品，用这篇文章打头。出版社的一个理事偶然提议，应该在牛津英语大辞典中查找这篇手稿中出现过的一些词语。他们查啊查，发现这些词出现在一本已出版的书中，是以霍布斯曾经使用过的笔名发表的。所以他们写了封很客气的信，信上说，我们发现这篇文章实际上已经发表过，我们将重新考虑编辑问题。施特劳斯得出的结论是，他会被苏格兰场（［译按］指英国伦敦警务处总部）逮捕，因为他试图欺骗大学出版社。他与他夫人立刻离开了家，所以他们好几个小时都找不到他。

萝娜　我记得有一次你说，他的难民经历以及由此而生的不安全感让你记忆尤深。

瑟特　是的。

米歇尔　我知道这件事说明不了什么，不过或许多疑在智识上是一种美德，允许他审视他见到的每一件事。你的描述并不让人吃惊，尤其是考虑到他不得不从中逃离的生活。

罗伯特　你知道施特劳斯离开英国后去了哪里吗？

瑟特　他去了巴德学院，我想那是他第一份工作。他遇到一位古典主义者，那人给他留下深刻印象。

罗伯特　他和巴德是怎么联系上的？

瑟特　这个我就不知道了。

罗伯特　阿伦特（Hannah Arendt）的丈夫不是也在巴德吗？

萝娜　汉斯·布吕克（Hans Blucker）？

罗伯特　但施特劳斯不认识他？

瑟特　［37］不认识。

罗伯特　在巴德可能还有其他移民。他是从那里到新学院的吗？

瑟特　对。

罗伯特　你知道他为什么做这个决定吗？

瑟特　我只知道施特劳斯的侦探故事。这个故事绝对可信，因为是从他嘴里出来的。施特劳斯在通过哈钦斯获得芝大的职位前，在新学院待了几年。后来新学院的人为他举办告别晚宴。施特劳斯说："当我不得不起身致辞的时候，我完全昏了头。我没有做告别演说，而是讲了一个侦探故事，里面的角色全是新学院的人。"教职工中有个人喜欢拈花惹草，另一个又不近女色，过着禁欲生活，还有一个特别俗气的秘书。所以，他当场编了个侦探故事，用上了这些人。某天，在男卫生间，那位拈花惹草者被人谋杀。尸体是在清晨某个时刻被那位俗气秘书发现的，她喜欢用男卫生间，因为觉得非常方便。但是，由于这件事令人尴尬，她没有告诉警察，她发现尸体的时间比公布尸体被发现的时间要早两个小时。不过，这个俗气女人也是个侦探，她意识到，除了某人被那个男人拈花惹草的行径激怒而外，不存在其他杀人动机，所以，谋杀者就是那位禁欲者。俗气女人断定，如果一个人如此禁欲，他必定会记日记。所以，她从禁欲者公寓的防火梯爬进他的卧室，找到了日记，这番举动被施特劳斯描述得惊心动魄。施特劳斯当场编了这个情节曲折的故事讲给全院职工听，每个人都知道这几个人是谁。

萝娜　精彩！

瑟特　当他得知自己获得芝大教席时，他做的第一件事就是在纽约拦了辆出租车，问去芝加哥要多少钱。

萝娜　他从不看地图吗？

瑟特　他没概念。在芝加哥某个春季的一天，布莱肯哈根敲施特劳斯家的门。施特劳斯往常都是自己来开门，但这次他没有，而是说："你得自己进来。"当布莱肯哈根进去以后，施特劳斯说："我无法起身迎接你。"他坐在书桌上，双手按着一堆纸。布莱肯哈根问："为什么你的姿势这么有趣？"施特劳斯说："因为电扇。电扇在吹，如果把手拿开，这些纸会被吹跑。"布莱肯哈根走到开关旁，关掉电扇。施特劳斯转过身来对他说："你真是机械天才。"

[38]　**萝娜**　你是不是有一次告诉我们，施特劳斯不知道怎么烧开水？

瑟特　不对。那个人是瓦赫，①在宗教社会学系（sociology of religion）。

罗伯特　你说你是通过施特劳斯的养子结识施特劳斯的？

瑟特　对，佩特瑞。

---

①　Joachim Wach（1898—1955），芝加哥大学神学院教授。

萝娜　他母亲后来嫁给了施特劳斯？

瑟特　是的。他母亲曾嫁给一个叫佩特瑞的画家，这人在一次事故中丧身。他们第一次见面是在卡普里，那时她和她的女友们站在一棵树下，佩特瑞对她一见倾心。他走到她身边说："你必须嫁给我。"然后他们回到柏林。他母亲走进她银行家丈夫的书房，说："除非你同意我们离婚，否则我们都会死在这里。"这就是浪漫的施特劳斯夫人。她嫁给施特劳斯似乎有点一反常态。

米歇尔　所以，施特劳斯是她第三任丈夫。

罗伯特　这是在夺取政权（Machtergreifung）和希特勒上台之前吗？

瑟特　是的。

罗伯特　他同意和她离婚？

瑟特　立刻同意了。

萝娜　他不想亲手制造自杀惨剧。

瑟特　这就是故事的来龙去脉。

萝娜　詹妮·施特劳斯（Jenny Strauss Clay）是怎样一个人？

瑟特　她是施特劳斯的姐姐贝蒂娜（Bettina）与杰出的阿拉伯学者保罗·克劳斯（Paul Kraus）的女儿。[①] 她父母双亡，因此和施特劳斯住在一起。当我在二十世纪六十年代到纽约大学的时候，我听系主任（弗兰克·彼得斯）谈起过克劳斯。他是阿拉伯—希腊

---

① Jenny Strauss Clay 是维吉尼亚大学古典系教授，著作包括荷马的奥德赛以及荷马式颂歌。Paul Kraus（1904—1944），东方学家，曾在布拉格、柏林、巴黎受教育。1937 年在开罗获得教职，讲授文本批评和闪族语言，他一直生活在开罗，直到逝世。参阅 Joel Kraemer 的短篇传记，《一个东方学者的死亡：从布拉格到开罗的保罗·克劳斯》（The Death of an Orientalist: Paul Kraus from Prague to Cairo），载《伊斯兰教的犹太发现》（*The Jewish Discovery of Islam*，ed. Martin S. Kramer, Tel Aviv: Moshe Dayan Center, distributed by Syracuse university Press, 1999）。

（Arabi-Greek）学者，研究传统中的亚里士多德，曾做过耶稣会士——他在即将被任命为神父的前一天退出了耶稣会。总之，彼得斯告诉我，他去过开罗，在那里遇到许多知道克劳斯的人。克劳斯那时仍然十分有名，因为他作为编辑绝对一流，而且比任何人都更懂中世纪阿拉伯语。他曾编辑法拉比手稿。

萝娜　是什么？

[39] **瑟特**　你知道，《柏拉图和亚里士多德哲学》以及《法义》注疏。①

萝娜　在此以前它们不为人知？

瑟特　是的，是他编辑的。

罗伯特　你知道这一发现是在何时吗？

瑟特　应该在 30 年代早期。

罗伯特　那时他还在柏林？

瑟特　是的，他在一次旅行途中，在伊斯坦布尔的图书馆发现了法拉比手稿。

萝娜　而且意识到它的价值？

瑟特　是的，而且给施特劳斯看。他们非常兴奋，决定筹办一个 1939 年在伊斯坦布尔召开的阿尔法拉比研讨会，土耳其政府还将发行此次会议的邮票。那是为了庆祝阿尔法拉比七百年或其他什么事。但战争使这些计划成为泡影。

萝娜　世界真小，不是吗？

---

① 《阿尔法拉比：政治写作，"柏拉图和亚里士多德哲学"》（*Alfarabi*：*The Political Writings*，*philosophy of Plato and Aristotle*），Muhsin Mahdi 翻译并作序（rev. ed.，Ithaca，NY：Cornell University Press，2001）。柏拉图的《礼法》，Muhsin Mahdi 译，收入《阿尔法拉比：政治写作，"政体"和其他文本》，Charles E. Butterworth 编辑并作序（Cornell University Press，即将出版）。

瑟特　确实如此。

米歇尔　你遇到施特劳斯以后，就立刻开始去听他的课吗？

瑟特　我想是在接下来的春天。奥克斯曼告诉我们所有人，他刚从施特劳斯这个人关于《王制》的第一堂课上回来，他从未听过这样的东西。他太心潮澎湃，所以第二次我们都去听。我记不住具体细节，不过，施特劳斯在讲《王制》卷一的开场部分。他在黑板上列出连续出现的七个项目，圈出第四项，说这是最重要的一项。在文本研究方面，这种方法闻所未闻。

萝娜　审视细节？

瑟特　你可以抓住细节，并让其中某个事物与更宽泛的、完全可以理解的论证发生联系。用完全自然的方式把最小元素（Pixel）加诸整体确实需要卓越的才能。在我想到克莱因[1]时，我意识到这种才能是如何卓异。他总是看到最小元素，结果是整体的消失。你不可能重构某个论证，观察它作为整体时的情况，因为那一小点已经代替了整个论证，[40] 你不需要其他任何东西。无论克莱因建构的理论是什么，它都不能与对话论证的第一印象，或是与对那个论证的深度解释联系在一起。所以，他的理论非常具有独创性，但不自然，而施特劳斯的解释则总是很自然。我想，施特劳斯现在所做的，真的很像古代的目的论（teleology），像盖伦（［译按］Galen，古罗马名医、哲人）。我的意思是，"这个为什么在此？它在此是因为这个"。

---

[1]　Jacob Klein（1899—1978），从 1937 年开始直至逝世，一直在圣约翰大学任教，并且在 1949 年至 1958 年任院长，在创立名著课程方面发挥了重要作用，学术著作包括：对希腊数学思想的重要研究（参 chap. 3，n. 3），柏拉图《美诺》注疏，三部曲《泰阿泰德》、《智术师》、《政治家》注疏。在作品集《克莱因：讲稿与论文》（*Jacob Klein*：*Lectures and Essays*，Robert. B. Willams 和 Elliott Zuckerman 编，Annapolis，MD：St. John's College Press，1985）中，他的博学多识可见一斑。

萝娜 当部分融入整体时，你可以看到部分的功能。

瑟特 当然。

米歇尔 所以你称之为灵光乍现式（burst—like）论证和抽丝剥茧式（filament—like）论证的东西，施特劳斯能够将它们并置在一起，而克莱因所做的灵光乍现式论证则不能和抽丝剥茧式论证结合起来。

瑟特 我在圣约翰的时候就非常清楚这一点。克莱因再次热衷于思考 ——我不知道为何出现这种情况，但他突然再次意气风发，或许是因为尼采。我们与克莱因还有其他四位导师一起阅读《斐勒布》。整个主题建立在对话的开端和结尾展示的无限（ipeiron）的基础之上。但在他的论证中，永远未能洞见这一点。所以在我们阅读结尾部分时，他有一次评论说："那是不正确的。"

萝娜 因为他未能发现联系？

瑟特 我想他也不是很认真地做这个评论，不过从中可以看出一些东西。正因为他不能明白这些稀奇古怪的细节并发现它们的联系，他想要否定这篇对话。

罗伯特 所以，听过施特劳斯的课后，你们都被深深打动。你怎样拜他为师的？

瑟特 我去拜访他，问他是否可以做我的导师。

罗伯特 这是你第二次采取主动。你见布莱肯哈根那次也非常勇敢。

瑟特 是的，我那时十分莽撞。我在兰姆那里则处于戒备状态。我想是古热维奇让我有了这种想法。古热维奇曾让兰姆读了些东西，我想是黑格尔。

米歇尔 这是在你上施特劳斯课的一段时间之后？

瑟特 对。

米歇尔 那施特劳斯怎么说？

瑟特 他说可以，然后我们读《泰阿格斯》（*Theages*），那是我们读的第一篇东西，也有可能是《游叙弗伦》（*Euthyphro*），我记不太清楚了。

萝娜　古希腊语的吗？

瑟特　是的。

萝娜　你的硕士论文是不是关于《泰阿格斯》？

[41] **瑟特**　对，不过我不记得它是不是我师从施特劳斯研读的第一篇东西。

萝娜　这篇论文是在他指导下完成的吗？

瑟特　是的，得益于他的指导。我记得施特劳斯的笑。

萝娜　在他看论文的时候？

瑟特　硕士论文完成后，我必须做一次公开陈述，这是委员会的要求。安排的座次是，施特劳斯坐在我后面。在我读这篇东西（我想是前半部分）的时候，施特劳斯笑得头都抬不起来。我不知道笑的人是他。其他人都没有笑。只有他认为我的论文非常非常有趣——我的意图也是如此。第二天他对我说："我还不知道你原来是这么有趣的一个人。"

米歇尔　跟他一起读作品是什么感觉？

瑟特　阅读时非常有规律。我先读一页或半页，然后他谈其中的特别之处，或论点是什么。

萝娜　以他的讲解为主？

瑟特　我会问问题。我学会探寻这类事物——你知道，为什么这个出现在这里，诸如此类。他非常善于做假设，然后在进行过程中又抛弃前面的假设，做出其他假设。

米歇尔　当时施特劳斯已经出书了吗？

罗伯特　关于霍布斯的书肯定出了。

瑟特　是的，不过我想《自然权利与历史》还没出。

罗伯特 他的部分论文肯定已经完成。

瑟特 论色诺芬的已经完成。

米歇尔 你们当时读这些东西吗？

瑟特 我们读《希耶罗》（*Hiero*）；那时他相当多的注疏已经出版。但我怀疑当时是否有人真的理解他做的事情，虽然他们明白主要论点。我想，施特劳斯的好几篇文章和讲稿都是在他任导师期间完成的，有一篇论《游叙弗伦》，还有一篇论修昔底德。

萝娜 他和你们一起读他的文章吗？

瑟特 是的，我们读《美诺》（或许那是我们读的第一部作品），然后他写了一篇评论。① 他通过研究这部作品能够获得透视整全的洞见，而我只有在阅读他的评论之后，才能获得这种洞见。

[42] **米歇尔** 这意味着你在行进过程中必然对细节出现的方式记忆尤深。

瑟特 记忆尤深的是他将那些突发洞见转化为整全论证的能力，或至少是对整全论证简要概括的能力。所以，无论他发现了什么特

----

① 《霍布斯的政治哲学：基础与起源》（*The Political Philosophy of Hobbes*：*Its Basis and Its Genesis*，Elsa Sinclair 译，Chicago：University of Chicago Press，1952）；《自然权利与历史》（*Natural Right and History*，Chicago：university of Chicago Press，1953）；施特劳斯对色诺芬的《希耶罗》的研究最早出版于 1948 年，后来收入《论僭政》（*On Tyranny*，Victor Gourevitch 和 Micheal S. Roth 编，New York：Free Press，1991）；《论〈游叙弗伦〉》（*On* the Euthypron）和《修昔底德：政治史的意义》（*Thucydides*：*The Meaning of Political History*）载《古典政治激进主义的复兴：施特劳斯论文和演讲集》（*The Rebirth of Classical Political Radicalism*：*Essays and Lectures by Leo Strauss*，Thomas Pangle 选编，Chicago：University of Chicago Press，1989）；《论〈米诺斯〉》（*On* the Minos），载《政治哲学的根基：十篇被遗忘的苏格拉底对话》（*The Roots of Political Philosophy*：*Ten Forgotten Socratic Dialogues*，Thomas Pangle 编，Ithaca，NY：Cornell University Press，1987）。

殊性，你都能理解这个特殊性的所指是什么。有一次，他给我看他做的关于色诺芬的笔记，他将《回忆录》以及色诺芬的其他苏格拉底对话中每一处"他说"都列了出来。他列出所有难以置信的东西。他从不解释这些事物意味着什么，也不解释他为何要这么做。

萝娜　你们讨论过解释原则吗？

瑟特　海德格尔非常重要，我们多次讨论他的解释原则，以及它怎样通过一种不同寻常的方式，在驳斥解释学的同时驳斥哲学。施特劳斯认为这非常令人诧异，与尼采截然不同。

萝娜　海德格尔的洞见可以不依赖于……

瑟特　他对柏拉图言说的认识是否正确。不过我们很晚才讨论这个问题。我在听了他关于马基雅维里的讲座和接下来关于《王制》的第二个讲座之后（不是第一个，第一个我完全记不得了），觉得确实是非凡的体验。在施特劳斯撰写论马基雅维里的著作期间，我在国外。他给我写信，全都是讨论他的发现，这些发现出现在他的著作中，与他以往讲座的内容完全不同。

萝娜　所以他求索不尽。

瑟特　永无止境。同样的事情也发生在对《王制》的讨论中。他从阿尔法拉比处得知"血气"（thumos），阿尔法拉比那段文字论述柏拉图结合的苏格拉底方式和忒拉绪马霍斯方式。但是他之前完全不明白技艺（techne）的中心性，他后来在《城邦与人》①中谈到这一点，而他在关于《王制》的讲座中完全没有提到。结果它们是联系在一起的，但是只有回顾之后才能领会。

罗伯特　他向你提过他为何以前没能看到吗？

---

①　施特劳斯，《城邦与人》（*The City and Man*，Chicago：university of Chicago Press，1964）。

瑟特　我想他过于受原初洞见（original insight）的影响——从阿尔法拉比那里学来的。所以他不得不再次琢磨。

萝娜　施特劳斯读过许多不同类型的作者，这一点似乎在他如何理解任何一个事物方面发挥了十分有趣的作用，例如在已经理解马基雅维里之后重新阅读《王制》。

瑟特　但他从来不会搞混。每件事情看起来都非常……

罗伯特　互不相关？

[43] **瑟特**　他在思考时肯定不是这种情况，但他用这种方式把它们呈现出来。

萝娜　这是否意味着他阐述的那些重大主题，比如古人与今人，对完成单个的文本而言是次要的？

瑟特　他明显有一套标记，从他没有研读过的不同文本中得知十分重要的段落。

萝娜　在他通晓某本书以前？

瑟特　或者不管他是否通晓某本书。所以他对《奥德赛》（10. 303）中关于"自然"（physis）段落的认识，并不依靠把这部作品作为整体的解释。

萝娜　他就是知道……

瑟特　这一点确实是关键。我现在想来，他的做法真像苏格拉底，不是吗？在《斐多》（97b—e）的自传中，苏格拉底从未看过阿那克萨戈拉的书，却能指出里面写的什么。我认为施特劳斯也有这种能力，只要给他一些暗示，他就能立刻把其他内容补充完整。

萝娜　这意味着他必须知道那些基本问题。

瑟特　唔，你有了这个非常有趣的螺旋，施特劳斯以犹太的东西为开端，然后不停旋转，最后回到古代的东西。所以，每个人都觉得他拥有的框架比我们拥有的任何事物都要大很多；我们觉得自己并没有真正理解他说的话。

萝娜　他是否会说，"当你读这本书的时候，尽量按作者本人对自己的理解来理解作者"这样的话？

瑟特　我记得他说过。在吸收了这个教诲之后，我对布莱肯哈根说，如果莎士比亚愿意，他本可以写对话。布莱肯哈根那时已经是施特劳斯的朋友，他把我的话告诉施特劳斯。施特劳斯说，他这辈子还没从一个孩子口中听到过如此真切的话。

萝娜　他喜欢你的洞见。

瑟特　我记得有一次，我与布莱肯哈根和施特劳斯在一起，当我离开时，我说："用《王制》结尾的话说，Eu prattomen。"施特劳斯说："就是它，它包含了正义的双重意思。"

米歇尔　行好（doing well）和过好（fare well）？

瑟特　这个短语表达了这样的观念——我们通过"行好"（在这个语境中，正义地行事）来"过得好"，同时它让人反思独善其身的正义与行得如此好或如此完善的正义之间的差别。柏拉图用最后两个字为《王制》的整个论证盖上了封印。但是施特劳斯之前没有注意，而我也只是碰巧说出这个词。

萝娜　你没有意识到你自己在说什么？

瑟特　没有意识到这个说法与施特劳斯看整个论证的方式完全一致；但是施特劳斯还没有把自己的发现和这个表达联系起来。

[44] **米歇尔**　你曾把施特劳斯看作榜样吗？我的意思是在你后来开始教书或从事研究时。

瑟特　唔，我总是在某方面有偏颇，而他不会。

萝娜　在哪方面？

瑟特　注意细节方面。

萝娜　即便你没有看到更大范围的论证，你也可以完成吸引你的那些段落?

瑟特 解决它们。施特劳斯在课堂上从未这么做过,我认为没有。

萝娜 但你不认为在你知道怎样将这些疑难问题联系在一起之前,必须对它们做一番深入思考吗?

瑟特 唔,我确信施特劳斯必然会这么做,但不在课堂上,然而我并不感到羞愧。事实上,在施特劳斯的个人指导和他的讲课之间,存在着很大差别,这一点非常明显。

萝娜 你能描述一下吗?

瑟特 在课堂上,他比个人指导时要沉默得多。经常是多年以后,他才会在课堂上讲他个人指导时早已讲过的东西。

萝娜 他在个人指导时尽量解决问题?

瑟特 或许就是这样。他在公共场合要谨慎得多。

米歇尔 你的施特劳斯是所有人的施特劳斯吗?

瑟特 我不这么认为。

米歇尔 学生们对他们讨论的问题有异议吗?

瑟特 我知道很早以前,古热维奇对一个问题有不同看法。他怀疑这种历史的学术(historical scholarship),将它作为反历史主义(antihistoricism)的对立物。

米歇尔 后来古热维奇就此写了一篇文章。①

瑟特 施特劳斯觉得他的行为有点像亚里士多德在《形而上学》第一卷中的行为,古热维奇自己则认为更像海德格尔或尼采的行为。

米歇尔 布鲁姆的态度怎样?

瑟特 我记得他转变信仰的那天。我和其他人,或至少我和布

---

① Victor Gourevitch,《哲学与政治》(*Philosophy and Politics*),Ⅰ—Ⅱ,载 Review of Metaphysics 32(1968):58—84,281—328。

鲁姆的差别，体现在我不用转变信仰就立即皈依，我那时根本就没
有信仰。

罗伯特 所以没有可以抵抗的理由？

瑟特 没有，即便有也似是而非。无论如何，我总是想起对布
鲁姆转变信仰［45］而言的关键点——我从未问过他是否确实如
此——那是在施特劳斯的亚里士多德《政治学》课上，布鲁姆几乎
每堂课都会为了这个或那个争论一番。

萝娜 与施特劳斯争吵？

瑟特 是的。与科学视野与人文视野的差异有关。施特劳斯称，
尽管科学视野已经有了巨大变化，科学所宣扬的人文视野已经改变
却是虚假的。没有证据表明，我们知道任何更深远的东西。

萝娜 布鲁姆却认为有进步？

瑟特 是的。所以在那特别的一天，施特劳斯做了这番评论。
布鲁姆说："那你怎么看婴儿的性特征（infantile sexuality）？"施特
劳斯回答："噢，我想任何细心的保姆都知道这个问题。"布鲁姆恍
然大悟。我一直认为，就是这句非常简单的话让他转变了信仰。

米歇尔 如果你审视所有施特劳斯课程开始的方式，会发现它
们总是伴随着相对主义（relativist）问题，或对事实—价值的区分。
而且作为一场运动，它似乎以一个转化为当代政治问题的道德问题
开场。不过，这就是你和其他人一样依恋施特劳斯的原因之一？

瑟特 不，全都是猜测，其他人也未必是因为这个原因。我对
施特劳斯的依恋似乎非常明显，没有任何原因。

米歇尔 而其他人对此的体验犹如一种信仰转变。似乎他们要
克服某种障碍才能理解这一点。

萝娜 所以你被施特劳斯吸引的原因并不必然是他人被吸引的原因。

米歇尔 但是你也上课，你一定听到过这些东西。

瑟特 我从不注意那个部分。我记得他暗示我们如何读书的方式非常奇妙。他会讲一些怎样阅读《格利佛游记》的话。

米歇尔 就是布鲁姆关于《格利佛游记》所说的那些话吗?

瑟特 是的,他是从施特劳斯那里听来的。

萝娜 说了些什么?

米歇尔 只是说《格利佛游记》是古今之争。所以卷一是现代政治实践,卷二是古代政治实践,卷三是现代理论或现代哲学,卷四是以政治哲学为基础的古代乌托邦政治。

瑟特 对。施特劳斯拥有数量惊人的各种书籍,他都以这种方式来理解它们,所以能够说出它们写了什么。

罗伯特 但你在前面提到他没有真正研读过整部《奥德赛》?

[46] **瑟特** 唔,他从莱因哈特①处了解到"自然"(Physis)的重要性,这使他能够将他对哲学本质(nature)的反思与《奥德赛》中的一些段落联系起来。

罗伯特 人们开始认为自己是"施特劳斯分子"(Straussians)有一个特别的时间点吗?

瑟特 1955 年以后,在我离开之后,有这种想法的人很多。52 年春天发生了一件可怕的事,这件事我到现在也没有真正搞清楚。施特劳斯与格瑞纳和布莱肯哈根二人闹翻了。这件事发生在很短一段时间之内,因为他们在五一年我的生日聚会前一直没碰过面。我的生日聚会是布莱肯哈根为了让施特劳斯与格瑞纳见面而特意操办的。施特劳斯送我一篇文章做生日礼物——《如何阅读斯宾诺莎》,其中援引了非常精彩的西塞罗的语句。

---

① Karl Reinhardt (1886—1958),著有论荷马、索福克勒斯、帕默尼德的作品。

萝娜　多么好的生日礼物！

瑟特　对。总之，在一年内发生了一些事情。这与现在被称为"施特劳斯分子"的影响日甚有关，这种强大招来嫉恨。

米歇尔　那时有谁属于这个群体？

瑟特　唔，古热维奇、布鲁姆和我。

萝娜　吉尔丁（Gildin）在内吗？

瑟特　吉尔丁是后来加入的。但有一些圣约翰大学的人，比如戈德温（Goldwin），他在政治哲学系。克罗波西和雅法来自新学院。① 这个群体相当壮观，而且明显引发了巨大的张力。布莱肯哈根告诉我发生了这种事情，当时他还没有与施特劳斯决裂。我记得自己作为一个学生，对发生的事情感到迷惑不解。

萝娜　你觉得现在弄明白了吗？

瑟特　如果你设想一下成熟男人对抗施特劳斯的两个场景，那是非常有趣的事情。这种吸引力在他们恢复本来面目之前，持续了很短一段时间。

罗伯特　哪两个场景？

瑟特　格瑞纳和布莱肯哈根，他们俩都感受到这种奇特的电效应。他们与我们一样，对这样的事情闻所未闻。[47] 这一点对布莱肯哈根而言尤其真实，确实让他性情大变。

萝娜　但只是瞬间的？

---

① Hilail Gildin，纽约城市大学（CUNY）Queens 学院哲学系教授，《解释》（*Interpretation*）主编。他论卢梭的专著是他的现代政治哲学著作之一。Robert Goldwin 是圣约翰大学导师与系主任。Joseph Cropsey，芝加哥大学荣休教授，研究古典与现代政治哲学史。他的著作包括亚当·斯密与柏拉图研究，并与施特劳斯合编《政治哲学史》（*History of Political Philosophy* 3d ed., Chicago: University of Chicago Press, 1987）。Harry Jaffa 参前，n. 20。

瑟特 他很快就再次恢复常态。

罗伯特 具体怎么回事？

瑟特 我想阐述这件事情有两种方式。理论上讲，是关于历史主义的问题：布莱肯哈根不愿意放弃这个立场。但根据我们已经谈到的事情来审视这个立场，你可以说他真正不愿放弃的是他本人。他把这个问题等同于历史主义，而这一点并不是真正的问题所在。

罗伯特 这是如何表现出来的？

瑟特 他有一次在一个聚会上碰到一个医生，那个医生问起他的驼背："你是怎样变成驼背的？你一定得过肺结核，在十岁或九岁？"布莱肯哈根回答："是的。"然后医生说："我们可以拿掉它。你要做的只是在床上躺一年。"但布莱肯哈根拒绝了。①

萝娜 是"我是谁"的问题？

瑟特 唔，而且他总认为自己会英年早逝，这让这个问题变得更为复杂。想象一下两个如此不同的人，但两人都时常想到死亡。格瑞纳有一种求死的意志，而布莱肯哈根却是基于他的身体产生这种想法。所以每一年对他而言都非常宝贵，他没有求死的意志，只有对死亡的接受。

萝娜 但是他没有英年早逝。

瑟特 没有，你看，就是这样。格瑞纳也越来越健壮。

米歇尔 教书真的是件有趣的事情。你必须找那些自我仍在建构阶段的年龄的人来教。当巨大的冲击出现时，他们不会因为回不到从前的位置而感到特别震撼；他们那时候真的什么都不是。但是不出十年，他们依然坚持的原因就是他们不想放弃自己和他们已经

---

① Victor Gourevitch 在 2002 年 2 月 1 日纽约大学为伯纳德特举办的纪念会上发言，回忆伯纳德特有一次形容布莱肯哈根"他的驼背像折起的双翼"。

形成的自我。

罗伯特 所以施特劳斯似乎没有可能影响布莱肯哈根和格瑞纳。

瑟特 奇怪就奇怪在这里。这种影响与爱情很相似，有非凡的效果。不过或许他们有必要进行自我纠正。

米歇尔 在极少情况下，也有可能出现一个完美的交融——有人愿意学，有人在那里教。在这种情况下，有些人会被纠正过来，更符合自己的天性。

[48] **萝娜** 我记得你有一次提到施特劳斯的一句话——你永远也不能让你的同事或其他成人转变信仰。

瑟特 我不知道他说的是不是永远，不过他从未说服过他那个年纪的人。我想他说这话是在他遇到布莱肯哈根以前。

访问者

马丁·布伯

瑟特 有一年春天，布伯来到芝大。他要在希勒尔堂发表演说，施特劳斯做他的介绍人。我和施特劳斯夫人一起坐在一张长凳上。布伯进来了，神情倨傲。

萝娜 让人肃然起敬？

瑟特 绝对肃然起敬。他坐在施特劳斯旁边，靠近讲台。施特劳斯开始介绍："能够向大家介绍马丁·布伯，我感到十分荣幸。他有可能是最伟大的犹太思想家，自 Mmm……"歇了很长一段时间，他进出："摩西。"然后施特劳斯接着说："自摩西 Mmm……"每个人都在想——

萝娜 迈蒙尼德，至少。

瑟特 对。但施特劳斯继续"Mmm……",最后说"门德尔松"。我差点笑得翻到椅子背后去。我想那是我听到的最有趣的事情。发生了什么——你可以从布伯脸上看出来——在施特劳斯说"摩西"的时候,他神气地像只青蛙;听到施特劳斯说"自摩西 Mmm……",他的气焰减弱了一点,到介绍结束后他完全神气不起来了。

萝娜 在你差点翻到椅子背后的时候,施特劳斯夫人什么反应?

瑟特 她拉住我的手,我想。

萝娜 那一定非常有趣。

瑟特 两周后,布莱肯哈根和我在施特劳斯家。谈到某个话题时,施特劳斯转过头看着布莱肯哈根,问道:"你知道一个叫布鲁姆的学生吗?"布莱肯哈根回答:"知道。"施特劳斯说:"你知道吗,他不是最聪明的学生。"布莱肯哈根说:"知道,但他非常聪明。"施特劳斯说:"但不是最聪明的。"然后布莱肯哈根说:"但聪明。"所以他们就此进行了一场对话。这些话的用意何在?施特劳斯告诉布莱肯哈根和我:

> 在布伯演讲后的第二天,发生了一件不同寻常的事情。布鲁姆陪我一起步行回家,我突然停住了,陷入沉思之中,然后对他说:"我想布伯有点虚荣。"布鲁姆说:"是吗?当然啦。"他是怎么看出来的?我花了两个星期才看出来。

多年以后,我把这件事告诉布鲁姆。他说,这意味着施特劳斯认为人有可能不虚荣,而我们从不这么认为。

萝娜 他对于人类有一个拔高的理解?

[49] **米歇尔** 对于人类的可能性。

瑟特 是的,当然如此。我不确信这一点是否可以解释他与布莱肯哈根之间的龃龉。

卡尔·莱因哈特

瑟特　莱因哈特在芝加哥的时候，施特劳斯同他讨论阿里斯托芬。施特劳斯说，阿里斯托芬很简单，在他身上仅仅体现出礼法（nomos）与自然（physis）之争。莱因哈特至少在最开始怒气冲天。施特劳斯告诉我这个故事，说："我不明白之前的人为何采用隐微术写作。其实即便他们写的东西十分显白，也没人能够理解。"

萝娜　你知道莱因哈特为何感到愤怒或震惊吗？

瑟特　阿里斯托芬代表礼法和快乐的对立。这与另一件事情有关。在施特劳斯开始研究阿里斯托芬的时候，他阅读了一些文献。其中之一是对《蛙》的注疏，他觉得写得非常好。他说："不过当然，它背后由道德主义支撑。德国人不得不为了希特勒付出沉重代价。"

罗伯特　他们因为有希特勒加诸他们的重负而过于道德主义？

瑟特　对。莱因哈特对此作了非常精彩的评论。他对施特劳斯说，他认为所有古典学者在碰到善恶问题时，都像青春期的女孩。结果他自己也是这样。

萝娜　意思是？

瑟特　非善即恶，黑白分明，根本不存在黑白交织的地带。这一点多么真实，确实令人惊讶。

米歇尔　你觉得这是古典主义者的特征吗？

瑟特　我曾这么认为，但现在不确定。这些人对高贵感兴趣，但是当高贵等同于道德时，就出现了这种非常天真无邪的态度。

库尔特·里茨勒

瑟特　里茨勒来芝大时，人人都久仰他的大名。① 所以他的第一
节课我们全都跑去听，上课时间在晚上。他走进教室——十分漂亮
的如银白发，笔直的背，优雅的五官。他在讲桌前坐下，凝视着我
们，我们也〔50〕望着他。这时，他开始微笑并问道："有人知道
柏拉图是谁吗？"人人沉默不语，没有人说一个字。里茨勒再次努
力，又问："唔，那有人知道亚里士多德是谁吗？"所有人都离开了。
自那以后，没有人再去上他的课。

米歇尔　有人向施特劳斯提过这件事吗？

瑟特　我想没有人告诉他那场面有多糟。

萝娜　你非常大度，介绍了他的一面。

瑟特　我当时确实觉得很糟糕，但我不愿回到那种心态。

汤因比

瑟特　在我加入委员会不久，汤因比应邀来到芝大。那是我参
加的第一个大型讨论会。他们在社科楼的一个房间摆了一张很大的
椭圆形桌子，几乎把整个房间都占了。那张桌子实在太大，以至于
桌子中央的灰尘都从未被清扫。灰尘越积越厚，因为没人能把他们
的胳膊伸到这张巨型圆桌的中央。总之，每个人都出席了会议。那
时汤因比已经声名显赫。

---

① Kurt Riezler（1882—1955），执教于新学院哲学系，著有论帕默尼德、
艺术和政治的专著。

罗伯特　你记得那是哪一年的事？

瑟特　可能是 1949 年，或 50 年代早期。猜他们想与汤因比讨论什么？为什么我的专业不被你看作一种特殊文明？你为何竟然忽略了希腊化时期？那是一个分裂的文明。有个人名叫（马歇尔）霍奇森，是有教友派信仰的阿拉伯问题专家（Quaker Arabist），研究刺客（Assassins）。他说：“我希望刺客可以成为一种特殊文明；它满足你设立的所有标准。”汤因比非常友善，因为他只是点头，并说如果他要修订他的著作，一定把这些东西都考虑进去。对汤因比的反应是委员会的典型态度，不过这种态度在艾略特访问芝大时达到最高潮。

艾略特

瑟特　他们聘用艾略特就教育问题在芝大做系列讲座，然后委员会也邀请他与哈耶克轮流主持一系列研讨会。他不知道研讨会是轮流主持的，也没人给他指定研讨会的题目。所以在第一次会议上——所有学生和教师都参加了，他们不得不决定论题。他们决定的题目是诗与哲学。第一次会议就这样草草收场。

第二次会议就把诗与哲学作为讨论题目，涅夫（John U. Neff）转过头看着布鲁姆，希望他作为最小的学生问个问题。布鲁姆不知道问什么，因为他不清楚在讨论什么东西。[51] 所以我站起来问道：“你是否同意高尔吉亚的说法——悲剧是一场欺骗，在其中被骗的人比没被骗的人聪明？”艾略特点头说：“是的。”然后雷德菲尔德（Redfield）高级研究员（轻声）说：“我不知道这个说法。我不认为你被骗了，还能更聪明……”他们就高尔吉亚的话疯狂讨论了一番。然后他们决定学生应该就艾略特的诗歌提交论文，在会上念给艾略特听。你们猜他们选了谁？第一篇论文将由马哈迪提交，[①] 然后是位女数学家。马哈迪的论文没有人听得明白。

萝娜 是关于阿拉伯的吗？

瑟特 不是，关于艾略特的诗歌。那位女数学家的论文是关于艾略特的信仰转变——在 1932 年或……不管是什么时候，而艾略特就坐在桌子的另一端。简直是场灾难。哈耶克试图挽救局面，说："我觉得诗歌存在于对普通语言交叉点（intersects）之外的每件事物的审视，普通语言的交叉点就像铁轨，而诗歌是对铁轨外部事物的审视。"那位女数学家发话道："让我来探求这个意象。如果我们挑选火车，我们可以选择向一个方向行驶的特快，也可以选择向另一个方向行驶的货车，穿过信号灯……"那是对这个意象最不可思议的发挥，艾略特从头至尾都坐在那里，一动不动。

萝娜 一言不发？

瑟特 绝对一言不发。你会以为坐在你面前的是一个 19 世纪的英格兰牧师。这就是你获得的印象。在第一轮研讨会结束后，涅夫夫人为艾略特筹办了一个派对，但又忘了告诉他。他已计划在同一时间去参加另一个派对，和一些从圣路易斯来的知道他的人一起。那个派对也是委员会一个成员的妻子组织的。所以当讨论会结束时，大约是在 9 点，艾略特站起身来。涅夫夫人（那时已经很老了），走到他左边，另一位夫人走到他右边，然后她们开始拉他。那场面很像彭透斯（Pentheus）被两个女祭司（Bacchantes）拉

---

① Muhsin Mahdi，1926 年生于伊拉克，1969 年至 1999 年任哈佛大学阿拉伯语教授，之前曾执教芝加哥大学。他是阿尔法拉比的译者与阐释者，伊斯兰政治思想研究的领军人物。

成两半。她们互相朝着对方吼叫，说艾略特应该参加自己的派对。这时，席尔斯①走了上来，试图平息她们的争端，但是涅夫夫人毫不理会。

米歇尔 艾略特最后去了谁的派对？

[52] **瑟特** 我不知道后来怎么样了，因为我两个派对都没去。

萝娜 所以研讨会持续了一个学期？

瑟特 持续了一个学期。最后，我们在涅夫夫妇举办的派对上见到了艾略特。我告诉过你们苹果点心（Apple Strudel）派对吗？涅夫家常常举办这样的点心派对，并邀请学生们前往。派对上有成堆的苹果点心，加了鲜奶油，还有白酒。不过它们总是藏在第二客厅的中国屏风后面。在场的无论是哪个大人物，在能拿到它们之前，都必须通过一场酷刑，真正的酷刑——每个人都坐下，然后由学生们向这个大人物发问。

萝娜 苹果点心的过关仪式（rite de passage）？

瑟特 对。参加过这个活动的人都知道，你必须管住你的嘴，否则你永远也得不到点心，因为客人总是有话说。最有趣的一幕是，有一次他们邀请了路易斯·马西农（Louis Massignon），阿拉伯神秘主义专家和科林·克拉克（Colin Clarke），从澳大利亚来的经济学家。

萝娜 两人一起吗？

瑟特 他们两人同时在委员会待了一学期。所以在介绍他们之后，有个外国学生说他有问题要问马西农教授。他的问题是（带着某种口音）："在我的国家，有一个党，党 A，有很多化肥，但是没

---

① Edward Shils（1910—1995），1938 年至 1994 年任芝加哥大学社会学教授，剑桥大学彼得学院荣誉研究员，在社会哲学（social philosophy）和社会学理论方面成就斐然。

有土地；还有另一个党，党 B，有许多土地，但是没有化肥。这种现象该如何解释？你怎么解决这个问题？"他本来是想同科林·克拉克讨论，但是把他们俩搞混了。有人确实问了马西农一个问题。他谈到犹太恐怖主义多么糟糕。

萝娜 在巴勒斯坦？

瑟特 是的。然后有人问："那不是还有阿拉伯恐怖主义吗？"克拉克说："是的，是这样。他们也炸楼房。但是他们的行为更温和。"

米歇尔 所以在那次为艾略特举办的特别点心聚会上，有事情发生吗？

瑟特 那次聚会有香槟。他站在一个角落里，我发现了他，然后我们聊了起来。

萝娜 你记得你们聊了些什么吗？

瑟特 普鲁塔克的译文，不对，是阿米欧（Amyot）的普鲁塔克译文与莎士比亚的关系，或诸如此类的东西。总之，我手里拿着一杯香槟。在和他交谈时，我非常兴奋，因此飞快地前后移动我的手。他眼里流露出惊恐，怀疑这个东西何时会泼他一身。所以他只是不停地点头，同意我说的每件事情，他情不自禁这么做。

[53] **罗伯特** 他后来的研讨会开得如何？

瑟特 我记得他在最后一次会议结束时的发言。总是坐在他左边的涅夫，感谢他主持了这些如此振奋人心的讨论，等等。艾略特几乎把头埋到了桌子上，你可以看见他头发正中的发线，但是几乎听不清他的话。他说："我不知道其他人从中学到了什么，但是我学到了一件事：如何主持研讨会。"

米歇尔 涅夫夫妇似乎每隔一学期就把世界知名的文坛巨匠聚集到自己家里。

瑟特 我记得巴黎大学的校长到来时的情景。他是十九世纪后半叶西班牙史的专家，那段时间什么都没发生。当个专家很容易。

萝娜　可以知道每一件事。

瑟特　绝对知道关于这个时期的每一件事。他那次在苹果点心派对上喝得酩酊大醉，所以平时言语谨慎的他说："先生，西班牙救了美国三次。"然后瘫倒在地。他说，"从前"，然后又什么都记不清了。没人让他通过。每个人都惊呆了，被西班牙救了三次。

米歇尔　你觉得你从这些来访名人身上学到了什么？

瑟特　人们是多么荒谬。这就是最大的教益。我想，人人表现的都是他们的最差状态。

萝娜　因为在这种情况下吗？

瑟特　我想一定是。所有这一切都是靠涅夫夫人的资助。

萝娜　她的私房钱？

瑟特　她继承了一大笔夏威夷遗产。他们拥有 Matson 航运公司，豪华远洋货轮和《火奴鲁鲁》报。曾经有人听到她说："我想我们应该重新考虑委员会中的德国人问题。"

罗伯特　对此有没有什么后续行动？

瑟特　没有，没有，她常常有些疯狂的念头。不过，她拥有出身高贵者的某种魅力，她的一生都在进行最高水平的文化访问。他们有一次还邀请了比利兹，①不过没有为他举办点心派对。那是我第一次听说比利兹和他夫人。那时他还没有获得爵位。他做了一个十分出色的讲座，[54]题为"伊特鲁里亚镜的世界"。他的声音很高。他为我们放幻灯，有一张图片展现的是伊特鲁里亚镜的背面，

---

①　John Davidson 比兹利（1885—1970），1925 年至 1956 年任牛津大学古典考古学与古典艺术教授，是黑像陶器（black‐figure pottery）与红像陶器（red‐figure pottery）方面的权威。

赫拉克勒斯正在托起世界。我依然记得这个非凡的表达。他说："这是支撑世界的赫拉克勒斯，他的肌肉或许因为过度劳累显得有些僵硬，但他仍然微笑着承担这个重负。"我完全着迷了，我从未听过这样的讲座。

萝娜　他是英国人？

瑟特　是的。在晚餐时，有人想把比利兹夫人介绍给布莱肯哈根，她高声说："如果他是战后来的德国人中的一分子，我不会和他说话。"所以他们没有相互认识。然后所有人都坐下用晚餐，有个人讲了一个关于刺猬的故事。布莱肯哈根问："刺猬的德语怎么说？"在座的教授们都不知道。这时比利兹夫人说："我知道。但我从1933年开始就没说过德语。我现在不想打破我的规矩。"

第二章 雅典、罗马和佛罗伦萨
（1952—1954）

［55］ 出国

瑟特 在 1953 年，委员会为我发放了一笔福特奖学金，因为我说我想去佛罗伦萨大学，在帕斯夸利的指导下学习，帕斯夸利①当时声名显赫。结果那年夏天，在我去之前，帕斯夸利突然去世。

萝娜 是车祸？

瑟特 被摩托车撞死的。多年后，我从莫米格里雅诺②口中得知帕斯夸利故事的真相，对这些事情莫米格里雅诺了如指掌。帕斯夸利不是法西斯信徒，却想成为参议员。有人向墨索里尼汇报所有人的弱点，因此他知道帕斯夸利的想法，却从不给他机会。但是，在墨索里尼被倒吊示众前的一个月，他让帕斯夸利当上了参议员。所以在战事接近尾声的时候，帕斯夸利成了参议员。他以为所有的党徒都会来刺杀他。但是在莫米格里雅诺看来，根本没人把他考虑在

---

① Giorgio Pasquali（1885—1952），古典语文学家。

② Arnaldo Momigliano（1908—1987），1951 年至 1975 年任伦敦 University College 古代史教授，从 1975 年到 1987 年，成为芝加哥大学定期访问教授。他是古代世界的历史写作的主要研究者。出版著作包括：希伯来与波斯研究、希腊与罗马史之编撰。

内，因为人人都知道他那点愚蠢的野心。但是他却因此发了疯，人们把他送进疯人院。从战争结束后到 53 年夏天，他一直待在那里。他从疯人院出来的那一天，就被摩托车撞了。所以我永远都未能师从帕斯夸利学习。

米歇尔　而你获得这项福特奖学金的原因是，你想师从一个实际上在疯人院里的人。

[56] **萝娜**　帕斯夸利研究什么？

瑟特　他写了一本很棒的书，叫《文本批评传统的历史》(*Storia della tradizione e Critica del testo*)，这本书有这么大（他的手张得很开）。开篇似乎是对马斯（Paul Maas）《文本考订》(*Text-kritik*) 的评论，马斯的书是在战前为《指时针》而作，可能是在 36 年或大概那段时间。马斯给出为了法律（codices）而伪造谱系（stemmata）的规则。然后帕斯夸利扩展了他的评论，讨论每一个反例（counterexample），结果发现除了三个古代世界的作者而外，其他人都成为反例。这确实是非常有意思的成就，给人留下深刻印象。

萝娜　所以你希望与他一起研究这些语文学上的东西？

瑟特　我想我应该研究现代语文学（Modern Philology），在芝大还没有人教这些东西。虽然艾纳森懂语文学，但他从不教这个。

鲍德温

萝娜　所以在 1953 至 54 年期间，你从芝大到了意大利？

瑟特　去意大利的奖学金是第二个，之前还有一个去希腊的奖学金，去雅典的美利坚古典研究学校。

罗伯特 那是在什么时候？

瑟特 我 1952 年离开芝大，乘诺曼底号出国，那是段十分美好的时光，因为同船有不少性情相投的人。其中一位乘客是詹姆士·鲍德温。

萝娜 你那时多大年纪？

瑟特 二十二。

米歇尔 那时詹姆士·鲍德温已经小有名气？

瑟特 他刚出版了他的第一部小说《去大山倾诉》（*Go Tell It on the Mountain*）。我们在这次长途旅行中谈了很久。

罗伯特 旅途有多长？

瑟特 五到六天。鲍德温回巴黎。他没有就种族问题写任何东西。他显然非常聪明，但是他让人觉得他对事物感到恐惧和不确定，还有一点困惑不解。他谈起他在小时候不能去市中区的经历。

萝娜 他在哪里长大的？

瑟特 在 Harlem（［译按］纽约的黑人居住区）。那时他们如果去公园大道和第五大道，立刻就会被警察逮捕。那成为他的核心经历。在法国的孤独无依状态也在某种程度上加剧了这种意识。

萝娜 他永久定居在国外？

［57］**瑟特** 是的。

罗伯特 你是否还记得你自己说了些什么？

瑟特 我们主要讨论地方意识（Provinciality）问题。我有印象——那时他并不确信自己能从中逃离，或者也不愿意逃离。决定他身份的人是白人，我们当时就谈这些。他由这个他者群体决定。因此只是一种否定关系。

米歇尔 这在他的写作中出现过吗？——在某种程度上，他意识到他有责任承担某些主题，否则情况会大不一样？

罗伯特 从我读过的他的作品来看，会让人觉得书中某人感到自己陷入罗网。你谈到他的恐惧，那种遭遇警察的经历；我们可以把这些看作一个意象，针对一个更加普遍的问题。

米歇尔 唔，特别是当人们加上同性恋问题的时候。

瑟特 那似乎是被接纳他的社会、白人社会决定的另一件事情。在这个社会中，他发挥了一定作用。

罗伯特 如果你能融入这个社会，他们会给你一个发挥作用的空间。

瑟特 我想他不知道自己是谁。

罗伯特 就我的理解，这就是他所有作品的主题——他的身份问题。他永远也不能以一种果断的方式确定自己究竟是谁。他的身份总是在左右摇摆。在某些方面，他是"白人"。他的读者来自白人社会，他智力超群，他文笔优雅；在其他方面，他是"黑人"，但是他也不能真正融入黑人社会。所以就出现了这种恒常的骚动。直到最后，在他生命即将终结的时候——我忘了那本书的名字——他因为背叛，被黑人民权运动人士群起而攻之。在他的另一部晚期作品中，他有点濒于崩溃状态。尽管我记得当时认为那只是他的一种姿态。人们都能感受到他是一个非常不快乐的人。我还能想起那张哀伤的脸，那些眼神。

瑟特 是的。

萝娜 个体是无限流动、不具确定性的，因此有了种族、黑人、同性恋等概念。人们以为这些东西可以给个体设定某种身份，但是却不可避免地导致异化。因为它们不是个体，而是类型。

米歇尔 当然，这些东西总是存在，但它们却不同于，比如家庭角色。家庭角色决定你对其他特殊的人的作用。你是黑人或白人的事实或许能让你产生一种整体性的团结感，但是如果你是女儿或父亲，这种特殊的关系把你设定为一个特殊的人。

瑟特 这么说来，我们就可以理解那些基督教殉难者。

罗伯特　［58］如何理解？

瑟特　换句话说，在罗马帝国的统治之下，你既不需要承认也不需要否认。你只需要回答："我是基督徒。"这足以决定一切，因为其中涉及摹仿。

萝娜　摹仿？

瑟特　对基督的摹仿。不过就这些准殉道者的理解，那正是他（或她）之所是。保罗就表现出这一点："死在基督中"（dead in Christ）。

英国：比兹利、鲍勒、波威克

瑟特　在我去雅典的途中，我先到了英格兰。我从芝大获得三千美元奖学金，这在当时确实是笔大数。不过分四次发放，而我在去雅典之前就因为在牛津买书花光了所有的钱。我应该付膳宿费，但我根本没钱。每隔一个月，管事的人都会打电话来催："你什么时候付钱？"我总是回答："他们还没给我钱"。

罗伯特　你没告诉他们，学校已经给了你钱，是你自己把它花光了。

瑟特　在我去英格兰的时候，格瑞纳为我写了许多介绍信，把我介绍给不同的人。他们中有比兹利、鲍勒、还有波威克先生，中世纪历史学家。①我最先拜访波威克，与他和他夫人一起喝茶。他说："每个人都以为我们英国人矫情。而事实上，它掩盖了我们的慈悲心。"然后我到艾西摩林（Ashmolean）去见比兹利，他在那里有张特别的桌子。

萝娜　你在芝大见过他吗？

瑟特　没有，我听说过他，但是从未见过面。我们天南海北，

---

①　关于比兹利，参第一章。C. M. Bowra（1898—1971），1922 至 1971 年任牛津大学 Wadham 学院院长，1951 年至 1954 年任副校长，著有论希腊抒情诗和索福克勒斯的专著。Maurice Powicke（1879—1963），牛津大学 Balliol 学院研究员。

无所不谈。当我起身告辞的时候，他说："你怎么读你的名字？"我告诉了他。他问："重音在哪？"我说："没有重音。"然后他说："哦，两个扬扬格（spondee）。我想不同一般，再见。"

萝娜 那是他对你自我认知的贡献。

瑟特 是不是很有意思？然后我见到了鲍勒，他请我在沃德姆（Wadham）学院吃午餐，他在那里任院长。多年后，他成为副校长。在他成为副校长的那个学期的第一个星期天，[59] 大学的新牧师在第一次布道时谴责牛津的同性恋问题。学生们纷纷涌向这位副校长，问他对此的意见。后来，《牛津学报》的头条登出："牛津副校长，《希腊经验》的作者，坚决抵制牧师的指控。"这个人以牛津同性恋团体的中心人物著称。

萝娜 你记得与鲍勒见面的那天，你们聊了些什么？

瑟特 与我想象中一样，他非常幽默。我还记得他告诉我关于比兹利的一件趣事。有一次，他在某个学院的小道上碰见比兹利，比兹利问他最近在读什么书。他刚读完欧里庇得斯的《赫卡柏》，认为那是他所读过的欧里庇得斯作品中最糟糕的一部。比兹利说："无论你刚读过欧里庇得斯的哪部作品，你都会觉得那是最糟的。"

雅典的美利坚古典研究学校

伊娃·白兰恩

米歇尔 你在雅典的美利坚古典研究学校是否遇到过有趣的人？

瑟特 从耶鲁来的伊娃·白兰恩①在那里。她成了另两个女人的

---

① Eva Brann，自 1951 年以来担任安纳波利斯圣约翰学院导师，1990 年至 1997 年期间担任该学院院长。著有论教育、想象、时间的专著，并与人合译柏拉图的《智术师》和《斐多》。

争夺目标，这两个女人比我们中的其他人都要大十来岁。其中一人名叫尤蒂斯·玻尔兹韦格，另一人叫海伦·培根。① 伊娃·白兰恩研究"希腊七贤"（the *Seven*），同时为《会饮》（*Symposium*）撰写文学评论。这两个女人都希望伊娃成为她们的学生，把她们当作自己的榜样。尤蒂斯十分直率，心里有什么就说什么。海伦·培根则相反，具有典型的女性气质。伊娃甚至根本不知道她俩为了自己搞竞争那回事儿。在那个春季末，我不得不告诉她。

米歇尔　她怎么说？

瑟特　哦，她否认有这么回事。

萝娜　她年纪和你差不多吧？

瑟特　我想她比我大一点。

[60]**萝娜**　你们在希腊的时候，伊娃是否见过克莱恩？

瑟特　噢，没有，没有。他们是通过我结识的。

萝娜　怎么回事？

瑟特　（理查德）瓦格勒当时是圣约翰大学的校长，有一次叫我去，对我说我被解雇了。我告诉他我为他们找了位合适人选——伊娃·白兰恩。我让他记下她的名字。他们给她打电话，然后伊娃就去了，并爱上了那个地方。

伊斯坦布尔的亲戚

瑟特　我在去希腊时途经英国，因为买书花光了所有钱，就决

---

①　Judith Perlzweig Binder，雅典的美利坚古典研究学校高级助理研究员，对雅典市场的灯作考古研究。Helen Bacon，罗马的美国学院与雅典的美利坚古典研究学校成员，在 Barnard 学院讲授古典课程，著有论希腊悲剧的专著。

定搭乘东方快车去雅典。我不知道这趟车要花两天时间穿行南斯拉夫。所以我从伦敦寄走了我的大箱子，没带衣服。在整个旅行途中，我都穿着那一身衣服。在我到达雅典之后，我打开我那只被绳索捆绑得严严实实的手提箱，发现里面竟是空的。有人把我所有衣服都拿走了。所以我在雅典的前三个月几乎就没衣服穿。不过随后我即将去伊斯坦布尔见我的亲戚，他们在那里经营木材生意。他们做的第一件事就是为我定做衬衫、睡衣，还有两套西装。所以我从伊斯坦布尔回雅典时，就有了漂亮的量身定制的西装。很自然，我回来第一天就穿着新衣服去吃晚餐，伊娃·白兰恩看了我一眼，说："现在我明白了，人靠衣装。"

萝娜 你的伊斯坦布尔亲戚是你什么人？

瑟特 我父亲的弟弟。他们比我父亲小，所以不够土耳其法案上规定参军的法定年龄。

萝娜 是什么促使你父亲离开土耳其？

瑟特 我父亲的母亲想搬家。她决心不让他加入土耳其军队。所以当他1927年来到美国之后，为了获得美国公民身份，他立刻应征加入美国军队。他的战时职责是守卫在圣路易斯的医院。

萝娜 那时在伊斯坦布尔还存在西班牙裔犹太人共同体（Sephardic community）吗？

瑟特 规模很小，我去的时候已经完全孤立了。不过它显然已经不起作用，因为我的表兄弟相互之间说土耳其语。

萝娜 在此之前都说拉迪诺语？

瑟特 是的，而且他们在对父母说话时仍然用拉迪诺语，不过他们之间不说。我的叔叔们在说土耳其语的时候，带有很明显的口音。过了五百年他们都没有完全改过来。

米歇尔 你在对他们说话时，使用哪种语言？

[61] **瑟特**　英语，我想，英语或法语。他们对所有和贸易有关的语言都很在行。

罗伯特　你能认出他们是你的亲戚吗？

瑟特　我根据一次亲身经历感受到与他们的亲缘关系。我在芝大的时候，有一次得了阑尾炎。院方通知我父亲，以便决定我是否手术。手术之后，晚上十点左右，在芝大医院静悄悄的走廊上，突然传来一声大吼："伯纳德特在哪？"那是我的一个叔叔，他仿佛在热闹的集市中央那般大声说话。他到芝加哥出差，我父亲叫他来看看我怎么样了。好了，数年后我在雅典登上去伊斯坦布尔的飞机。我们在 Thessaloniki（[译按] 希腊一城市名）迫降，不能当天到达伊斯坦布尔。我们那晚留宿的酒店正在进行希腊小姐的选美比赛。第二天清晨，我们再次飞往伊斯坦布尔。在寒风刺骨的机场，我们必须步行半里路。我刚走下飞机，你们猜我听到了什么？——"伯纳德特！"

萝娜　又是你叔叔吗？

瑟特　另一个叔叔。他在机场的另一端吼。我们的家族特色。

渥纳尔·耶格尔

瑟特　1953 年的春天，我在雅典遇见耶格尔。[①]他以前没来过希腊。他来以后，瞄了瞄雅典卫城，然后爱上了他的床，就再也没有离开过他的房间。我还以为他得了肠胃炎或其他什么病，不过似乎很异常。特别是在他康复之后，他谈起波耶克，[②] 说他退休以后，学

---

①　Werner Jaeger（1888—1961），德国古典学者，1939 年成为哈佛大学古典学教授，以《教养：古希腊文化的理念》（*Paideia：The Ideals of Greek Culture*）以及有关亚里士多德智识发展的著作而著称。

②　Philipp August Boeckh（1785—1867），古典语文学家。

生们为他提供资金让他去希腊，被他拒绝了，说希腊不可能像他想象中的那样美。

萝娜　永远也不可能符合他的想象？

瑟特　确实不能与想象的世界媲美。耶格尔在雅典的时候，历史学家格雷①来拜访我们。格雷住在英国研究学校，与美国研究学校共用一个网球场，他在某天晚饭后与他夫人一同前来。我们围坐成一个大圈，耶格尔开始高谈阔论。他好像在说梦话："我在想希腊人会怎么看待赛萨利人的领主（Thessalian Tagoi），［62］会怎么看待他们的大器（megalopsuchia），他们的勇敢（andreia）……"他滔滔不绝地讲。格雷冷不妨说了一句："哦，我想希腊人大概会用英国人看爱尔兰人的方式看他们——不好对付的家伙。"多年后，我在哈佛碰到格雷，他说："我听说你对耶格尔的评价不高。"我说："你也是吧。"他完全忘了自己说过的那句话。

萝娜　你是在雅典这年学的古希腊语吗？

瑟特　学了一点。我在春天组织了一次乘船旅行，被认为是创举。不仅因为是由我组织的，而且因为在这个学校的历史上从来没有人组织这样的活动。

米歇尔　你的意思是没有人去过那些岛屿？

瑟特　没有人用这种方式去过，这是最省钱的方式，也是当时唯一的方式。

米歇尔　你这位读过荷马的人当然知道可以这么做。

瑟特　那时雅典还是个小城市。我找到美国快运的董事，他安排了这次航行。

萝娜　你们去了哪里？

---

①　H. T. Wade‑Gery，古代史学家，牛津大学 Wadham 学院研究员、导师。

瑟特　穿越基克拉迪群岛。

萝娜　你那时在做研究还是在读书？

瑟特　我在那里读了荷马。后来我到了意大利，决定写关于《伊利亚特》的论文。

罗马和佛罗伦萨

萝娜　你一到佛罗伦萨，就准备研究《伊利亚特》?

瑟特　唔，离开雅典后的那个夏天，在去佛罗伦萨之前，我待在罗马的学院里。

萝娜　你去做研究吗？还是去旅行？

瑟特　我记得我一直都在那里的图书馆看书。但发生了一些有趣的事情。那里有个人名叫赫克特（Hecht），他在耶鲁修习考古专业，但在他即将获得博士学位的前夕突然退学。在此之间他曾到过美国学院，并与居住在那里的一位画家的老婆有染。一天晚上，画家发现了这事，他俩在石阶前打了一架。赫克特在大学里受过拳击训练，他把画家打翻在地。第二天，学院院长要求他离开。他后来成了艺术掮客。"大都市"能够用一百万美元购买欧夫罗尼奥斯（Euphronius）的花瓶，全靠他谈判。这就是我对这些事情如何发生的谱系学知识。

萝娜　[63] 你在学院时那里都有谁？

瑟特　唔，从 Bryn Mawr 和 Vassar 来的女士们，她们常对我讲的各种笑话进行评分。我们在学院的柱厅里用午餐和晚餐，那里聚集了所有女士，她们差异很大，但社会地位相仿。

萝娜　都是你那个年龄吗？

瑟特　不，不，她们全都五六十岁。

萝娜　她们在那里做什么？

瑟特　她们是罗马史学家。其中有泰勒，[1] 像个军长。她十分铁腕，Bryn Mawr 学院的学生见了她都像老鼠见了猫。很明显她（的性格）和那些热爱她的人截然相反。

罗伯特　她们如何给你打分？

瑟特　我不停地讲故事。她们会说这个 B＋，那个 A－。

比兹利和比兹利夫人

萝娜　你提到在罗马遇到比兹利和他夫人。他们和学院有联系？

瑟特　没有。比兹利住在牛津，只不过他喜欢四处旅行。我在罗马结识了一位希腊考古学者，他现在在澳大利亚，名叫康比托格娄，[2] 是比兹利的学生。所以当比兹利来罗马时，我们有时会聚一聚。比兹利养过一只宠物鹅，后来死了。他有一位助理名叫普莱丝小姐，因为比兹利一家对那只鹅的去世深感悲痛，所以他们给普莱丝小姐重新取了个名字，叫"小鹅"。有一天，他们邀请康比托格娄中午来他们家吃鱼。那天一共有四个人——"小鹅"普莱丝小姐，康比托格娄，比兹利和比兹利夫人。当鱼从厨房里端出来时，比兹利夫人做的第一件事就是把那条鱼的皮仔仔细细全部剥光，然后把鱼皮堆在一个盘子里。她转过头去对康比托格娄说："你喜欢鱼皮，是吧？"他回答："不喜欢。"然后她说："好吧，我们把它给小鹅吃。"所以"小鹅"得到了整条鱼的皮，而那条鱼的精华部分全都归了比兹利。

---

① Lily Ross－Taylor（1886—1969），Bryn Mawr 学院拉丁语教授。

② Alexander Cambitoglou，悉尼大学考古系荣休教授，尼科尔森古代博物馆馆长。

萝娜　比兹利夫人是怎样一个人？

瑟特　她的前夫是名军官，在一战中丧身。她在 1920 年左右嫁给比兹利。[64] 他们在那不勒斯的时候，比兹利正在工作，比兹利夫人说："亲爱的杰克，你干嘛要干得这么拼命？毕竟我已经是比兹利夫人了。"

萝娜　你经常见到比兹利夫妇吗？

瑟特　我记得有一次，我和他们一起去罗马的一家餐厅。我们叫了辆出租车。我和司机坐在前排，其他人坐后面。我低声和司机交谈，比兹利夫人说："开车时不要和司机说话！"在所有事情上她都有严格的规矩。所以他们永远不去有电梯的酒店。

罗伯特　你了解这项规则的理由吗？

瑟特　不清楚。我的意思是，这有什么区别？他们可以要一个在一楼的房间嘛。他们有一次从耶路撒冷来雅典，美国古典研究学校为他们订了房，订在有电梯的酒店。所以比兹利夫人做的第一件事就是径直走到前台，拿起电话，给另一家没有电梯的酒店打电话。她的规矩都是这样不寻常。

米歇尔　是因为势利？我的意思是，别和出租车司机说话，是因为你不该和他说话？

瑟特　不是，不是，绝对不是。

萝娜　是因为怕有危险？

瑟特　每件事都危险。这种想法与她做 kredemonon（［译按］一种亚麻编织物，从头顶遮及脖颈，类似头巾）有些关系。

萝娜　那是什么？

瑟特　我们在一个酒店的露台上鸟瞰罗马，这时有点冷。比兹利夫人说："亲爱的杰克，你应该戴上你的 Kredemnon。"我问道："什么是 Kredemnon ？"然后比兹利戴上一块白色的毛织品，在肩膀处有一些细带子。比兹利夫人说:"聪明的问题。你记不记得《奥德赛》第五卷?当奥德赛离开卡里普索岛时,他的木排被吹翻了,然后他被一位海中女神的 Kredemnon 救了起来。"

萝娜　你记得吗?

瑟特　是的。她接着说:"我在战争期间,为皇家空军织这个东西。当然,我从来不织白色的给他们。只有给杰克这条是白色,其余的都是彩色。而且他们的都没有带子,我给杰克这条加了些条纹,因为他的肩太宽了。"她说的这个人已经 70 岁了,真是惊人的幻想。

萝娜　改善视觉效果。

瑟特　对。她把这些东西送去皇家空军的时候,会给每一条都附上小纸条:"这是 Kredemnon。它之所以叫 Kredemnon 是因为奥德赛……"

[65]　**萝娜**　前线的战士也浸染上了荷马的英雄传统。

瑟特　对,对。

米歇尔　万一飞机失事也有东西帮助他们逃过劫难。

瑟特　它空空荡荡的好处在于,比如你在天冷的时候或其他情况下把它放在膝盖上,它可以伸展成为任何东西,或者你也可以把它当帽子用。

罗伯特　万能事物,除了杰克的那条。

瑟特　我想这和莫米格里雅诺告诉我的比兹利的情况有关联。莫米格里雅诺第一次和比兹利见面时,比兹利问他:"谁是最好的英国国王?"莫米格里雅诺回答:"我不知道。"比兹利说:"噢,我想是阿尔弗雷德。"莫米格里雅诺说这是教授们的典型态度。格雷认为世界自公元前 550 年就开始衰退。550 年后唯一的巅峰状态就是塞莫皮莱(Thermopylae)战役。而且如果你问他,他会精确地告诉你斯巴达人在波斯人进攻前在想什么。所以这两位,比兹利和格雷,和卫道者托尔金(Tolkien)是最佳组合。他们形成了一个小圈子。

T. H. 怀特也是其中之一，还有 C. S. 路易斯。他们都以一种非常奇特、犹如孩童的方式，被中世纪的荣光深深吸引。

米歇尔　如果读托尔金的童话书，一方面，它是中世纪的庆典，另一方面，它又是中产阶级英国人。在某种程度上，英国只是拿破仑蔑视至极的国家。这个国家真正的英雄是小商贩——这些小哈比人（［译按］托尔金笔下的人物）。

艾略特·卡特

米歇尔　你是在罗马期间认识卡特①夫妇的？

瑟特　卡特夫妇住在学院。他获得一笔研究音乐的基金。令人吃惊的是他对音乐之外的事物的浓厚兴趣（这一点被证明一直是真实的），比如文学等等。我想，卡特认为自己属于乔伊斯、斯特拉文斯基之后的现代主义的第二次浪潮。所以他的风格颇受现代主义影响。不过同时，他又与艾略特相同，回归到之前的所有事物。他明显已在十年前创作出他关于音乐与时间的理论，有点类似普鲁斯特。

［66］**萝娜**　你能解释一下吗？

瑟特　唔，理论不相同。不过他打算在音乐中表现时间，这在以前的音乐中是没有过的。换句话说，一个超越对位法（counterpoint）的阶段，在这个阶段不同的旋律互相应和。而在对位法中，旋律只能按照以前创作出的框架，彼此间应和；他则在那时使用了不同的对应方式。这种方式似乎表现出对时间的真实体验——恒常的变化。

萝娜　普鲁斯特用文学表达的东西，他希望用音乐表达。

———————————

①　Elliott Carter（1908—），美国作曲家，20 世纪音乐的主要革新者之一。他的作品包括交响曲、协奏曲、弦乐四重奏。他曾两次获得普利策奖。

瑟特　我想是这样。你们知道吗？他在圣约翰教过书。

萝娜　我不知道这事。

瑟特　很多年以前，他认识纳博科夫——尼古拉斯·纳博科夫（［译按］俄国作家），弗拉基米尔的侄子，弗拉基米尔在圣约翰教书。纳博科夫极其喜好女人。有个学生告诉我，她在从巴尔的摩到安纳波利斯的汽车上碰到纳博科夫。他们到安纳波利斯的时候，他就向她求婚。

萝娜　所以卡特跟所有圣约翰的老师一样教书？

瑟特　我想他在那儿待的时间不长。斯科特·布坎南（Scott Buchanan）在那儿的时候，他们闹翻了。

罗伯特　所以他认为音乐是为了音乐之外的其他事物？

瑟特　他在论柏拉图《智术师》的一篇文章的注释中提到这一点。他把音乐中的事物看作《智术师》中陌生人的发现。在其中他们设立了理解"钓鱼"这门技艺的范例，结果它转化为理解智术师的范例，不是在同一层面，而是在"狩猎"（hunting）方面。卡特把它当作自己努力践行的典范。人们设立了某种事物，后来随着时间的推移，你发现它还有另外的意义。

米歇尔　你们之间有过这样关于音乐的对话吗？

瑟特　我记得他常常谈起作为一个作曲家的降贵纡尊。有一次，我们一起去听一个美国指挥家的音乐会。我们去的目的是为了卡特有机会在音乐会结束后和指挥家谈话，提醒那位指挥家他的存在，因此或许指挥家在某个时候能够演奏他的曲子。这是他声名大噪之前的事。作曲有可能是很糟糕的行业。

萝娜　卡特夫人是怎样的人？

瑟特　卡特夫人以前是位雕塑家，后来为了卡特放弃自己的事业。他们家的餐桌上时常会出现相当激烈的政治争论，聚焦在麦卡锡时代。卡特夫人会反驳那些支持右翼阵线的人。

米歇尔 你参与过这些对话吗？

瑟特 我记得有一次，在五二年，当艾森豪威尔被选举为总统时，［67］雅典学院的一位女孩说："噢，我现在再也不能回美国了。"她来自俄亥俄。

萝娜 她对艾森豪威尔政府的印象是……

瑟特 空前绝后的暴政。

关于《伊利亚特》的论文

瑟特 当我到佛罗伦萨的时候，我立刻住进一家很贵的提供膳宿的公寓，我应该找一家便宜点的。

米歇尔 不过你刚得到最近发放的一笔奖学金。

瑟特 对。而且我伊斯坦布尔的亲戚每个月都给我一笔生活补助，他们把它存在一家意大利银行。所以我那时相当有钱。我住在Bartoletti 膳宿公寓。我住的房间有一个火炉，这是它最吸引人的特征。那是一个木制火炉，上面刻有"某某兄弟 1492 年造"。当然，那是属于我的年代，驱逐犹太人的年代，现在被刻到这块木头上。那里天气非常冷，我为取暖花了不少钱。

萝娜 所以你就坐在这间有火炉的屋子里写你的论文？

瑟特 我坐在这间屋子里从头至尾仔细阅读荷马，不分昼夜。我连一个注释都没放过，但是没有发现有意义的东西。所以我对自己说，我最好尽可能快地把它通读一遍。

萝娜 让自己有个总体印象？

瑟特 是的。所以我花了三天把它读完。

萝娜 希腊文？

瑟特　是的。三天，一口气读了八本书。然后我说："我的上帝！它就是《会饮》！"

萝娜　《伊利亚特》就是《会饮》？

瑟特　对，第俄提玛描述的爱欲结构，《伊利亚特》有了前两层，从海伦到——

萝娜　帕特罗克洛斯（Patroclus）？

瑟特　到荣誉（glory），经由赫克托尔。

萝娜　哦,你的意思是它是第俄提玛的爱的阶梯(《会饮》211c—d)？

瑟特　正是如此。我一旦意识到这一点，就在一个月之内完成了我的论文。我的发现都聚焦在荷马处理人的存在（human beings）与男人（men）对立的方式上，"英雄"意味着什么，诸如此类的事情。这是我论文的第一部分。

米歇尔　所以没有人真正给予你帮助。

瑟特　没有。

米歇尔　当你最后把论文带回去，他们怎么看？

[68]　**瑟特**　格瑞纳立马把它毙了。

米歇尔　什么原因？

瑟特　他认为完全不能接受，因为和帕里①的观点不一致。他是帕里的忠实信徒。

萝娜　你在你的论文中讨论过帕里的文章吗？

瑟特　我试图表明它与事实不符。

罗伯特　你是否能说明一下？

瑟特　一个名叫米尔曼·帕里的人拿着伯克利大学的奖学金去

---

①　Milman Parry（1902—1935），语文学家，尤以关于荷马的文章著称。他认为荷马史诗是前文学时代口头诗歌传统的成果。

了法国，然后写了篇论文。他在文章中说，荷马史诗中的套语（for-mulas）是由音韵决定的，与它们特殊的语境无关。

罗伯特　这种观点是在战后形成的？

瑟特　不，战前。不过在战后美国它成为金科玉律。但是它在其他国家不为人知。除了在英国，经鲍勒介绍。鲍勒曾到过哈佛，当时帕里刚去那里不久，然后他把这个理论带回英国。在欧洲没有人知道。

萝娜　它和口头诗歌有关，对吗？

瑟特　对。他曾到南斯拉夫听游吟诗人吟唱。无论如何，我找到所有相反的论据，我认为他的观点与事实不符。在《伊利亚特》的第一卷中，阿喀琉斯使用了"心高志大的阿开奥斯人"这样的表达，十五行之后阿伽门农的回答又重复使用了这一表达，之后在整部《伊利亚特》中就没再出现。不过特洛伊人经常使用"心高志大"这个别称。所以荷马对这个表达的使用绝不可能是任意的，因为我们有了这种韵律形式，他任何时候想使用它都可以显得恰如其分，但是他没再使用过。所以这种表达应该与意义联系起来——希腊人与特洛伊人之间的差异。

米歇尔　它意味着在阿喀琉斯撤离之后，将他们与特洛伊人区别开来的事物？

瑟特　对。但格瑞纳根本接受不了这种设想。不过他们知道我为这篇论文做了大量工作，他们不希望把它完全交给格瑞纳处理。所以，他们说他们会把它寄给莱因哈特。莱因哈特读后，说他不可能评判我的论文。这对他来说完全陌生，他从未见过这样的东西。它完全不符合荷马研究的规范。

米歇尔　你的学术生涯似乎一开始就与周围环境格格不入。

瑟特　唔，他们不知该怎么办，因为莱因哈特没说不行。所以他们把它寄给鲍勒，而鲍勒让格瑞纳大吃一惊，说行。

  萝娜 他做过任何评价吗？

  瑟特 我不知道。

  [69] **罗伯特** 施特劳斯的态度如何？

  瑟特 施特劳斯不在委员会。

  米歇尔 他读过这篇文章？

  瑟特 是的，读过。

  罗伯特 他说了什么没有？

  瑟特 我想他说过"你可能是对的"，或诸如此类的话。除此以外没更多的评论。

  萝娜 不过他告诉别人他认为这篇文章不错，对吧？

  瑟特 我不知道，他说过吗？唔，我确实有一封他的推荐信，不知放到哪里去了。

  萝娜 为了什么？

  瑟特 他有一次写了推荐信，然后寄给我，里面都是褒奖之词，施特劳斯式的。我可以给你们看，如果我找得到的话。

  罗伯特 但施特劳斯不能评判你的论文，因为他不在委员会。

  瑟特 他们曾邀请他加入，但他说他们不过是一帮糟老头。

  米歇尔 他不是当他们面说的吧？

  瑟特 不是，对我说的。他在政治学系。所以，在他的课程大纲的序言中总会出现："我们为什么要在政治学中研究这个？"

  萝娜 当你回顾自己在论文中对《伊利亚特》的解释时，还认为它正确吗？

  瑟特 唔，我犯了一个大错，花了好多年才纠正过来，我后来才意识到我没有区分形式（form）和叙事的因果关系（narrative causality）。所以我理解的《伊利亚特》的形式分为三个部分——海伦、赫克托尔以及阿瑞斯和阿芙洛狄忒的毁灭。它成为纯粹人性的东西，不能如起初理解的那样与正义相联系，而必须与完全人性化的动机相联系，这就意味着声名和不义。后来当阿喀琉斯返回战场的时候，这些动机通过一种非常奇怪的方式结合起来。

萝娜 你注意到神的在场或缺席这样的事情，并且在其中发现了一种模式。

瑟特 对。我在第俄提玛爱的阶梯中发现一种模式。以此为基础，我知道在从早期阶段向后面的阶段过渡时，会出现某种转移。但是当这种情况出现在《伊利亚特》的情节中，我不明白为什么必须如此。

萝娜 这就是你指的叙事的因果关系吗？

瑟特 是的。明白作品中由言辞构成的各种模式的秩序并不相同。我给《伊利亚特》加上一个形式，并没有问荷马是否对它从一个层次转移到另一个层次给出因果解释。[70] 我那时还没有发现你们可能会称之为"逻各斯的逻各斯"（logos of the logos）的事物。要明白这一点对我而言似乎非常困难。①

萝娜 你后来又写过关于《伊利亚特》的东西吗？

瑟特 在圣约翰大学出版的这篇论文的附录中，我试图说明这个错误。②

---

① 对《伊利亚特》的讨论在第 6 章页［117－118］中又继续进行。

② 《阿喀琉斯和赫克托尔：荷马的英雄》（Achilles and Hector：The Homeric Hero），载 *St. John's Review*，分为两个部分：春季号 1985，31－58；夏季号 1985，85－114。

第三章　圣约翰学院（1955—1957）

[71]　面试

布朗，地点：卫斯理大学

米歇尔　你在游历国外两年后回到芝大，然后又离开芝大去了圣约翰。你能否说一下事情经过？你需要面试吗？

瑟特　实际上，在此之前我曾为了获得卫斯理大学的教席面试过一次。那时卫斯理的校长是涅夫的好朋友。所以每年委员会都会有一个人获得面试机会。不过我觉得他们从来都不会聘用任何人。他们有从卫斯理毕业的古热维奇。我想他们不会仅仅因为涅夫和校长推荐了某人就聘用他。

萝娜　所谓的死亡之吻。

瑟特　对。总之，我记得被布朗（Norman O. Brown［中译编者按］古典学教授，用弗洛伊德的精神分析学说来解读古典作品，把什么都解释成性欲冲突）面试的情景。我们进行了一番奇特的对话，他告诉我他在写一本书，这本书就是后来的《抗拒死亡之生命》（*Life against Death*［译按］有中译本），其中一章专门讨论黑格尔。我问他是否知道科耶夫对黑格尔的解释，他说不知道。我说："那么我把他的名字写下来。你会发现他的解释非常有趣。"结果他不仅发现有趣，而且在他作品的第一句写道："对黑格尔的标准解释是……"就是科耶夫的解释。非常滑稽，人确实应该一直把嘴管严。
这就是面试经过。

结识克莱因夫妇

米歇尔　圣约翰的情况怎样？你也需要面试吗？

瑟特　是的，我仍然记忆犹新。他们聘用的某个人不能来了，
[72] 所以后来又在五月份叫我去面试。当时面试我的是一个面试委
员会，然后（Jacob）克莱因邀请我共进午餐，让我和克莱因夫人
见面。

萝娜　她对整件事有最后发言权？

瑟特　我不知道。我记得那是一个美丽的春日。午饭后，克
莱因说他要小睡一会儿。克莱因夫人收拾餐桌后对我说："到我
的花园来。"她说这句话的时候，天空阴云密布，我觉得自己马
上就要进入一个女巫的世界。我穿过花园大门，这个世界就在
眼前。

萝娜　你可能会被变成一只猪！

瑟特　或者一个蘑菇。

萝娜　但你勇敢地跟着她。

瑟特　确实如此。

米歇尔　如果不跟着她的话，显得太胆小了。

瑟特　非常特别的经历。

萝娜　所以你在花园和她坐了一会儿？

瑟特　是的，直到克莱因醒来。

米歇尔　你在面试时和克莱因谈了些什么？

瑟特　那次面试很有意思。它不像是正式的面试，不过后来克

莱因问起我的论文。

萝娜 你的论文在那时已经全部完成?

瑟特 是的。那是在 55 年,安排面试期间我已回到芝大。克莱因问了我一些关于《伊利亚特》的十分尖锐的问题。我记得最清楚的一个问题是:"给我讲点马的事情。"我回答:"噢,你知道马的事情。"然后,我把温特渥斯(Wentworth)女士以及对马的理解和盘托出。

萝娜 你曾有向我们谈到过她吗?

瑟特 我碰巧读过温特渥斯女士写的《阿拉伯马宝鉴》(*The Book of the Arabian Horse*)。在此之前,我读过早期基督教时代的论文集,名为《马之药》(*Medicine of Horses*)。我希望弄明白为什么在《伊利亚特》中,有暗含的对马和人的比较,为什么马和人有同样的品性。温特渥斯女士是拜伦(Byron)的孙女,她和她丈夫介绍——不对,是她母亲和她母亲的丈夫把阿拉伯马的繁殖方法介绍到英国。自然,他们是研究阿拉伯问题的学者。温特渥斯女士的父亲是位名不见经传的英国诗人,他有在白天看到星星的特异功能。他非常爱招蜂引蝶,不过与她们都保持柏拉图式关系。他不管去什么聚会都会对某个女人说:"我爱上你了。"总之,温特渥斯女士在她书中某处写到关于赛马(race horse)特征的精彩评论——它必须具备拳击手的身体和赛跑健将的腿。[73] 在它硕大的胸膛和细长的腿之间,有一种微妙的平衡关系。我把这番描述作为阿喀琉斯的原型,因为他是两位埃阿斯(Ajaxes)的组合。这一点表明他的品质与其他任何人都不同。

萝娜 不是一个单一的类型。

瑟特 他体现了一种矛盾。

萝娜 克莱因明白这些吗?

瑟特　这就是他奇怪的地方。我在那儿的时候，主任办公室通常设在主厅的一楼，在它下面有一个咖啡厅。一天中午，我和一些学生坐在咖啡厅里，克莱因突然从楼上下来，示意我去他的办公室。

罗伯特　这是在你被聘用之后？

瑟特　我被聘用之后。他立即坐在沙发上，把赫西俄德的《神谱》递给我，然后说："你怎么理解这一段？"他指给我看"夜"生下厄里斯（纷争女神）那段，不过就在生下厄里斯之前，她先生下斐洛特斯（爱）。克莱因问："这里该如何解释？"我想了大约十秒钟，然后说："性。"他说："哦，这就是你想到的。"他合上书，打发我离开。这是他的方式。

萝娜　你觉得他有自己的观点吗？

瑟特　我想他可能自己有一些看法，但他从来不说。很多年后，布鲁姆和他在一起时也有类似的经历。布鲁姆去圣约翰作了一个关于《格列佛游记》的讲座。① 提问时，克莱因最后问了个问题："布鲁姆先生，我有一个问题。在小人国里面为什么没有钟？"

罗伯特　布鲁姆回答了吗？

瑟特　布鲁姆说他没有答案。

罗伯特　然后就这样？克莱因没有提出进一步的看法？

瑟特　即使他实际上知道答案，他也会用典型的《美诺》方式回答："凭宙斯起誓，我不知道。"他对每本书的解释都是以注意到这样的事物为基础。

---

①　《格列佛游记概述》（An Outline of Gulliver's Travels）收入《古典与现代：纪念施特劳斯政治哲学传统论文集》（Ancients and Moderns: Essays on the Tradition of Political Philosophy in Honor of Leo Strauss，Joseph Cropsey 编，New York: Basic Books，1964）。

米歇尔 唔，如果我们从最有利的角度考虑，我们可以说，克莱因问布鲁姆钟的事情非常重要。因为，我们知道格列佛有一只手表，他戴着它去了小人国，所以我们注意到小人国没有钟。如果不能回答这个问题，就意味着对情节发展没有搞清楚。这种做法确实在我们的思想中灌输了对整本书应该具有的谦恭之情。你的麻烦在于，你回答了他问你的问题！

瑟特 ［74］即使你确实回答了他的问题，我相信克莱因头脑中想到的要比你回答的多得多。不过"凭宙斯起誓，我不知道"这个表达不仅成为他解释《美诺》的基础，还成为圣约翰整体意义的典范。克莱因告诉圣约翰学院，这就是圣约翰的意义所在。它就是《美诺》。所以，每个人都学到："凭宙斯起誓，苏格拉底，我不知道。"

导师与课程

米歇尔 你提到你曾与克莱因以及圣约翰的其他教师一起读过《斐勒布》。你记得他们是谁吗？

瑟特 有巴尔特（Bart），有一个人叫麦格罗（McGraw），还有温福雷－史密斯（Winfrey－Smith）。① 他们都受到克莱因很大影响。克莱因告诉温福雷－史密斯，他是有史以来第四个基督徒。四个基督徒分别是：保罗、奥古斯丁、基尔克果和温福雷－史密斯。

萝娜 确实如此吗？

---

① Robert Bart，1946 年至 1990 年任圣约翰大学导师，1977 年至 1982 年任圣达菲学院院长。Hugh McGrath 从 1948 年至 1989 年任导师。J. Winfrey－Smith，1941 年至 1984 年任导师，写过论亚里士多德和马基雅维里的文章。

瑟特 我想克莱因为他树立了榜样，温福雷－史密斯则尽力使自己符合这个形象。

罗伯特 他应该现在渴望……

瑟特 成为这种类型。

米歇尔 克莱因对每个人都说这样的话吗？

瑟特 是的，不过这是我记得的唯一一个。

萝娜 他为你树立榜样没有？

瑟特 我不记得了。

罗伯特 所以他给每个人都设立一个让人印象异常深刻的身份。

瑟特 是的，这些"超我"（super－selves）。这也是为什么——这是我的理论——温福雷－史密斯娶珀雷曼（S. J. Perelman）女儿的原因。这是克莱因深刻分析的自然结果，这个世上的第四个基督徒应该与一个喜剧作家的家庭联姻。

罗伯特 你在圣约翰讲柏拉图吗？

瑟特 只在一年级学生的课上讲过。他们有一个研讨课，是按历史顺序安排的，尽管是完全非历史的（nonhistorical）。

罗伯特 怎么个非历史法？

瑟特 第一年讲古代，第二年讲早期基督教、中世纪到文艺复兴截止。第三年讲——我想是文艺复兴。[75] 第四年讲现代——但是没有历史。原则上他们可以按照任何顺序组织课程。如果有人认为但丁用希腊语写作，克莱因会把它视为圣约翰的一项成就。那是别有深意的。在第二学年结束时，克莱因会为二年级学生作一个关于数学史的讲座——他著作的小结。① 这是圣约翰唯一谈到历史的地

---

① Jacob Klein，《希腊数学思想与代数的起源》（*Greek Mathematical Thought and the Origin of Algebra*，Eva Brann 译，Cambridge：MIT Press，1968）。

方。克莱因按照他头脑中的形象重新塑造这所学校，这种方式令人惊异。它已经有了一个名著课程，不过以托马斯主义的影响为基础。

米歇尔 所以它是三学科制（trivium）和四学科制（quadrivium）。

瑟特 对，根据真正的文艺复兴是二十世纪这个观点。但是克莱因到圣约翰后告诉他们这个课程的真正含义。在古典和现代之间出现了断裂，可以用他书中的术语来理解这种断裂，圣约翰的学生应该以他的书为指南。

米歇尔 你还记得你在圣约翰教过什么吗？

瑟特 我教过法语、希腊语和欧几里德，还有在第一年带过新生研讨课。

米歇尔 你上课的感觉怎样？

萝娜 在头一天晚上拼命备课！

瑟特 对。我的欧几里德大有长进。

萝娜 你学到了什么吗？

瑟特 这些证明怎样被放在一起的特点，以及为什么以此种方式证明非常重要，这样让证明成立的理由就变得一清二楚。这就是我所强调的证明精确的必要性，这样你就会对证明过程有清晰认识。

米歇尔 有意思。

瑟特 法语课多少是场灾难。我说法语，而其他人说希腊语，你知道了。我们读《费德尔》（［译按］法国剧作家拉辛的作品）。

罗伯特 读什么由你自由决定？

瑟特 不，不是。不过实际上，《费德尔》原来非常有趣。

萝娜 你是否记得为什么？

瑟特 唔，我立刻意识到这是拉辛所表现的异教和基督教的差异。

罗伯特 差异在于？

瑟特 他在故事结尾作了轻微改动，当怪兽从海中出来摧毁希波吕托斯（Hippolytus）的时候，叙述者说道："希波吕托斯靠蛮勇面对怪兽。但其他人都在附近的寺庙里避难。"这是奥古斯丁对古代美德的看法，你声称拥有自身不具备的力量，其他人则依靠上帝。[76] 结果证明我意识到的情况符合事实，因为拉辛放弃写异教戏剧，去皇家港（Port Royal）写詹森教派（Jansenist）戏剧，里面插有《圣经》故事。这是一个转折点。

萝娜　听起来不坏。你努力工作，同时还学到一些东西。

瑟特　是的，很有意思。虽然工作量很大，而且我不知道研讨会是否很有效果。在读了《伊利亚特》之后，又让学生读了不同的书。他们需要更多的指导。

米歇尔　你有合作老师吗？

瑟特　有，温福雷－史密斯。他把克莱因的技巧学到了手，什么都不说。

萝娜　你觉得导师们可以给学生更多指导，只是不这么做吗？或者他们以前没有尽全力学，因为他们觉得在课堂上不会什么都谈？

瑟特　噢，我想他们有足够的知识贮备。不过整个环境确实与此相悖。

罗伯特　你第二年在那里教什么？

瑟特　第二年我教希腊语，开了高年级研讨课。

米歇尔　高年级研讨课就是……？

瑟特　关于现代的，达尔文、弗洛伊德，我记不太清楚了。

萝娜　如果某人有某项专长，比如你的希腊语，你也不能总是教那一样？

瑟特　唔，不能，因为你们要知道，整个教学以这样的观念为基础：永远也不指望你学到任何东西。

萝娜　我想应该与这个观念相反。

瑟特　不，永远也不指望你学到任何东西。

米歇尔　"凭宙斯起誓，我不知道。"

萝娜　噢，我明白了，你永远也不能成为专家。

罗伯特　你总是在努力达到"无知之知"（knowledge of igno-rance）的标准。

克莱因

萝娜　克莱因什么时候到圣约翰去的？他又是怎么结束那里的工作的？

瑟特　我想他是在三七年或三八年到的圣约翰。他认识布坎南和巴尔。①显然有很多人反对他去那里。

萝娜　[77] 不过他肯定比较有政治手腕，因为他获得了这个职位，是吧？

瑟特　唔，我五五年去的圣约翰，那时他已经是校长了。所以很明显他把一切问题都解决了。从三八年到那时是很长一段时间。

罗伯特　克莱因是哪里人？

瑟特　他在俄国出生。

罗伯特　你知道他什么时候、为什么离开俄国吗？

瑟特　我想是在革命期间。

罗伯特　他在离开前已经精通俄语？

瑟特　有可能。他有一次谈到自己受过俄国教育、比利时教育（用法语授课）和德国教育，他认为俄国的教育最好。

---

①　Stringfellow Barr（1897—1982），1937 至 1946 年任圣约翰大学 Annapolis 分校校长，与 Scott Buchanan（1895—1968）共同创立了名著课程。

罗伯特　他说原因了吗？

瑟特　唔，看起来与布恩耶特（Myles Burnyeat）在《泰晤士报文学增刊》（*Times Literary Supplement*）上所说的非常接近。你们读过吗？布恩耶特去列宁格勒参加一个研讨会，在座的一位老教授花了十五年时间通读柏拉图的《法义》。学生们的能力也给布恩耶特留下深刻印象。他认为他们对古希腊的了解超过英国的任何人。是不是很令人吃惊？

萝娜　这是最近的事吗？

瑟特　大约两年前。不过他提到他们的研讨方式非常严肃，教授给出所有事物的解释。教授和学生之间不存在对话。

萝娜　我们没有俄国古典哲学著作的翻译。

瑟特　要知道，莫米格里雅诺为了阅读古典哲学专门学过俄语。

萝娜　难怪！

瑟特　熟知这个问题的莫米格里雅诺——我的意思是他什么都读过——说俄国的马克思主义历史学家总是对天真的马克思主义者和沃尔班克（F. W. Walbank）的言行感到好笑，认为他们没有把马克思严肃地看作一位古代历史学家。

克莱因的建议和客座讲学

瑟特　我在圣约翰的时候，芝大出版社寄来我译的埃斯库罗斯的校样。

米歇尔　翻译了两个剧本，是吗？

瑟特　是的，《波斯人》和《乞援人》。

萝娜　你找人读过你的译文吗？

瑟特　［78］格瑞纳和拉铁摩尔（Lattimore）读过。

米歇尔 你和拉铁摩尔有来往吗?

瑟特 五二年,在我离开之前跟他见过一次。后来,当我五四年回美国时,我乘汽船旅行,最后到了维吉尼亚的某个地方。我去布尔茅尔学院(Bryn Mawr)拜访他,和他进行了一番对话。当时的情景我记不太清楚了,只记得他十分憔悴。他是欧文·拉铁摩尔的兄弟。①

萝娜 欧文·拉铁摩尔是谁?

瑟特 他曾被麦卡锡指控,说他是秘密特工,控制美国境内所有间谍的共产主义特工。

萝娜 指控被证实过吗?

瑟特 没有。不过拉铁摩尔是蒙古亚洲内陆前线的专家,而且明显对共产主义抱有强烈的同情心;他接受中共关于他们自己在中国行为的说法。

罗伯特 所以你在圣约翰的时候翻译埃斯库罗斯的作品?

瑟特 不是,它们在我去圣约翰之前已经完成了。不过他们把给我的校样寄到圣约翰,同时还寄来一份做广告用的问卷,关于怎样卖这本书。我从邮箱里拿到这封信,校长办公室就在楼上,所以我把它给克莱因看,然后他非常幽默地回答了问卷上的问题,我就把它们都写上。其中一个问题是:"应该在什么样的环境读这本书?"克莱因回答:"所有天气都可以。"

萝娜 下雨、下雪都行。

---

① Richard Lattimore(1906—1984),1935 年至 1971 年布尔茅尔学院古希腊语教授,古希腊文学的研究者和译者,与格瑞纳合编《希腊悲剧全集》(*The Complete Greek Tragedies*,Chicago:University of Chicago Press)。Owen Lattimore(1900—1989),中国问题研究者,1938 年地至 1950 年任 Johns Hopkins 大学国际关系 Page 学院院长。

瑟特　我把克莱因的答案寄给他们，他们回复道："我们不觉得有趣。"十年后，我又收到另一封信："我们觉得非常有趣。"那里来了一个新的销售经理，他看了所有旧文件。

瑟特　克莱因有一次受到邀请，去汉普顿——维吉尼亚一所黑人大学做讲座，不过他婉言谢绝了，然后让我去。他肯定已经知道会发生什么事情。我到汉普顿之后，他们把我领进一个房间，我在午餐前休息了一会儿，然后我们走进演讲厅。里面有很多人，因为那天恰好是他们定期的周五晚间集会，全校学生都来参加这个集会，有几百人。除我以外的所有人都站在台上，穿着清一色的 ROTC（后备军官训练队）制服，包括校长在内。那是所军事学校。

米歇尔　[79]你计划讲什么题目？

瑟特　我正准备讲《伊利亚特》。突然，乐队开始演奏；所有人都站起来，开始唱一首颂歌。我手里只有一份《伊利亚特》的打印稿，所以我就唱开头的句子："Menen aeide thea。"后来他们的歌声停止了，有人开始向学生们介绍我。像林肯总统那样，我把演说大纲记在一个信封背面。我计划讲一些要点。我把表掏出来，然后开始演讲。结果我把信封背面所有的要点都讲完了，一看表才过去二十分钟。所以我说："现在，让我更加深入具体地把这些要点再复述一遍。"然后我又把整个过程重复了一遍，看了看表，这次过去四十分钟。我这样讲了三次，使用同样的方法，详细解释事物，等等。这次讲座还被录了音。

罗伯特　这就是论证的形式与活力！

瑟特　对。后来系里的秘书给我送来一份录音的手抄本，并对我说："噢，读起来比我听的时候感觉好多了。"

米歇尔　你还保留着那份手抄本吗？

瑟特　没有，不过他们为学生报纸拍了张照片，后来他们把照片寄给我了。我不知道是否还保留了这张照片。在照片里我穿着我的伊斯坦布尔西装，手放在颂经台上。他们取的那个拍摄角度让我看起来像个牧师，穿着那件黑西装。

卡普兰夫妇

瑟特 圣约翰有一对老年俄国犹太夫妇——卡普兰夫妇（芳妮和西蒙）。卡普兰有一次谈起他怎样认识到文明的脆弱。他回俄国看到一本他想买的书，但是价格太高。他想把价钱讲下来，那个手推车商人对他说："你知道吗？如果你不买它，它就会变成包香烟的纸。"这是他举的例子，用来说明为何每件事物都是如此脆弱。

罗伯特 卡普兰从事什么研究？

瑟特 他写了部评论波利比乌斯（Polybius）的作品，三卷本。

萝娜 你见到他时他还在教书吗？

瑟特 他还在教。不过我觉得他看起来非常老，比克莱因老。他妻子像一个女性革命者。她可能有六十多岁，不过仍然坚持她从战前就怀有的理想主义。卡普兰从早到晚脸上都挂着一副古怪的表情。他的头总是朝一个角度倾斜，所以他看起来特别像怀疑论者。同时，他又总是看起来十分友善和明智。不过让他最出风头的是他说过的一句话，关于教堂和学院的关系。[80] 他说："先生们，你们必须一直牢记学院大道与教会社区恰好相切。"对圣约翰而言，这是关于几何学与美的最佳表达。

萝娜 他们那时必须去教堂吗？

瑟特 我不感到奇怪。那是在三十年代。

萝娜 这个大学最早和教堂有从属关系？

瑟特 肯定有，所有事物都从属于教堂。

克莱因夫人

罗伯特　克莱因是不是定期和柏林会面？我想他们的会谈出现在《纽约书评》的对话录中。

瑟特　他们的会面是在柏林成为在华盛顿的丘吉尔特使期间，从四一年底到四四年，我想。在此期间的某个时候，克莱因娶了克莱因夫人。她是胡塞尔儿子的前妻，胡塞尔的儿子在华盛顿开出租车。

罗伯特　格哈特－胡塞尔（Gerhard Husserl）。他写过关于法律的论文。我在德国的时候，所有图书馆都有这篇文章。

萝娜　但他永远没能成为学者？

罗伯特　我想没有。

瑟特　克莱因夫人与生俱来的那种社会态度似乎应该与柏林这样的人比较合适。但是……

萝娜　她嫁给了克莱因。

罗伯特　她何时去世的？

瑟特　去年。

罗伯特　有讣告吗？

瑟特　在学报上有。

萝娜　她是哪里人？

瑟特　她和布莱肯哈根有同样的背景，波罗的海裔德国人（Baltic German）。

萝娜　她不是犹太人？

瑟特　不是。她父亲是哥廷根大学举足轻重的化学教授。她在那里接受过莎乐美（Lou Salome）的心理分析。后来，在我离开圣约翰之后，她向我提起很多人询问她，想要看她父亲的著作，她父亲的著作在某些领域非常重要。有趣的是，在克莱因去世后，她对克莱因的态度发生了变化。

萝娜　怎么转变的？

瑟特　以前我认识她的时候，她总是讥讽克莱因与学校的关系，还有他的滑稽行为。

萝娜　[81] 比如说？

瑟特　唔，他喜欢不停地清洁每一样东西。他在摸门把手之前，会把它擦拭一遍。他在自己家坐下吃饭时，做的第一件事是用餐巾擦盘子。克莱因夫人当然非常生气，因为这些盘子她刚洗过。

萝娜　她的态度是如何转变的？

瑟特　唔，我想到最多的是她对克莱因与学校关系的理解。我最开始认识她时，她似乎认为克莱因与学校的关系有点不正当；但是当我在克莱因逝世后见到她，她完全否认这一点。克莱因与学校的关系变得非常重要。

罗伯特　你在离开圣约翰后与她唯一接触的一次是在克莱因逝世后？

瑟特　是的，我去那里做关于《王制》的讲座。

罗伯特　你讲了些什么？

瑟特　我记得反正不是他们关于《王制》的学说。

萝娜　他们反对你的解释？

瑟特　不算真正反对，中间存在非常大的距离。

萝娜　你还记得克莱因是什么时候在新学院作的关于莱布尼茨的讲座吗？

罗伯特　我记得那个讲座。是在 1973 年，我想。

萝娜　我问了一个问题，关于莱布尼茨如何解决错误。我坐在第一排，他径直走到我面前，开始回答："我亲爱的……"

罗伯特　他看起来十分虚弱。我记得当时自己在想，他的皮肤像瓷器，绷得很紧、半透明。

瑟特　我们不是也这么看莫米格里雅诺吗？

罗伯特　还记得吗？我们在普林斯顿见过他，他去那里做讲座。彼得 - 布朗（Peter Brown）去了，克里普克（Saul Kripke）也在那里。

瑟特　他的皮肤就像快要死去的人，其中蕴含着一种美。但是它是一种死亡面具，非常恐怖，但是又非常美丽。

克莱因与施特劳斯

萝娜　克莱因是否提到过施特劳斯？

瑟特　我记得许多年以后，他十分抵制施特劳斯对洞穴的解释。

罗伯特　什么理由？

瑟特　洞穴不是城邦，而是对子宫的描述。当然，[82] 那些囚徒据说是从孩提时代而不是一出生就待在那里。这是这个意象的基础。所以你必须——克莱因的典型做法——把它抽取出来，并且审视描绘囚徒的那幅图景，从而意识到他们一定像婴孩那样挤在子宫里。所以他反对施特劳斯关于城邦的观点。很多年后，那时我已经离开圣约翰，我在剑桥碰到古热维奇。

萝娜　阿伦 - 古热维奇？

瑟特　是的。他认识克莱因，所以我们见面时他问我："克莱因现在在做什么？"我说："你知道，他做的都是不一般的事情。比如，这个解释……"古热维奇对此不屑一顾。我们当时是在一个聚会上，所以他比较礼貌，但他对这个解释所表现出来的蔑视我永远也不会忘记。

米歇尔　我想我有一次告诉过你伽达默尔对克莱因的看法？那是在德国，七一年。我们一群人在一个酒店里聊天，我们聊到克莱因、施特劳斯和其他人。伽达默尔加入到关于克莱因的谈话中，说他非常推崇克莱因的第一本书，关于希腊数学的那本，但那本《美诺》却是为美国头脑写的。这不见得是恭维。

瑟特　不是恭维，对。

萝娜　克莱因对洞穴的解释很有意思，因为他似乎总是躲避政治含义。

瑟特　就是这样。这与关于纳粹的整个争论有关，也与施特劳斯的一句话有关。

罗伯特　什么话？

瑟特　"我不如克莱因先生那样道德。"这话确实让克莱因感到震惊。

罗伯特　施特劳斯为什么会说这句话？

瑟特　我还在圣约翰时，我想是巴特，一个导师告诉我的这句话。然后我在纽约碰到施特劳斯，当时他在来圣约翰的路上。同时我还在某个医院里见到了克里斯托（Irving Kristol）。我想不起施特劳斯说这句话的具体场景，但记得他对我说过："你知道，我和克莱因一样道德，但不体现在理论上。"

萝娜　我在行为上道德，但不在我对事物的理解上？

瑟特　对。许多年后，在圣约翰的一次与学生的座谈会上，施特劳斯说了类似的话，尽管措辞不完全相同。

米歇尔　你是指"剖白"① 那次吗？施特劳斯又一次让克莱因感到震惊，因为他说："我想你比我要道德得多。"这句话让克莱因大吃一惊，因为他一直以为道德的人是施特劳斯。

瑟特　对。有一个非常有趣的情景。那是我第一次见到克莱因，[83] 在芝加哥。施特劳斯的学生有一些来自圣约翰，他们以前是克莱因的学生。克莱因去市中心做一个讲座。在施特劳斯家为他举办

---

①　［译按］中译见刘小枫编，《施特劳斯与古典政治哲学》，上海三联书店，2003。

了一个聚会，参加的人有施特劳斯的学生，克莱因以前的学生，等等。施特劳斯的房子是一个铁路公寓，所以房与房之间靠门道连接。施特劳斯在一个房间，几个学生围在他周围讨论严肃的话题。克莱因则和一些圣约翰校友在另一个房间聊天。一年前圣约翰实行男女同校，所以他们都好奇这项措施会导致大学角色怎样转变。突然，他们听到公寓另一端传出一个声音："会导致恶行（vice）？"施特劳斯一定听到了他们的谈话。克莱因笑着说："噢，也有这种情况。"但他对此不感兴趣。不过，给人留下深刻印象的是施特劳斯说这句话的语气，他这句话带有两面性。一方面，它非常滑稽，另一方面，它又带有道德的口吻。我想克莱因只理解道德的部分。我想他没有领会施特劳斯为何重读"恶行"这个词。

萝娜　你认为施特劳斯对自己的这种理解是否恰当？

瑟特　哪种理解？

萝娜　理论上不道德。

瑟特　是的，我想是那样。

萝娜　然而克莱因把数学和道德奇怪地结合在一起，去掉了政治。

瑟特　对。所以换句话说，很像《王制》。

萝娜　和对柏拉图的传统理解。

瑟特　对。我想克莱因从未理解柏拉图的双重论证（double argument）。

米歇尔　尽管他确实知道有一个隐含的论证。

瑟特　是的，但是不理解双重论证。

米歇尔　你能进一步解释一下吗？

瑟特　唔，换句话说，就像克莱因看到的那样，以所说的话为基础存在一个隐含的论证，但是你无须注意这个事实——柏拉图对话是为了彰显正在讨论事物的本性而故意以某种方式建构的。柏拉图对话是对现实的模仿，因为它表明现实具有两重性——两股绳尽管缠在一起，但是并不必然导向同样的方向。施特劳斯似乎较早地明白了这一点——我不知道有多早——但是克莱因没有明白。

萝娜 这种总是存在的双重特征有什么具体内容吗？或者它在不同的情况下表现不同？你有好的例子来说明它吗？

[84] **瑟特** 唔，可以想到好几个例子。不过如果你抓住《王制》的意象，关于哲人的转向（periagoge），这样的转向，我想施特劳斯和克莱因对此有不同的理解。克莱因把它看做好似信仰转变，你从蒙昧走向光明。

罗伯特 那是一种解放。

瑟特 是的。但是我想施特劳斯把它理解为返回黑暗，发现那里没有我们想象中那么多光明。

萝娜 在已经看到光明之后。

瑟特 我们可以说《王制》描述的走出洞穴之路似乎是论证的第一层次的模型。

萝娜 唔。克莱因就在这里止步？

瑟特 是的。

米歇尔 当你第一次和克莱因见面时，你清楚他和施特劳斯的这个不同之处吗？

瑟特 我记得我到圣约翰一年之后，某天傍晚在纽约与肯宁顿和麦克唐纳（Dwight McDonald）谈克莱因谈了很久，对他的赞扬多过施特劳斯。

萝娜 你觉得克莱因的过人之处是什么？

瑟特 我觉得他具有某种洞察力，可以直视灵魂。

罗伯特 你记得当时为何会有这种想法吗？

瑟特 我想可能是他身上奇妙的特质。比如，他可以在黑板上画一个绝对的圆。他能像转圆规那样转动手臂。别人转到底部时手臂会骨折，但他什么事也没有，所以他可以画绝对的圆。

第四章　哈佛（1957—1960）

加入研究员协会

罗伯特　你从圣约翰以初级研究员的身份去了哈佛？这个机会是怎么来的？

瑟特　布莱肯哈根是哈佛的访问教授，他向研究员协会推荐我。因为这件事他们还对他进行了一次面试，由此可见不是哈佛的人想要获得这个身份有多难。他们可能会面试推荐人，所以如果你从西海岸写信，你推荐的人几乎没有机会被他们接受。所以他们邀请布莱肯哈根吃饭，同时面试他。布莱肯哈根对他们说："伯纳德特真的非常不错，不过他需要被打磨。而他只能被哈佛打磨。"他设计了一个完美的计划，好让我加入。我在哈佛的面试人是奎因（W. V. O. Quine）和诺克（Arthur Darby Nock）；还有生物学家赫索（Frederick Hisaw）和经济学家里奥提耶夫（Wassily Leontieff）。

罗伯特　他们都是高级研究员？

瑟特　是的，你被高级研究员面试，然后在宴会上结识初级研究员。

萝娜　高级研究员是终身制？

瑟特 是的，他们自己选自己。不过诺克①是主要面试人。我想我那时正着手研究索福克勒斯。所以我们进行了一番长谈。[86] 在谈话中，诺克问道："你怎么能说索福克勒斯是政治的？你不记得阿瑟尼斯（Athenaeus）中的那段插曲了吗？"我说："传闻的另一面是怎样的呢？"奎因说："只有这一面。"

萝娜 你们两人想的是同一件事吗？

瑟特 我猜他以为他知道我指的是什么。

萝娜 他不是摆架子。

瑟特 不是，我有一些想法，诺克接受了。不过很滑稽，因为奎因说："现在等一分钟，这里你跟不上。"

诺克

罗伯特 诺克是怎样一个人？

瑟特 诺克在某方面是个有趣的人。他剑桥毕业，三十出头的时候被洛威尔（A. Lawrence Lowell）引进到哈佛。他以前是英国国教徒，不过早已放弃他的信仰。他用大吵大闹的方式坚持他的守旧作风。他说话时几乎没人能听清，因为他一直保持牛津－剑桥的腔调，虽然他来哈佛已经二十多年了——伍尔森（Harry Austyn Wolfson）也用同样的方式保持他的意第绪语口音，不管自己从研究生开始就待在哈佛。当你听他讲话的时候，你会以为他刚从船上下来。所以这两位保持自身的完整性，对抗这个庞大的体制。

---

① Arthur Darby Nock（1902—1963），1929 年至 1963 年任哈佛古典学系教授，研究古代世界的宗教。

罗伯特　确实如此。

瑟特　诺克在 Eliot 楼有自己的房间，我也住在那里。诺克实际上要比他看起来聪明得多。他是希腊化时期折衷论宗教的专家，所以对基督教和之前所有宗教了如指掌。他非常博学，像莫米格里雅诺；唔，可能有莫米格里雅诺一半博学，不过他掌握的都是不同一般的知识。而且他一点也不笨。不过他养成了做笨人的习惯。他走路的姿势非常滑稽，像鸭子，明显模仿他在剑桥的老师谢菲尔德，①谢菲尔德就是那样走路的。他和克莱因有同样的洁癖：他不会摸门把手。他有各种各样的古怪念头。在我和简结婚以后，我们去他家吃饭，我还记得要理解他有多难。

萝娜　你指的只是他的语言？

瑟特　（模仿了一阵）我们几乎一个字也听不懂。他是个独身主义者。有件趣事让他后半辈子在哈佛成为风云人物。[87] 在战争期间，哈佛实施 V – 12 计划。

萝娜　那是什么？

瑟特　军官培训计划。你进大学的同时，接受培养军官的训练。不过校方允许诺克保留他自己的房间。所以一个夏天的晚上，一个新的军警在 Eliot 楼挨门挨户巡视，确保所有房门都开着，每个人都在自己床上。他发现一个关闭着的房门，他推开它，打着手电走了进去。诺克坐在房间中央，赤身裸体，周围是一堆蓝皮书，他正在给它们分等级。那位军警叫道："耶稣基督！"诺克说："不是的，先生。只是他谦卑的仆人诺克。"

萝娜　听起来可以成为达登电影中的一幕。

瑟特　它成了家喻户晓的故事。有一次诺克去耶鲁作演讲，演

---

①　剑桥大学国王学院研究员，索福克勒斯的译者。

讲地点在一个中世纪学院，里面有巨大的壁炉。他们把讲台放在壁炉的正前方。诺克那天喝得醉醺醺的，他往后倒，半个人靠在烟囱上。他仍然继续说。

萝娜 他没有意识到吗？

瑟特 没有，他没有意识到自己是躺着的。所以演讲结束后，他被送回房间，让他睡一觉醒酒。半夜，学院领导的房间突然响起一阵敲门声，敲门的人是诺克，他说："现在让我们认真喝一回。"

萝娜 他准备再来一次。

瑟特 对。不过关于诺克最有趣的还是他脸上戴着精心设计的面具。

罗伯特 如何解释这个现象？

瑟特 不愿受伤害的人，我猜测。有天晚上，大约是半夜了，我在 Eliot 楼的过道上碰到他。他刚从学校牧师妻子的葬礼上回来，我想那个人的名字是巴特里克①。他非常难过。他用非常富有同情心的口吻，和我谈了大约半个小时。然后他突然注意到他的状态。然后就在我眼前，他慢慢地开始恢复原状。不到五分钟，他脸上又挂着那种精致的洛可可风格。

萝娜 建构的人格面具。

瑟特 是的。那是我见过的最不寻常的事情。很难描述。真的与他的姿态有关，他变成了一个吹毛求疵的老头。

罗伯特 ［88］他意识到自己流露了真情实感，现在又戴上面具。

瑟特 对。那位去世的夫人读过我的论文，然后诺克问她："他不错吗？还是他疯了？"她说："让他进来吧。"我就是这么

---

① George Arthur Buttrick（1892—1980），哈佛神学院教授，哈佛纪念堂的牧师，《解释者的〈圣经〉》（*The interpreter's Bible*）主编。

进哈佛的。

罗伯特　她是谁？

瑟特　巴特里克牧师的妻子。

萝娜　说话最管用的人。

瑟特　对诺克而言是的。我告诉你们巴特里克夫妇对他的影响有多大。巴特里克去世了，巴特里克夫人去世了，然后诺克也去世了，在相对而言较为年轻的时候。他看起来比他实际年龄老很多。我们去参加过他的六十大寿聚会，大约一年半以后他就去世了。不过他当时看起来更像八十岁的人。奎因说他 1932 年来的时候看起来就是那副样子。

萝娜　事情的一方面。

瑟特　对。总之，在墓碑上，一边写着："尊敬的巴特里克与他夫人。"另一边写着："诺克，他们的朋友。"好像他是一条狗。

萝娜　属于这对夫妇的。

瑟特　这不是很奇怪吗？

萝娜　研究员之间是否有例行的研讨会？

瑟特　没有。不过我们一周会见几次面。我们周一晚上和高级研究员有一个会议，如果有人来哈佛的话，我们还会有客人。然后周二和周五有午宴，我想。

米歇尔　你在这个阶段向其他人学到了什么？

瑟特　我没有向他们学任何东西。你必须耗费大量精力去建立关系，我不想这么做。

罗伯特　不过在那几年中是否有人作为初级研究员给你留下深刻印象？

瑟特　唔，有两位数学家。一位名叫蒙罗（Monroe），我想。另一位是伊娃－白兰恩非常要好的朋友。他们显然十分聪明，而且两人对数学都有一种直觉的理解。比如，迪厄戈①说他五年前才明白的东西，他们似乎一生下来就明白了。这就是他们给我的印象。

萝娜 所以和其他研究员的会面不是那么有趣。

瑟特 唔，总是很有趣。有一个非常有趣的夜晚，那天晚上我被困在桌子一端。那张桌子是马蹄型的，［89］十分漂亮的一件家具。高级研究员的主席坐在马蹄中间，其他人坐在他两边。我与诺克、赫索、顾力克（Charles Gulick）坐在一边。顾德温（Goodwin）和顾力克中间坐的是一个希腊语法学家，已经95岁了，在那时他只能区分光明和黑暗。他发言说"老教授顾德温过去常说"——让你感觉至少回到1870年——"老教授顾德温过去常说，年龄在9岁到90岁的男人都对异性感兴趣。"这时诺克跳起来说："女人也一样。昨天我刚被一个85岁的老女人勾引。"

萝娜 你只是坐在那里把这些都听了进去。

瑟特 我坐在那里想，我必须把这些都记下来。然后诺克开始唱一首小调"我们该拿一条母鲟鱼怎么办"。最后这个晚上以赫索讲的故事结束。他的一个朋友刚做完前列腺手术：医生把他的精液放在显微镜下，让他自己看。当他看到一个孤独的精子正在这片区域中奋力游动时，他说："那是最后的莫西干人。"诺克总穿一件西装背心，上面系着一条金链。他刚才跳起来说一个女人试图引诱他的时候，那条金链"嘣"地裂开了，他那时绝对心花怒放。

哈佛的古典学者

瑟特 这栋楼的主人芬利（Finley），也以不同的方式带着这种

---

① Diego Benardete，瑟特的同父异母弟弟，在 Hartford 大学 connecticut 学院教数学。

精致的面具。

萝娜　是 F‑i‑n‑d‑l‑a‑y 吗？

瑟特　不是。是约翰·芬利，他父亲是纽约市立大学（CC‑NY）的前任校长，也是《纽约时报》主要社论作者，以前还做过某个大学的校长。① 芬利是位古典学家，他有非凡的塑造形象的能力。"所以哈佛之于劳迪克里夫（Radcliffe）就像《伊利亚特》之于《奥德赛》，或奥德修斯之于佩涅洛珀"，他会不停地说这些话。他会在星期五晚上拜访橄榄球队队长，并对他说："这让我想起《伊利亚特》第十卷。"从头至尾都非常做作。有一天，在我和他讨论什么事情的时候，他平时那种姿态完全消失了，他用非常机智严肃的态度谈话。

萝娜　这是另一个戴着精致面具的人？

瑟特　［90］十分明显。

罗伯特　那时在古典系还有些什么人？

瑟特　除芬利外，还有专攻罗马史的哈蒙德（Hammond），从缅因州来的斯特利‑多，他是名副其实的东部人。② 他最有名的讲座是在华盛顿的希腊中心做的，关于学术。讲座时间只有一个小时，但是你需要一打黄色的大页书写纸，两只削尖的黄色铅笔，还有 3 × 5 的卡片。

罗伯特　而且你愿意听这样的讲座。

---

①　John H. Finley（1904—1995），Eliot 楼的主人，哈佛大学希腊语教授，写过论修昔底德、品达与埃斯库罗斯、荷马的专著。他的父亲，John Huston Finley，曾任 Knox 大学和纽约市立大学校长，1920 年至 1940 年任《纽约时报》主编。

②　Mason Hammond，拉丁语荣休教授，研究维吉尔的学者。Sterling Dow（1891—1972），考古学家，古典学系和历史系教授。

瑟特 有个人叫卡尔弗特，他是印欧问题专家。① 他去上了一门课"波斯"，他是那门课唯一的学生。那时候哈佛周六也上课，他告诉那门课的老师，他下个周六不能来听课。老师说："唔，你会恰好错过这门课。"确实如此，当他回来时，他们已经不再讲"波斯"了。

米歇尔 你和这些人有很多来往吗？

瑟特 那是一个非常封闭的社会。我认识一个人名叫温德尔-克劳森（Wendell Clausen），从 Amherst 来的古典学家。我想在我来的那年，他以访问教授的身份来到哈佛，后来他被聘用留了下来。哦，是的，另一个人是怀特曼②。

萝娜 塞德里克·怀特曼（Cedric Whitman）？他是不是写过"英雄传统"？

瑟特 是的，他写过论索福克勒斯、荷马还有阿里斯托芬的作品。他受到芬利和耶格尔两人的影响。耶格尔那时也在哈佛。

萝娜 他是位老人？

瑟特 没有那么老。我告诉过你们，不是吗？我在希腊见到他的时候，他看了趟卫城，然后就再也没有出过他的房间。

米歇尔 是的。很有意思。你解释过他的行为的原因吗？

瑟特 我猜是因为现实不符合他的想象。我想我告诉过你们格雷在雅典对他的反应。很多年后，格雷那时在哈佛，他读了我论希罗多德的书。我问他对这本书的看法，他说："在读了两个小时以

---

① Watkins 后来成为哈佛大学语言学和古典学教授。

② Wendell Clausen，拉丁语荣休教授，研究维吉尔的学者。Cedric Whitman（1916—1979），1947 年至 1979 年任哈佛古典学系教授，著有《索福克勒斯：英雄人文主义研究》（*Sophocles: A Study in Heroic Humanism*）和《荷马与英雄传统》（*Homer and the Heroic Tradition*）。

后，我觉得它写的不是废话。"

米歇尔　唔，我想这是对那本书不错的描述。

［91］ 其他研究员

奎因

米歇尔　你说奎因面试的时候也在。你了解他吗？

瑟特　一点点，不过他很难让人了解。有一个高级研究员名叫珀塞尔（Purcell），他获得了诺贝尔物理奖。[①]在某个周日或周一，俄国人宣布发射了一颗卫星。我正在和珀塞尔谈论这件事，奎因走过来说："噢，不可能，他们没有发射卫星。他们全都是用镜子照的，他们只不过做了一个小模型。"珀塞尔是总统科学顾问团成员，他说："噢，不可能，他们发射了。事实上他们拥有十分强大的火箭，你可以通过滑动的门在火箭里边行走。"这时奎因才相信俄国人发射了火箭。他的最初反应是来自俄亥俄的共和党人的反应。

罗伯特　全是捏造。

米歇尔　你和奎因在其他场合聊过吗？

瑟特　有一次我刚读完一本厄尔文 - 施特劳斯（Erwin Strasuss）的书，我不记得书名了。[②]

罗伯特　关于现象学的吗？

瑟特　我想是的。他的第一本书，用德语写的。我向奎因谈起这本书，说其中以开车为例，对习惯和理解（understanding）的差异

---

①　Edward M. Purcell（1912—1997），1952 年获诺贝尔物理奖。

②　Erwin Strauss（1891—1975），德国现象心理学家（phenomenological psychologist）。

作了十分有力的分析：如果实际上习惯占上风，你不能集中注意力就会出问题。理解的特征是对选择（alternatives）的有意识拒绝。因此，开车与迷宫中的老鼠非常不同，在迷宫中对拒绝的东西没有任何保留。我想这个分析非常有力度。奎因说："是的，确实如此，不过分析得过于复杂。"

萝娜　那他想要什么？

瑟特　他想要非常简单的分析，斯金纳（Skinner）那种。

米歇尔　我听说过一个斯金纳的信徒如何学习开车的有趣故事，一个用斯金纳的术语学习如何开车意味着什么的行为描述。你在学会打开车门之前，已经死过一百次了。

瑟特　这让我想起乔姆斯基批评斯金纳的那篇著名文章。

罗伯特　什么内容？

瑟特　斯金纳写了一本论语言和行为的书，乔姆斯基写了一篇很棒的评论，[92] 揭示心理学的特征。这篇评论的论证有两种类型，一种与常识完全一致，另一种以最近的研究为基础。所以不同的段落在他的文章中交替出现。关于斯金纳的最滑稽的例子是你怎样让人说"铅笔"这个词。你让他待在一个房间里，房间里到处放着不同形状、不同型号和不同颜色的钢笔和铅笔的图片和模型，房间里有一个扩音器连续不断地说："钢笔和……钢笔和……"。乔姆斯基反对的论证是，他会说："让我出去！"

亨提卡（Jaako Hintikka）

罗伯特　其他初级研究员还有谁？

瑟特　亨提卡是当时和我在一起的初级研究员。那是在奎因用《语词和对象》（*Word and Object*）取代所有英语哲学的前一年或两年。格莱斯（Grice）来到哈佛，他是众人的精神领袖。我有一天去餐厅，看见奥尔布里顿（Rogers Albritton）、亨提卡和格莱斯坐在一张桌子上。[①] 亨提卡邀请我过去，我坐下听他们进行了一半的谈话。格莱斯说："如果我在十一点五十五设置一个条件，不准你在十二点离开房间，那么你在十二点时不可能离开。"看到奥尔布里顿对此表示疑惑，他接着说："假设我在你进屋之后，在门前边放了一堵墙，那么你就不能离开。"奥尔布里顿说："唔，我相信你的第一种说法，但是我不相信你关于墙的说法。"我问亨提卡："他们在谈什么？""自由意志。"然后话题转变了，格莱斯问我："你想做哪种人？好人还是讨人喜欢的人？"我说："当然是好人。"他说："真的吗？"然后奥尔布里顿说："唔，你知道有这样的人。"

艾尔森伯格（Daniel Ellsberg）

罗伯特 乔姆斯基如何？你在的时候他也是初级研究员吗？

瑟特 我想他在我来的两年前已经离开了。

米歇尔 那还有些什么人在那里？

瑟特 唔，后来最有名的是为五角大楼写文件的那位。

罗伯特 艾尔森伯格？

瑟特 艾尔森伯格那时是初级研究员，他和蓝德公司（Rand Corporation）有联系。

罗伯特 是这样，他最先作为蓝德公司的雇员逐渐熟悉东南亚

---

① Rogers Albritton，加洲大学洛杉矶分校（UCLA）哲学教授，研究领域包括形而上学、语言哲学和心灵哲学。Jaako Hintikka，波士顿大学哲学教授，对语言哲学和哲学逻辑有一定贡献。Herbert Paul Grice（1913—1988），研究意义和交往理论。

的所有事物。

萝娜　他的研究领域是什么?

瑟特　经济。

罗伯特　不过他的强项是数学理论,不是吗?

瑟特　我不知道那是他的强项。他和一位高级研究员建立了联系,那个人有段时间是普林斯顿经济学院的头,是位经济学家,为肯尼迪政府工作,我不记得他的名字了。不过艾尔森伯格揭发他简直是个怪物,因为他问初级研究员关于核试验的问题。他问每一个人,如果你们必须按下按钮的话,你们会不会按。当他蔑视核弹爆炸后百万人的死亡时,他脸上的表情是值得注意的。我有种恐怖的感觉,那个人完全肆无忌惮(unscrupulous)。

雷纳多 – 波吉奥利 (Renato Poggioli)

瑟特　有一个研究员名叫波吉奥利。他是由哈里 – 列文带进来的,所以他有名的口头禅是,带着口音说:"我赞同哈里。"[1]

萝娜　无论哈里说了什么。

瑟特　对。他像意大利记者那样说话,下嘴唇放着一只雪茄,烟灰到处洒,最后总是说:"很好,你明白这一点。"

萝娜　他的研究领域是什么?

瑟特　俄国文学。一个哈佛学生告诉我关于他的故事。他博士口试的时候,波吉奥利对他说:"现在告诉我十六世纪的意大利语爱情诗。"这个学生很恰当地回答没有这样的东西,他们无论什么时候写诗,都是用拉丁语。这时列文说:"但是雷纳多,阿雷蒂诺

---

[1]　Harry Levin (1912—1993),哈佛大学比较文学教授。

（Aretino）如何呢？""但是哈里，"波吉奥利说——波吉奥利已经说过"很好，你明白这一点"——"但是哈里，阿雷蒂诺他不是爱情，他是色情。"他就是这样一个完美的对话者。因为无论你对他说什么，他都会说："很好，你明白这一点。"你会觉得自己好像踩在云上，飘飘然起来。

萝娜 透彻的理解。

瑟特 对某件事物或其他事物透彻的理解。我记得［94］布莱肯哈根可以给人留下大智若愚的印象，通过他带着口音说："唔，你知道，我真的不知道。"

米歇尔 我猜如果有人会特意声称不知道什么事情，言下之意是绝大多数时候他都知道。

哈尔维·曼斯菲尔德

萝娜 你是在做初级研究员的时候认识简的吗？她那时从事什么工作？①

瑟特 简于1958年从哈佛获得博士学位。那时她做讲师已经三年，教历史和文学课程。

米歇尔 在这段时间你肯定也结识了曼斯菲尔德，② 你还记得和他见面的情景吗？

瑟特 他一定也住 Eliot 楼。他要么刚开始教书，要么刚读完博士，我记不太清楚了。

---

① Jane Benardete，瑟特的妻子，Hunter 大学英语系名誉退休教授。她的作品主要涉及美国文学。
② Harvey Mansfield，哈佛大学政治系教授，他在政治哲学和政治科学方面的作品包括对马基雅维里和托克维尔的翻译与阐释。

罗伯特　他和谁一起工作？

瑟特　弗里德利希是他在哈佛的资助人。①

米歇尔　他那时跟施特劳斯没有任何联系？

瑟特　我记不清楚他是否在西海岸见过施特劳斯。

米歇尔　施特劳斯不是在斯坦福待过一年吗（在行为科学高级研究中心）？我以为那时曼斯菲尔德去见过他。在你的一篇文章中——早期关于赫西俄德的文章，我觉得你说你刚和曼斯菲尔德一起读过赫西俄德。②

瑟特　对，那是在我和简结婚以后。曼斯菲尔德和吴尔夫（Christian Wolf）一周来我家一次，我们一起读赫西俄德。③曼斯菲尔德一般来得比较早，和简聊一阵。不过在我们讨论时，他显得相当沉默。

希罗多德项目

莫米格里雅诺

萝娜　当你获得哈佛研究员身份时，他们是不是期待你做一个具体的项目？

瑟特　［95］我当时正从事对希罗多德的研究。

萝娜　正是希罗多德研究让你结识莫米格里雅诺的吗？

瑟特　是的。在加利福尼亚的某个人给莫米格里雅诺（当时他住在加利福尼亚）看了我的希罗多德研究成果，那时还是手稿。然

---

①　Carl Joachim Friedrich（1901—1984），哈佛大学政治科学与政治系教授。

②　《赫西俄德的〈工作与时日〉初探》（*Hesiod's* Works and Days：VA first Reading），载 *Agon* I（1967）：页 150 – 174。

③　Christian Wolf 是达特茅斯学院音乐系教授。

后他某天来到剑桥，住在协会的房间里。那时我和简已经结婚，所以可能是在 1962 年。总之，我过去见他，然后我俩关于希罗多德有了一场努力抑制的争论，很不一般。

萝娜 导致这场论战的原因是什么？

瑟特 他想把希罗多德理解为历史之父，按照我们现在研究历史的方法理解历史。而我认为，希罗多德没有做这样的事情，他无意成为创始人……

罗伯特 这个经验学科的创始人？

瑟特 对。他做的是其他事情。我们两个人都提出各种各样的证据。这场论战最后友好收场，因为他最后承认可能那不是希罗多德的本意。他以未来的观点看这个问题，或许不是理解希罗多德的方法。所以这算是某种妥协。

米歇尔 他是历史之父，同时又是不好的历史学家。但莫米格里雅诺不这么想。

瑟特 是的。他的论证是：希罗多德最吸引人的地方是他第一个创立了历史叙事，这是非凡的成就。如果你观察近东皇帝的铭文（inscriptions），别处再也找不到这样的东西，在讲故事的时候事情都按照恰当的顺序组织起来。这确实是讲述历史事件意义何在的原型。我不理睬这个，认为它不重要。我觉得在这种叙述和《伊利亚特》的故事之间不见得有多么大的区别。

米歇尔 它们的差别就像假装讲的是事实与承认你讲的不是事实之间的差别。它与赫西俄德的谎言像真话不同，因此显得有些什么东西似的。希罗多德把他的故事表现为好像是对事实的描述，而荷马不这么做。

瑟特 是这样。

米歇尔 你能告诉我们你把《美的存在》（*The Being of the*

Beautiful）献给莫米格里雅诺的原因吗？

瑟特 布鲁姆告诉我莫米格里雅诺希望看到它出版，并强烈推荐它。有趣的是，它于默多克（Murdoch）把她的小说献给莫米格里雅诺的同年出版！

萝娜 多么精彩的一对！你知道莫米格里雅诺怎样得到你希罗多德手稿的副本的吗？

瑟特 ［96］我一直没弄明白他从哪里得到的。

米歇尔 他认识施特劳斯？

瑟特 一直不认识。我有没有告诉过你们施特劳斯给他写信的事？我碰见莫米格里雅诺，然后我回芝大拜访施特劳斯，告诉他我碰见了莫米格里雅诺。他说："你知道吗？我给他写的信他从来不回。"我问："信的内容是什么？"施特劳斯读了篇莫米格里雅诺的文章，里边说罗马时期的廊下派将道德德性从智慧中分离出来。施特劳斯给他写了封信，问他："从哪里可以看出来？"所以再次见到莫米格里雅诺的时候，我说："我和施特劳斯见了面，他记得你永远不给他回信。"莫米格里雅诺说："我到处找都找不到。我感到很窘，所以没给他回信。"施特劳斯在一封信里提到莫米格里雅诺曾对他有一句十分精彩的描述，那是在莫米格里雅诺发表在《意大利史》（*Historia Italiano*）的一篇长文中。

罗伯特 关于谱系学的文章之一？

瑟特 是的。莫米格里雅诺把施特劳斯定义为拉比。施特劳斯乐不可支。

萝娜 他认为莫米格里雅诺没逮住自己？所以莫米格里雅诺认为他虔诚？

瑟特 不见得虔诚。不过他认为自己能理解施特劳斯，不是通过哲学，而是通过这个拉比背景。

罗伯特 你和其他人聊过莫米格里雅诺吗？

瑟特 我记得布鲁姆对莫米格里雅诺的话印象十分深刻。他认为莫米格里雅诺的话非常精确，但是不理解莫米格里雅诺在做的事情。

萝娜 什么样的话？

瑟特 我记不太清楚了。有一个是关于英国为清教革命付出了沉重代价，其结果是延迟了对莎士比亚的欣赏。

米歇尔 噢，我记得那句话。是关于卢梭的：卢梭是我们为延迟对莎士比亚的欣赏所付的代价。我一直不太明白他说这话的意思。

萝娜 记得布朗（Peter Brown）① 对莫米格里雅诺的回忆吗？

米歇尔 我还以为是格拉夫顿（Grafton）对他的回忆。

瑟特 格拉夫顿也写过。不过布朗是为大英学术研究院（British Academy）写的。

萝娜 我喜欢那个描述，关于他穿着各种各样的背心和外套，身上几百个口袋里都放着小笔记本和书目卡片，上千张黄色纸片。[97] 莫米格里雅诺的特别之处对你有影响吗？你喜欢"异邦智慧"（Alien Wisdom）这个表达，是吗？

瑟特 是的。就无数理由来看，莫米格里雅诺不是一个古人，理由之一是，古人不是世界主义者，这很有意思。他们认为自己是完全自足的，不需要"异邦智慧"，所以他们不学习其他语言。这导致莫米格里雅诺无法理解哲学的决定性意义。一旦做出那样的区分，你就用不着旅行了。

萝娜 你是指习俗和自然的区分？

瑟特 是的。另一方面，古人未能看到我们现在显而易见的事

---

① Peter Brown，牛津大学古典系研究员、导师，研究古代史。Anthony Grafton，普林斯顿历史系教授，著作涉及文艺复兴与早期现代欧洲。

物，比如波斯人必须与希腊人和拉丁人联系起来，这确实令人感到十分困惑。古人不知道这个，所以在历史维度方面存在着失败，正如莫米格里雅诺所见。

米歇尔 你是否可以说他在某种程度上代表学术在最好情况下能走多远？很难把他想象为学术圈之外的人，是吗？

瑟特 唔，他的异邦学者身份导致这个问题更加复杂。他是研究希伯来、罗马、希腊为数不多的几个人之一。

萝娜 跟多布一样？

瑟特 跟多布一样，非常不一般。从某种意义上说，他必然是古典学（Altertumswissenschaft）的赘生物（excrescence），他实践的也是古典学，因为他对这门知识有特别的洞察力。所以他发现罗马帝国的失败与罗马帝国的好有关，因为它消除了异邦人与公民的区分。

萝娜 他和多布的相似点在于，在他们移民进入的这个他者世界上升到了顶层位置。

瑟特 不过就莫米格里雅诺而言，他对自己被认可的状态永远感到不满足，我甚至听他谈过收集荣誉学位。他希望从每个人那里获得事实上永远不能给予的认可，而且他自己心中保留着对其他人的很多看法。所以，他表面上对许多人要比他实际上友善，他永远不会透露他的真实想法。

萝娜 你认为他总感觉自己是异邦人吗？或是觉得已经融入了？

瑟特 我想他有一次告诉过我，在英国教书的时候，只要你是你自己，他们不会在乎你是谁。他们不喜欢任何人假装是他们中的一员。

萝娜 你是否记得多布怎么看莫米格里雅诺？

瑟特 ［98］我倒记得在我第一次读多布的东西后，我向莫米格里雅诺提到，多布的作品中有一种明显的左翼倾向。

萝娜 在他住在伯克利期间吗？

瑟特　唔，这一点清楚地表现在他关于"公民不服从"的书中。

罗伯特　《公民不服从与古代风俗》（*Civil Disobedience and Antiquity*）。

瑟特　公民不服从似乎并不完全符合法律，而且似乎有一种他以前作品中见不到的来源，所以我疑惑它是怎么产生的。当然，莫米格里雅诺马上就知道那是真实的。

萝娜　因为那时多布正迷恋一个伯克利女人。

罗伯特　而且对学生造反运动很热心。

瑟特　你在他的作品中也能看到这一点？

罗伯特　在他写的东西中，而且也与他对我们说的话相符。他认为他自己是女权革命的战友，全心全意支持女权运动。

希罗多德与哲学的开端

米歇尔　你在哈佛从事希罗多德研究时，你做过这方面的讲座或写过论文吗？

瑟特　是的，在广播站做过讲座。噢，不，不是在广播站。那时有一个 Lowell 讲座系列，初级研究员可以在波士顿公共图书馆做讲座。所以在一个春天——应该是在最后一年，我做了六次关于希罗多德的讲座。

罗伯特　你是否记下了它们？

瑟特　是的。它们是我的书的最早版本。① 我记得当时有一个广播站叫我去，问我这些讲座是否足够有趣，可以被录成节目。

米歇尔　你怎么说？

瑟特　没趣！

---

①　《希罗多德探究》（*Herodotean Inquiries*, The Hague：Nihoff, 1969）；新版加上"再思考"（South Bend：St. Augustine's Prss, 1999）。关于在波士顿公共图书馆的讲座系列，Harvey Mansfield 补充：哈佛有从学校去公共图书馆的校车。我们过去都是挤进车里，车上有条标语："希罗多德探究。"

萝娜 为什么你选择写希罗多德？你当时是否已经有了一种洞见，知道自己该怎么着手？

米歇尔 可能由于你刚写完《伊利亚特》的论文，荷马把你引向希罗多德？

瑟特 我不确定。这可能是一个原因，不过还有其他原因。[99] 施特劳斯对巨吉斯（［译按］希罗多德《历史》开篇中的人物）故事的解释做了极其重要的观察，他认为，希罗多德不是巨吉斯。所以在我看来，这个故事有可能是哲学的开端。

萝娜 希罗多德可以觊觎事物……

瑟特 毫无羞耻地觊觎不属于他自己的东西。

萝娜 为什么他不是巨吉斯？

瑟特 巨吉斯是设立这条规则的人——他没有想过觊觎坎道列斯（Candaules）的妻子。然后我发现语言中存在巨大的矛盾。这个故事是说，坎道列斯的妻子被认为是最美丽的女人。但当巨吉斯解释他的禁令时，他说："美的事物很早就确立了，其中之一是：只看你自己的东西。"所以关于美存在这种巨大的矛盾，这是我感兴趣的地方。我想故事由此开始。

萝娜 你的荷马研究同时引导你走向希罗多德？

瑟特 唔，《伊利亚特》中也讲了这个问题，在卷二，荷马对特洛伊战争的解释。我想埃及或许为希罗多德对荷马的理解提供了线索——荷马之于埃及正如美的事物之于法律。

萝娜 对埃及众神的荷马式改写，把合法的事物（the lawful）转化为美的事物？

瑟特 对。

罗伯特 你说你想把希罗多德看作哲学的开端，并且把它和远离羞耻联系起来。你那时想过如此解释希罗多德是在研究哲学吗？

瑟特 当时只是以非常机械的方式。我认为，希罗多德是表达前苏格拉底哲学的内在一致的文本，你可以以利用希罗多德进入前苏格拉底哲学，因为他在内在一致的论证中使用了前苏哲人发现的东西。

罗伯特 前苏哲人发现了什么？

瑟特 "自然"作为"习俗"对立物的特性。

米歇尔 所以在发现习俗与自然的区别之后，开始系统地对待习俗。在某种程度上，这就像柏拉图哲学，转向了那些别人早就熟知并马上要离开的事物。

罗伯特 但是另一方面，又依赖这些事物。因为否则你不能将习俗主题化为习俗，你没有基本的对照物。

瑟特 对。正是柏拉图让我有了对希罗多德的最初理解。

米歇尔 是怎样的呢？

瑟特 ［100］我觉得，在柏拉图的"分线喻"（divided line，参阅《王制》卷四，509d－511e）中，我发现了理解希罗多德作品结构的钥匙——分线喻的片断提供了希罗多德作品从卷二到卷四范例的原型。但并没有发现在这几卷的进程中有某种发展，所以我没有真正理解希罗多德的论证。

萝娜 一个独立于这个范例的发展？

瑟特 是的。实际上，我想我在那时研究的另一个对象上也犯了类似错误——索福克勒斯的《俄狄浦斯王》。①

米歇尔 那是在你写论《俄狄浦斯王》的第一篇文章的时候？

瑟特 是的，非常不情愿。

萝娜 为什么会非常不情愿？

---

① 在本书第6章页［117－123］，页关于希罗多德和《俄狄浦斯王》的段落中，这个讨论继续进行。

瑟特 克罗波西写信给我，告诉我他们想给施特劳斯搞个纪念文集。① 他问我是否愿意为文集写点什么，而我觉得自己年纪太轻。

罗伯特 但后来你同意了？什么使你选择《俄狄浦斯王》？

瑟特 我认为自己通过希罗多德以及《王制》获得了对索福克勒斯的理解。

萝娜 是否能解释一下？

瑟特 我意识到剧名《俄狄浦斯王》实际上是理解这出戏情节发展的关键。

萝娜 《王制》帮助你理解这位"僭主"？

瑟特 对，卷九。希罗多德也谈到同样的东西，关于跛足成为这个僭主的标志。

萝娜 所以你在考虑这个问题。

瑟特 是的，而且发现它演变成乱伦问题。

萝娜 乱伦问题出现在希罗多德作品中？

瑟特 是的，因为那个特别的事实——他只在两种情况下使用"爱欲"（爱若斯），作为僭政的爱欲或作为非法血气的爱欲。最重要的例子是，他在表现坎道列斯爱上妻子时使用这个词；对你自己妻子的"爱欲"，这让人感到非常奇怪，而且它导致违反法律。用这种方式来限定"爱欲"，非常令人吃惊。

萝娜 所以你注意到希罗多德作品中的这个问题。而且你知道它对《俄狄浦斯王》的重要性？

瑟特 是的。不过我再次在其中发现了一个范例——对这个特殊问题至关重要的形式，但是我没有把它与这出戏的情节联系起来。

---

① 伯纳德特的《索福克勒斯的〈俄狄浦斯王〉》（*Sophocles*' Oedipus Tyrannus），辑入《古代人与现代人》（*Ancients and Moderns*，1964；参阅 chap. 3 n. I）。

第五章　布兰代斯、纽约大学和新学院
（1960—2001）

布兰代斯，1960—1964

马尔库塞

萝娜　［101］离开哈佛之后你去了布兰代斯？你如何获得那里的工作的？

米歇尔　是在古典系？

瑟特　他们没有真正意义上的古典系。他们有一个外语系。

罗伯特　布兰代斯那时还很年轻。它是战后兴办的，对吧？

瑟特　对。我去那里可以获得终身教席，不过必须转到近东系。

米歇尔　你记得是谁聘用你的吗？

瑟特　一个西班牙语系的人。我记得我注意到——这是我第一份正式工作，因为在圣约翰我不算真正被聘用——他手下的员工为他编造出各种各样不可思议的特质，以证明他胜任领导职位。

萝娜　他们不得不仰仗他？

瑟特　是的。一个十足的普通人，不过，不知怎么被夸大了。

我记得和马尔库塞，还有迪雅曼多泡罗斯①参加一个学生的博士论文答辩。我想那个学生的专业是思想史，不过希腊哲学也是其中一部分。马尔库塞问这个学生一个关于伯克的问题。[102] 这个问题非常有倾向性，他已经通过阐述问题的方式告诉你答案是什么。所以那个学生的答案与他的期待一模一样。马尔库塞不禁会心微笑，觉得那个学生非常聪明。

米歇尔　你不记得那个问题了？

瑟特　不记得了。

哈维洛克

瑟特　有段时间，他们想让哈维洛克②来布兰代斯，为布兰代斯增加声望。那时他在耶鲁，他妻子在 Vassar 大学。他和布兰代斯的人协商，希望能获得两个教席。他们问他有什么条件，他的第一个条件是，解雇伯纳德特。

米歇尔　为何有这么深的敌意？

萝娜　你和他打过交道吗？

瑟特　他以前在哈佛。不过我只见过他，并不了解他。

罗伯特　同时他又去了耶鲁？

---

①　马尔库塞（1898—1979），1934 年移民到美国，1958 年开始在布兰代斯任教，社会理论家、政治活动家，以在 60 年代对新左派的影响而著称。Peter Diamandopoulous 是布兰代斯大学的系主任，后来成为 Adelphi 大学校长。

②　Eric Havelock（1903—1988），1946 至 1963 年任哈佛大学古典学系教授，1963 年至 1976 年任教耶鲁，对希腊诗歌的口头传统与柏拉图对它的回应特别感兴趣。

瑟特 是的。

米歇尔 施特劳斯是不是写过关于哈维洛克论作品的评论？[①]

瑟特 是的，不过哈维洛克声称自己从来没读这篇评论。尽管在耶鲁的每个人都读了，讨厌哈维洛克的每个人都读了。

萝娜 那是篇很有趣的文章。

瑟特 是的，非常有趣。施特劳斯有一次来信谈到这篇文章，他说："这是我唯一一次拿出一把尺子，敲打某人的关节。"

萝娜 他用对待普罗塔戈拉的方式对待哈维洛克，对吧？

瑟特 当代的普罗塔戈拉。

罗伯特 不过你在他来之前离开了布兰代斯？

瑟特 他一直没来。那不过是他的谈判花招。

罗伯特 同时，这导致你被迫离开？

瑟特 唔，在一系列错综复杂的情况发生之后，我获得了终身教职，不过那时我已经接受了纽约大学的工作。

纽约大学和新学院（1964—2001）

霍华德 – 怀特

萝娜 你如何去的纽约大学？

瑟特 那里有一个空缺。而且我认识那里的一个人，叫卡森。[②]

---

① 施特劳斯对《希腊政治中的自由性情》（*The Liberal Temper in Greek Politics*）一书的评论收入《古今自由主义》（*Liberalism Ancient and Modern*, Chicago: university of Chicago Press, 1968; repr. 1995），页 26 - 64。

② Lionel Casson，纽约大学古典系教授，写过关于古代航海业的专著。

罗伯特 噢，他是我以前在 Lang 学院的同事杰恩（Jean LeCorbeiller）的朋友。

瑟特 我在雅典结识了卡森。

米歇尔 你什么时候开始在 Lang 学院教书？

瑟特 在 1964 年，霍华德·怀特聘我讲授关于《王制》的课程，这门课本来打算让吉尔丁教的——他肯定已经去了 Queens 学院。所以我接了这门课，而且我从未告诉任何人，我不是吉尔丁。很多年以后，有人碰到吉尔丁，还对他说："在新学院时，我是你《王制》课上的学生。你知道吗？这门课不怎么样。"

萝娜 你以前就认识霍华德·怀特吗？①

瑟特 我是通过肯宁顿认识他的。在我去纽约的时候，他是新学院的主任。他与里兹勒（Kurt Riezler）的女儿结了婚，拥有他所有的藏画。

米歇尔 收集画的钱从哪里来？

瑟特 里茨勒娶了一位柏林艺术商的女儿，藏画都是这位艺术商收集的。

萝娜 你后来了解霍华德·怀特了吗？

瑟特 他比较奇怪：一方面非常谦虚，另一方面又非常骄傲，在某种程度上乱七八糟，不是很直白。

萝娜 他开柏拉图和莎士比亚课？

瑟特 莎士比亚和培根，总是从一个非常奇怪的角度。

萝娜 他能够有学生，是吧？

瑟特 是的，他有相当数量的学生。

———————

① Howard B. White（1912—1974），新学校研究生部主任，写过论莎士比亚和培根的作品。

米歇尔 施特劳斯在新学院的时候，他是不是施特劳斯的学生？

瑟特 是的，跟他同时的学生有肯宁顿和雅法，还有其他人，一个名字以 M 开头的人？

米歇尔 马奇德？①

瑟特 ［104］是的，我想是这四个人。

米歇尔 你说霍华德·怀特乱七八糟，你是否能想到什么例子？

瑟特 我记得他自认为是流亡大学（University‐in‐exile）与美国体制之间的桥梁。所以作为主任，他想维护他们已经贡献的东西。不过这很荒谬。他根本没有进入那个传统，他没有吸收它。如果他能做桥梁的话，他只能做知识上的桥梁，但是他想做文化上的桥梁。

萝娜 有这样的事情吗？如果你指的"文化"是某人扎根的东西，那么有人在两个阵营都插一脚，这样的事情可能吗？

瑟特 我想不可能。但他自认为体现了这种关联。

米歇尔 娶了里茨勒的女儿？这一点有点符合。

瑟特 后来我读了施特劳斯的回忆性讲稿，我对其中表现出的对里茨勒的欣赏感到非常惊讶。②这种欣赏的基础在我看来一点也不明显。这让我想起，我觉得自己很难理解，施特劳斯为什么认为莱因哈特那么重要。

萝娜 为什么会有这种想法？

瑟特 这与自然与习俗的区分究竟来自哲学还是来自智术师的问题有关，那时，这个问题对施特劳斯十分重要。但施特劳斯承认："对你我而言，这并不意味着同样的事物。"这让我意识到导向某种

---

① Henry Magid 自 1960 年到 1972 年在纽约市立大学教哲学。

② 《里茨勒》（Kurt Riezler），载《什么是政治哲学与其他研究》（*What is Political Philosophy? And Other Studies*，Greenwood Press Publishers，1959），页 233－260。

洞见的经验与随后转换的结论之间的差异，你永远不能真正弥补那样的经验。

萝娜　你觉得老师通过某种经验获得一个结论，把这个结论传达给学生，然后让学生对这个结论增添更多的东西，这样可能吗？

瑟特　我正在想《泰晤士报文学增刊》上杰拉尔德（Gerald）写的一篇文章……那位科学史家？

罗伯特　霍尔顿？

瑟特　杰拉尔德·霍尔顿，关于量子物理——量子物理对他们而言非常令人困惑，就这个意义上讲，第一代所有量子物理学家都有柏拉图式的根底；他们别无他法，只能直面这个异常的困难。但是不出两代人，量子物理已经演变为单纯的技术，哲学问题完全消失了。

米歇尔　不过你会认为另一条道路或许可行。如果［105］发现者用了大量的努力创新突破，他可能没有剩下多少精力来详细解释结论。而另一代人可以从结论获取更多的东西，尽管我一时想不出什么例证。

萝娜　在某种程度上，你可以这样理解第二次起航的整个概念。如果你历史地阅读第二次起航，把它作为从前苏哲人到苏格拉底的发展，你能否说它就是另一条道路的翻版。

米歇尔　或者你可以说你能够这样理解希腊诗人和柏拉图之间的关系。你经常说没有柏拉图你就不能理解他们。有可能柏拉图确实在某种程度上比他们自己更了解他们，但是这种了解是在他们已经看到的事物的帮助之下。

瑟特　所以如果是这样的话，概括这个问题的公式应该是 Kalon［美］与真之间的关系。

萝娜　kalon 即洞见？

瑟特　是的，这有可能是苏格拉底在《申辩》中要说的，在他谈到诗人的时候。

阿伦－古热维奇

罗伯特　你在新学院是否可以讲自己想讲的东西？

米歇尔　我记得有一次你提到［阿伦］古热维奇的评论，当你说你想讲《普罗塔戈拉》的时候。

瑟特　古热维奇说："那是我们在中学读的东西。"

米歇尔　这句话让你重新考虑。

瑟特　然后决定讲《智术师》。

罗伯特　所以当古热维奇对克莱因的洞穴解释作出轻蔑评论的时候，他不仅蔑视克莱因，而且蔑视柏拉图。

瑟特　以前欧洲人管理我们系的时候，他们会每年一次邀请我讨论课程设置。有一次，那时［汉斯］约纳斯是主席，他转向古热维奇，对他说："这次轮到你讲一个学期。你要讲什么？我们如何给你的课命名？"古热维奇慢悠悠地说："意向性（intentionality）。"他脸上绽放着笑容，就像刚舔过奶酪的猫。这是全部的知识，这是唯一的事务。它不同凡响。

萝娜　我有一学期上过他的课，一开始讲笛卡尔，当然每件事情都是含糊不清的胡塞尔翻版。

罗伯特　指向意向性。

阿伦特和陶伯斯

萝娜　你和阿伦特有来往吗？

瑟特　我只在约纳纳斯家的聚会上见过她，我向她问起雅斯贝尔斯的情况。

罗伯特　［106］你问她什么?

瑟特　关于雅可布·陶伯斯,我们在交谈中提到他的名字。①有一次,陶伯斯来圣约翰做关于历史的讲座。全是科耶夫的说法,不过他唯独不提科耶夫的名字。在提问阶段有人问他:"这不都是科耶夫的思想吗?"陶伯斯说:"我从哪里买来我的思想,这有什么关系?"不久,我把这件事告诉施特劳斯,他说:"是啊,但他应该接着问'如果是你偷来的呢?'"

萝娜　他吸收别人的东西,然后再重复它们?

瑟特　在某种程度上,陶伯斯自己也没有意识到。关于他的一个著名故事是他在耶路撒冷的时候,他星期四做讲座,索勒姆(Gershom Scholem)星期一做讲座,他去听了索勒姆的讲座。那时陶伯斯已经小有名气,有人告诉索勒姆应该去听他的课。所以索勒姆星期四也去了,听到的是自己星期一做的讲座。不久以后,索勒姆应邀去柏林接受一个荣誉学位,并在陶伯斯教书的自由大学做讲座。自由大学的校长是老好人辛普森(Otto George Von Simpson),委员会成员,那时已经回到德国。他对索勒姆说:"你拒绝接受荣誉学位,我们感到很遗憾。不过我们能够理解。"索勒姆说:"不,你们不理解。我只不过不愿接受聘用陶伯斯的大学授予的荣誉学位。"

萝娜　与世界历史的重要性(world - historical importance)毫无关系。

瑟特　是的,只和陶伯斯有关系。

萝娜　我们听他用图宾根方言说话。他用图宾根方言做的讲座中,有一次去听的有六百多人。

罗伯特　是的,我记得。完全听不懂。

---

①　Jacob Taubes(1923—1987),宗教哲学家,主要研究政治神学。

瑟特　他是柏林学生造反运动的领袖。

罗伯特　我对他的背景一无所知。不过这一点有利于解释他为何被吹捧为英雄。

瑟特　他从辛普森的办公桌里偷了一些信件，然后把它们发表在学生报纸上。

罗伯特　那时陶伯斯已经是教授了吗？

瑟特　是的。

罗伯特　那他怎么还能获得那么大的名声？

瑟特　他写了几本关于诺斯替教的非常有名的书，在瑞士出版，与末世论的千禧年传说有点关系。然后［107］他经常被放在宗教系。不过他永远不能固定在任何地方。

罗伯特　他大约在两年前去世。我刚才问你阿伦特的情况，你说你们在一个聚会上谈论陶伯斯。

瑟特　是的，很说明问题。她对陶伯斯的看法完全基于雅斯贝尔斯的话。

萝娜　你还记得是什么话吗？

瑟特　雅斯贝尔斯用了一个"冒牌货"的德语复合词。我后来查过字典，但我现在想不起那个词是什么。她表达的不是她自己的判断，这让我感到非常惊讶。

萝娜　这符合《时代书评》摘录的她与雅斯贝尔斯的通信。

罗伯特　你和阿伦特谈起过施特劳斯吗？

瑟特　没有。

罗伯特　他们做学生时互相认识？

瑟特　我不太清楚。有一次，在卡特家举办了一次晚宴。去的人有布莱肯哈根，我和简，麦克唐纳（Dwight McDonald）。坐在我旁边的是大键琴演奏家马洛（Sylvia Marlowe）。阿伦特关于艾希曼

（Eichmann）的文章刚发表在《纽约人》上。麦克唐纳说，纽约的犹太知识分子已经联合起来攻击她。马洛说："作为这里唯一的犹太人，我同意你的说法。"我说："你不是这里唯一的犹太人。"她转过头来看着我，问："你叫什么名字？"我回答："伯纳德特。"她说："但你在改名以前叫什么？如果你有一个比如 Sylvia Marlowe 这样的名字……"

萝娜　对。

瑟特　然后布莱肯哈根转身对麦克唐纳说："但你们应该就文章进行讨论，他们不人性。"意思是不人道。麦克唐纳说："唔，我想汉娜（阿伦特）和我都不是人。"所有人都转换了话题。他想做点机智的评论，结果却以这种滑稽的方式说了出来。

米歇尔　你和麦克唐纳熟吗？

瑟特　不熟，我只在卡特家见过他几次。

米歇尔　不过你认识他儿子。

瑟特　我在哈佛结识了他儿子。他与麦卡锡（［译按］Mary McCarthy；美国女小说家、评论家）和威尔森（［译按］Edmund Wilson；美国社会评论家和随笔作者）的儿子（后来成了教授）是同学，他们从小一起长大。我有一次让麦克唐纳买了我的希罗多德的书。

萝娜　你怎么让他买的？

瑟特　我想我们是在卡特家的聚会上谈论书籍，然后谈到希罗多德。

萝娜　所以你说："我恰好写了一本书。"

瑟特　［108］然后他说他想买。所以我把书寄给他，他把钱寄给我。

《纽约时报书评》

瑟特　《纽约时报书评》的编辑瑟尔维斯（Robert Silvers）是

卡特夫妇的朋友，他有一次在卡特家看到桌上放着我的希罗多德的书。这件事的后果是那个一辈子都在发掘斯特拉文斯基的人……

罗伯特　卡拉夫特（Robert Craft）？

瑟特　对。他在《纽约时报书评》上发了一篇文章，在这篇文章的脚注中提到《希罗多德探究》，意思是我没有思想。不过这让他们要求我为弗兰克尔（Fränkel）的《早期希腊诗歌与哲学》（*Early Greek Poety and Philosophy*）写一篇评论。

萝娜　我记得有一年夏天，我从纽约到马尔特（Marth）的葡萄园把这本书带给你。

瑟特　对，所以我就写了一篇评论。他们希望我能再写一遍，所以我又重写了一遍。

萝娜　他们希望你怎么重写？

瑟特　加上引文，不过我也做了一些修改。然后他们就再也没有给我任何消息。直到突然有一天，至少是三年以后，一个送信的人带着这篇文章的校样来到我门口，说马上就要印刷。

萝娜　非常紧急？

瑟特　紧急，下周就要印刷。而且它不是我写过的任何东西。它是那两篇文章的综合。

萝娜　真疯狂。

瑟特　完全疯了。但布鲁姆喜欢："噢，真棒！你应该一直这么写。"

萝娜　你知道谁是编者吗？

瑟特　坐在那里三年，试图理解我两篇文章的某个人。

萝娜　只有把两篇文章综合起来，他才能弄明白其中的意思。那篇文章发表了？

瑟特　是的。顺便提一句，这种综合的结果是，那篇文章一开头就出现一个错误。它说 Diehls，实际上应该是 Diels。

米歇尔 你的意思是 Diels 和 Kranz（［译按］《前苏格拉底哲人残篇》的编者）。

瑟特 对。这里引用了《前苏格拉底哲人残篇》（*Die Fragmente der Vorsokratiker*）。所以纳斯鲍姆写了封短信给我，问："Diehls 怎么会出现在这里？"我回信说："有一天我会解释。"切尔尼斯（Harold Cherniss）也写信问这一点。"但是，"他说，"我不明白你的意思……"他不明白什么？噢，是的，［109］哲学怎么可能会在诗人谈论"谎言好似真理"之后出现。哲学怎么不先于诗歌，如果哲学追求真理的话？

萝娜 听起来像一个有趣的问题。

瑟特 我当时也这么想。它看起来好像诗人是后哲学的。

萝娜 你现在怎么想？

瑟特 我最近写的关于赫西俄德的一篇文章试图解释这个问题。①所以这么多年之后，我为切尔尼斯想到一个答案。

米歇尔 你说他总是习惯立即回信。

瑟特 他会说："抱歉没有早些回信。我今天早上九点半收到你的来信。"

米歇尔 这样很聪明。他永远不需要读信。

遭遇疯人

蓝色电人

瑟特 有一天晚上，在新学院上完课以后，我们从雪松酒馆的

---

① 《第一哲学的第一危机》（*The First Crisis in First Philosophy*），载 *Graduate Faculty Philosophy Jounal* 19，no. I（1995）：238 – 248；后收入《情节的论证》（Chicago：University of Chicago Press，2000）。

二楼下来。那是一个气温非常舒服的夜晚。门旁边站着一个男人，在霓虹灯的照耀下，他从帽子到鞋都是蓝的。

萝娜　我记得。那是在 70 年代初。

瑟特　我知道是 69 年以后的事，因为这个人听过我给纽约市立大学戏剧系开的课。当时我和波兰文学批评家柯特（Jan Kott）、刚写完《狄俄尼索斯的 69 年》的谢克纳（Richard Schechner）一起应邀授课。我们在纽约市立大学做了三场关于欧里庇得斯的讲座，关于《酒神的伴侣》。我就是理性本身。

罗伯特　在那个群体中。

瑟特　所以当我们那晚从雪松酒馆出来时，那个男人对我说："噢，我的所有成就都归功于你。"我说："怎么会呢？"他说："我上过你关于《安提戈涅》的课，然后写了一本名叫《伊丽莎白一世：一个秘密的犹太女人》的书，这本书现在被译成希伯来文和盲文。而且我正在准备写另一本书，是你的思想给我带来的灵感，我要证明奥德赛来自敖德萨（［译按］苏联港口城市）。"

一个前气象员

米歇尔　是不是在纽约市立大学有一次你不得不报警？

瑟特　是的，就在这里发生的。我开了一门关于希腊悲剧的课。[110] 在新学期第一天，有个人问我他可否进来旁听。我说可以。在每堂课快结束的时候，他会问一些非常难回答的问题。但是在这门课上了大约快一个月的时候，他开始霸占课堂，讲个不停。在一次课结束时，我不得不请他保持安静。他说："我要跟着你，去听你的下一堂课。"我下面还有课。我说："你没被邀请去听那堂课。"他说："不管怎么样，我都要粘着你。"所以下堂课开始时，他又出现在上课地点——研讨室。我说："好吧，我得叫警察了。"然后，我打电话给校卫队。来了两个穿西装和一个穿制服的人。他们听着我俩正在进行的谈话——他对我说"你可以单独告诉我，哪一个词既解决了海德格尔的问题又解决了我自己的问题？卢森堡是唯一解决二十世纪女性问题的女人"等等。警察花了些时间才看出……

萝娜　他疯了。

瑟特　对。在他们看出我是教授，他是那个疯了的人之后，对他说："跟我们走。"他不愿意。不过他们很聪明，他们不知道他会做何反应，所以他们没有碰他。他们打电话叫了纽约城市警察。然后三个纽约城市警察来了，我们又再次进行了这番对话。对话越来越让人迷惑不解。有个警察试着对那个人说话，叫他"苏格拉底"："好的，苏格拉底，你跟我们来。"然后，校警叫了一个精神病医师。当医师来的时候，那个人对我说："你知道你罚我受什么罪？——鸡奸。""强奸？"精神病医师说："真是非常有趣。"剩下的谈话关于前苏格拉底哲学和海德格尔，他的关切之情毫不减退；不过一听到"强奸"这个词，他立刻就激动起来。

罗伯特　这是我的权利范围。

瑟特　所以我们一步步地往电梯方向移动，当时的电梯靠手动操作。纽约城市警察想把他拉到那里。我注意到他一直在根据我的反应和其他所有人的反应，推测他的行为可能有多疯狂。他十分具有自我意识。所以当我们走到我的同事——特瑞尔（Trell）夫人①的办公室外面，她的门突然打开了，她冲了出来，双眼似乎要在头上冒出火来，撕心裂肺地大叫："我要杀了他！"他看了她一眼，然后他们

———————————

①　Bluma Trell 从 1959 至 1979 在纽约大学古典系任教，后在该校兼职直到 1989 年。

把他带走了。那场面真是疯狂。结果发现她是在说一个误投的包裹。

米歇尔　［111］你没再听说过这个人的情况？

瑟特　听说过。后来他给我打电话，问："我什么地方做错了？"我说："你没有礼貌。"他说："就这一点吗？礼貌？"我说："是的。"然后就把电话挂了。

米歇尔　你给了他一个词，既然他想要一个词。

瑟特　后来发现他以前属于地下组织，事实上刚刚重新露面，还用着假名字。所以在回到"现实"之后，他完全迷失了。

萝娜　从 60 年代开始？

瑟特　是的，他以前是个气象员。

萝娜　而且决定通过伯纳德特的希腊悲剧课重新回到现实。我记得以前在新学院的时候，有个人常来上你的课，他带着一个硕大无比的话筒，那个话筒的支架正好伸到你鼻子下面，非常恐怖。

瑟特　对，我记得。

萝娜　我们对此有很多猜测。

瑟特　他把每件事都录进他的王牌大磁带。

萝娜　那堂课是《治邦者》。我想人们在某种程度上都被这种隐微术（esoteric）吸引——你找寻意义，在其他人……

瑟特　在其他人从未涉足过的地方。

萝娜　他们觉得他们找到了一个与自己相似的灵魂。

瑟特　可能是这样。最后一个是来自以色列的人，他给我写了一封信，塞在我的门底下。他在这里和新学院上了大约两年的课，然后在我们门下面放了这个东西，宣称自己是上帝，而我是他的先知。他希望我能够传播这些话，否则他会做一些恐怖的事情。

罗伯特　什么事情？

瑟特　要么自杀，要么把我杀了。我不记得是哪个了。

米歇尔　这事发生在多少年前？

瑟特　可能十五年前？我那时肯定是清醒的。

米歇尔　唔，你要知道，在十五年前骚扰你的这些人现在已经成了终身教授。

瑟特　现在他们骚扰别的人。

捷克柏拉图主义者尤利乌斯

瑟特　大约在十年前，我刚上完一学期《王制》，纽约大学的哲学俱乐部邀请我做一场关于《王制》的讲座。所以我计划主要讲第一卷论证的结构。我接到 [112] 一个电话，某人告诉我一个来访的捷克人（名叫尤利乌斯，与 77 宪章运动有牵连）想来听我的讲座，所以他坐到了听众席中。我正讲到格劳孔在要求苏格拉底时，表现出绝对的逻辑不连贯：他希望苏格拉底说明正义本身，又希望说明它对独立于利益的灵魂的影响。他没有意识到这是两个不同的问题。尤利乌斯反对这种区分。我们不得不拿出古希腊文的《王制》，我指给他看，但是很明显他看不懂。所以我们互相冲着对方大嚷了一会儿。然后我继续讲格劳孔的雕像，说它十分荒谬。那时纳格尔（Thomas Nagel）也来听讲座，他加入我们的讨论，说："噢，但是哲人们一直在做这样的事情，虚构一些不可能的条件。"我意识到这和他的"蝙蝠"①有关。总之，第二天纳格尔给我打了一个电话，说那个尤利乌斯作为人文协会（Humanities Council）的成员获得一笔基金来这里，希望能够旁听一些希腊语的课。我说我正在上索福克勒斯的

---

①　这里指 Thomas Nagel 颇具影响力的文章《成为蝙蝠是何种感觉》（*What Is It Like to Be a Bat*），载 *Philosophical Review* 83（1974）：435 – 450。

《特拉基斯少女》，他可以来听。所以他来听了这门课，头一个星期一句话都没说。第二个星期，我们去了雪松酒馆，他告诉我他的人生故事。他在67年左右，从Charles大学获得博士学位，然后获得一笔两年期限的研究员基金，去了加利福尼亚的某个地方。不清楚是布拉格还是某个美国研究机构资助的。他回国后，苏联接管了捷克，所以他决定不教书。他去了一家工厂，在那里结婚生子。在工厂工作的某个时候，他决定自学希腊语，我立刻明白了他为什么不是真正懂希腊语。他挚爱柏拉图，读了他能读的所有东西，提出了许多理论。他理论的特点是，与其他人对柏拉图的描述不同，他以文本为基础。他抱怨他在英国讲这些非常简单的观点时不被人接受。

萝娜　在牛津吗？

瑟特　是的，还有在别的地方。我说："唔，这个非常自然。"他有个朋友，与他一起在布拉格的工厂工作。有一次，他对这个朋友说："我们的孩子渐渐大了，但是不能接受良好的教育。我为什么不教他们柏拉图呢？"他朋友说："好。"所以两个孩子和两位父亲一周聚一次，尤利乌斯给他们讲柏拉图。在布拉格的其他人听说后也加入这个团体。随着它的壮大，一个密探也混了进来。他没有提那个人是谁，不过他知道。他决定自己［113］给欧洲的大学写信，说："我叫尤利乌斯，与这个群体一起研读柏拉图。你们能否派一些知名人士加入我们？"不知怎么回事，牛津的人对此表示理解，并为此做了很多工作。所有人都参加了尤利乌斯的柏拉图研讨会——布恩雅特（Myles Burnyaet），欧文（G. E. L Owen），①德里达也来了，

---

①　Myles Burnyeat，牛津大学 All Souls 学院研究员，研究领域为古典哲学。G. E. L Owen（1922—1982），研究古典哲学的学者，曾在牛津、哈佛、哥伦比亚大学任教。

但在边境就被禁止进入。因为研讨会已经变得声势浩大，秘密警察们想制止。有一个星期他们逮捕了所有的人，把他们投进监狱，但是他们在监狱里也开研讨会。秘密警察恼羞成怒，他们开始禁止教授入境，甚至拘留他们数小时。他们变得越来越凶恶，最后他们找来两个暴徒袭击尤利乌斯的妻子——一个电视作家，将她的头骨都打碎了。

米歇尔　是不是还有一个故事，关于被迫滞留在公寓里？

瑟特　对。在他妻子的事情发生之后，他决定放弃。不过在此之前，两个密探一天二十四小时站在他公寓的过道里，大约八个小时换一次班，他们所有人都不跟这两个人打招呼。同时，他们一直不停地吸烟，香烟头在过道里堆成了一座金字塔。每个来公寓的人都不得不绕过这座金字塔，从那两个密探身边走过。在他妻子遭袭之后，他结束了研讨会，那两个密探也消失了。第二天，秘密警察的头命令他过去。在布拉格，秘密警察的办公室与他们审问犯人的地方在同一幢楼。所以当他在三楼接受盘问时，他能听到天花板上传来的尖叫声。那位领导叫他进去，尤利乌斯对他说："在我公寓里的那两个密探怎么样了？""什么密探？"尤利乌斯说："唔，你知道，不是只有我一个人看到他们。外国人也看到他们。"　"噢"他说，"那些密探。"尤利乌斯告诉我，整个谈话的要点是要你相信你知道的东西不是真的。然后他说："作为这件事的结果，他们给了我一个出境签证，而我不能再回去。所以我和我妻子一起离开，我们去了英国，我在那里受到热烈欢迎，四处演说。"

萝娜　关于柏拉图吗？

瑟特　关于这段经历。人们以为他和77宪章有关系，而看起来他似乎从一开始就在里边。同时，他还能参加哲人和语文学家的会议，对这些牛津老先生说："你们不懂希腊语。你们错误解释了柏拉图。［114］这才是柏拉图的意思。"他去英国的时候，有人许诺他可以做一个关于古典哲学的讲座。不过这个许诺没有实现。他对我说："捷克秘密警察去找了他们。"捷克秘密警察确实让他晕头转向。

萝娜　他们无所不在，全知全能。

瑟特　他们操纵了牛津的老先生。我很幸运，没有问他对柏拉图的任何看法，因为很明显，我会觉得他的看法和那些英国人的看法一样疯狂。总之，在下一次《特拉基斯少女》课上，他不停地讲话，我让他住嘴，他就离开了。

萝娜　他真的很烦人吗？

瑟特　是的。我立刻意识到他走出门的时候在想什么。我被捷克秘密警察贿赂了！多年以后，我在卡特家的聚会上碰到沃尔海姆（Richard Wollheim）。①我问他："你知道一个叫尤利乌斯的人吗？""噢，"他说，"那个疯子，知道。"我对他说："他告诉我要发给他一笔研究员基金，后来怎么又没给他？"沃尔海姆说："他后来变得让人难以忍受。我们不能给他。"我问："你告诉过他吗？"他说："没有。"

米歇尔　又一次英国式的含蓄。

萝娜　他们希望对方能做出正确的推论。

米歇尔　不过这表示他们没有考虑到他过去生活的世界。他们怎么能够期望和房门外的警察生活在一起的人做出正确的推论。

瑟特　而且，他们认为他应该赞同他们，这一点很重要。他们虽然因为政治而钦佩他，在学术上却画了条线，不允许他加入这个俱乐部。

———————

①　Richard Wollheim（1923—），伦敦大学和伯克利大学教授，研究领域包括心灵哲学，美学，哲学史。

第二部分　反思

第六章　从模式到活力

发现情节的重要性

《伊利亚特》

米歇尔　我们以前谈到你论文的时候，你说你后来发现自己对《伊利亚特》的最初解读存在一个错误——你找出了这首诗的结构，但是没有通过情节来解释它。[①] 你能就你如何理解这种差别多谈一点吗？

瑟特　唔，在第一稿中，我以第俄提玛爱的阶梯为基础（《会饮》211c－d），找到了一个形式上的柏拉图模式（pattern），并把它强加在情节之上。但是我没有问，为什么帕里斯和墨涅拉奥斯之间的争斗被赫克托尔与阿贾克斯之间的争斗所代替？根据第俄提玛的设计，你能够从一个推导到另一个，因为你看到的是相同的模式。

萝娜　你能更进一步说，正是这种设计导致你未能看到情节的活力吗？

瑟特　我从未想到可能会有一种活力（dynamic）。我没有发现

---

① 参阅第二章页 [69－70]。

阿喀琉斯在第一卷对阿伽门农的挑战（但是遭到拒绝），在第三卷中又被墨涅拉奥斯挑起。因为他意识到，为了证明他占有海伦是正当的，他不得不接受阿喀琉斯引入的原则。

萝娜 那个原则是什么？

瑟特 不以法律为基础的自然权利原则。墨涅拉奥斯接受来自帕里斯的挑战，这意味着他放弃自己对海伦的合法权利而说："我必须赢得它。"但在一开始，[118] 阿喀琉斯就为阿伽门农设立了这个原则，遭到阿伽门农拒绝。我没有发现这个原则在墨涅拉奥斯那里得到延续。因此，从第一层次到第二层次的转移，即转移到以自然权利为基础的另一种理解，实际上是由阿喀琉斯发起的；但是阿喀琉斯必须了解，实际上他自身就拥有这个原则。我从第俄提玛的模型那里推知某处有一个动机的转移，但是我没有发现它在战争第九年出现的必要性。后来我才注意到这个情节的含义——在阿喀琉斯知道自己是最勇武的人之前，他需要九年时间在特洛伊成长。

米歇尔 自我认识你以来，对情节展开方式的这种理解似乎确实是你所做的每件事中的关键要素。

希罗多德

萝娜 你之前提到，你在解读希罗多德时犯了与解读《伊利亚特》同样的错误。①不过我不知道它是否或怎样影响你对结构的理解。你仍然会说这种模式就是分线喻（divided line）吗？

瑟特 是的，卷二埃及是 dianoia［思维］的层次，卷三是 pistis

---

① 参阅第四章，页［99－100］。

[信念]的层次；然后卷四是 eikasia［想象］的层次，即斯奇提亚和利比亚。顺便提一句，在卢克莱修的卷二、卷三、卷四中也具有相同的顺序。所以它可能是一个普遍的模式。

萝娜 这种向下的运动？

瑟特 对。

萝娜 希罗多德的卷一是什么呢？是 noesis［理智］吗？

瑟特 不是。卷一是进入后三卷问题的方式，它关于为何卷二、卷三、卷四对理解古希腊而言是必要的。你可以指出真正的 logos［逻各斯］与 pistis［信念］的问题在卷三中出现。

萝娜 明显吗？

瑟特 明显，作为波斯人的特征。他们最初在大流士的影响下学着说谎，大流士提出你说谎是为了寻求某些好，你说真话也是为了寻求某些好。所以他为了僭政（tyranny）摧毁了 nomos［习俗］，这一点很明显。书中有一个人，尽管承受着必须说谎的巨大压力，却仍然对波斯人说了实话，然后自杀。此事发生之后大流士立即说了上面的话，然后一切就此结束。通过语言也能看出这个模式。意义相似和相近的词在卷四中最为密集。而在卷二中，所有事物都以"二"——两个互不相容但又共存的事物为基础。

萝娜 ［119］男与女？

瑟特 是的，或水与土，永恒与变化，身体与灵魂。埃及 nomos［习俗］内部的自相矛盾源自对这些他们没有能力使之和谐共处的二元事物的认识。

罗伯特 所以这种以分线喻为基础的希罗多德解释忽略了什么？

瑟特 在很多年以后，我才发现这个模式在卷三第 38 段，处出现断裂。那是在波律克拉铁斯对萨摩司岛实行僭主统治的时候，就在葬礼问题出现后不久。它标志着神法（holy law）的结束，然后你开始从政治的角度审视事物。我意识到自己以前只把卷四看作卷三的对立模式，这肯定是错误的。卷四确实代表想象（eikasia）的层次，但是它属于在卷三第 38 段之后被引入、和神圣（sacret）相对照的政治。所以它必须根据希腊式自由来理解。

萝娜　它是模式的一部分，但其中也有论证的展开？

瑟特　对，对。但是我一开始没有明白其中有另一个的东西可以引导我找出这个论证。

罗伯特　我以前问过你，在研究希罗多德时，你是否认为自己是在搞哲学。面对这个问题，你当时心中想到的就是这个吗？你当时说你只是以一种机械的方式搞哲学？

瑟特　是的。我在希罗多德那里发现这个模式，线喻是从卷二到卷四的基础，但是我没有把它与论证的运动联系起来。我没有足够重视卷三第 38 段，的转折点——当祭司消失之后，某种新事物出现了，政治从此开始。

罗伯特　你是不是想说，要了解希罗多德作品中不仅有模式，还有活力或运动，而打破对称（symmetry – breaking）是了解这一点的关键？

瑟特　我想是这样。

罗伯特　你想说如果你只获得模式，没有获得论证的活力，那么你就不是真正搞哲学？

萝娜　听起来似乎像是在你对哲学之诉求的理解过程中有一个发展，而不是……

罗伯特　不要从哲学开始（That it's not philosophy to begin with）。

瑟特　唔，如果你事后反思可能是这样，但我当时并不是这么看自己。

米歇尔　似乎柏拉图在你对其他作家的解读中扮演了重要角色。

萝娜　你已经提到荷马和希罗多德两个例子。

罗伯特　你借用《王制》中的分线喻，[120] 把它作为理解希罗多德的一种模式；但这是否意味着你并不理解分线喻本身——作为柏拉图论证中的部分？

瑟特　是的，完全不理解。我用跟所有人差不多的方式看待它。

《安提戈涅》和《俄狄浦斯王》

瑟特　我在研读《安提戈涅》的时候出现了类似情况。我一开始就反思私人与公众之间的差异，这是我对黑格尔的重新解释；但我觉得，你应该更多地用古典的态度而不是用黑格尔的态度来解释这个剧本。

萝娜　所以你一直从哲人那里获得指导。

瑟特　因此我没有进行哲学思考（philosophizing）。

萝娜　你觉得你最初对《安提戈涅》的理解忽略了什么？

瑟特　我发现这出戏提出了一个俄狄浦斯式的谜：为何乱伦婚姻所生的女儿成为这个家庭神圣法的捍卫者？不过这是独立于这出戏情节之外的型相问题（eidetic problem），而且她的生或死不会造成任何差别。

萝娜　所以一方面，你有这个谜，另一方面，有这个情节，而且它们是一致的？

瑟特　不对。《安提戈涅》以克瑞翁结束，这说明它们不一致。它们必定是秩序非常不同的事物，而你必须通过做某件事情才能把它们放在一起。不过我最初没看出来。

米歇尔 你什么时候开始意识到我们现在谈论的这种错误？

瑟特 当我发现同样的错误出现在施特劳斯纪念文集而作的《俄狄浦斯王》论文中，我开始反思自己《伊利亚特》阐释的缺陷。我在六十年代初期就完成了这篇文章，那时我还是初级研究员，不过它到 1964 年才发表。

米歇尔 在你写"论希腊悲剧"的文章时①，已经意识到自己对《俄狄浦斯王》的解释有错误？

瑟特 是的。

罗伯特 最初的解释犯了什么错误？

瑟特 《王制》第九卷给了我通向《俄狄浦斯王》的钥匙。你可以了解 idion 和 koinon ［私人与公共］的分裂意味着什么［121］，或者在僭主的例子中，欲望等同于现实意味着什么。索福克勒斯表现这一点的方式让我们发现斯芬克斯之谜与俄狄浦斯所犯的两宗罪行之间有必然联系，但是它完全独立于情节。因此尽管它是情节的真相，却不要求情节有任何展开。

萝娜 或者有任何因果关系。

瑟特 你可以做任何事情来表明情况如此。所以你可以排除故事并说，"这才是故事的真正含义"，因此你不需要情节。

罗伯特 所以你有一个结构，但是没有对它作出解释，听起来像是这么一回事。

瑟特 对。

米歇尔 不过你使用了"不稳定的第三者"（Limping third）这

---

① 载《今日之伟大思想》（*The Great Ideas Today*, Encyclopaedia Britannica, Inc., 1980）；收入《情节的论证》（*The Argument of the Action*, Chicago：University of Chicago Press, 2000）。关于早期的论俄狄浦斯文章可参阅第 4 章注释 2。

个概念，所以你已经知道那些范例不是很合适。我记得我曾向你提及《政治学》第二卷，并提出亚里士多德按照希波达玛斯（Hippodamas）的三部分划分法划分三个部分。你对我说，即便我使用这种方法也很难形成古典的三部分划分，反而容易显得刻意为之。你使用了"不稳定的三组合"（limping triad）这个表达，很明显指的是《俄狄浦斯王》。

瑟特 实际上《俄狄浦斯王》是一种型相分析（eidetic analysis）——按照《智术师》和《治邦者》的方式，他在其中建立了永远不起作用的三组合。它和柏拉图的二分法（diairesis）非常相似。

萝娜 你是否承认对范例问题的关注几乎让你忽视情节？

瑟特 是的，因为看起来它是对《俄狄浦斯王》非常有力的解释，所以你不需要任何其他事物。它给出一个不再引起任何困惑的答案。它是悖论性的，但是拥有一个形式。它是连贯的，而且它也希望如此。它是完全以反事实（the counterfactual）为基础的形式。所以你可以把俄狄浦斯的命运与他的性格十分简单地联系在一起。

米歇尔 这是你在第二篇文章中揭示的东西。

瑟特 对。那个公式是：即便他知道自己是谁，他仍然会做曾经做过的事情。所以这里没有任何问题。对他的展示完全是强加的，我非常清楚地记得这一点。根据这个观点，理解《俄狄浦斯王》的关键是"城邦"一词在中途消失。它在八百多行中持续出现，然后歌队唱到"祈愿竞争不要从城邦消失"这句话之后，接下来的八百多行没有再出现"城邦"。所以这出戏以政治问题开始，然后演变为家庭问题，最后变成自我认同（self-identity）的问题。你似乎正在远离城邦。

萝娜 ［122］靠近自我吗？

瑟特 靠近自我与双亲。然后你不得不重新审视，弄明白为什么它们仅仅因为僭政的特征就能成为同一问题。

萝娜　你第一次就弄清了这个问题吗？

瑟特　是的。但是在很多年以后，在我重读《俄狄浦斯王》的时候，我意识到这种解释的困难在于，你不需要这个剧本来使解释成立，任何故事都可以使它成立。

萝娜　来证明这个结构？

瑟特　对，可以发生任何事情。

罗伯特　只要你从城邦转移到家庭，再到个人。

瑟特　是的。那个结构通过一种奇怪的方式，说明俄狄浦斯独立于这出戏的情节。所以你可以把每个场景都作为对俄狄浦斯不同侧面的解释，而且顺序如何没有任何区别，因为它们最终都会是一致的。

米歇尔　如果有区别的话，也是在这出戏的表演方面，那是完全不同的层面。

萝娜　只根据结构，你不能理解这种转型的原因——在这里的例证是"城邦"的消失。

瑟特　而且也不能理解俄狄浦斯为什么要弄瞎自己的双眼。

萝娜　这一点如何协调？

瑟特　以僭政结构为基础的这种解释，尽管可能是真实的，却并没有注意俄狄浦斯解释自己瞎眼的方式。他自己的解释与他在冥府的双亲有关。那是一个完全不同的维度，和僭政似乎没有任何关系。它关注一开始就得到暗示的事物——他们不埋葬瘟疫中的尸体，而且只有妇女哀悼逝去的亲人。在这出戏尾声部分，俄狄浦斯要求埋葬伊俄卡斯忒（Jocasta），这和冥府那件趣事——"耻辱"直接有关。但是这样似乎也不能协调。一旦你观察情节的线索，所有事件都分崩离析了，没有什么是连贯的。

萝娜 这时你发现两个可能的情节,两种不同的顺序?

瑟特 是的。关键是如果我第一次是正确的,索福克勒斯可以让俄狄浦斯离开德尔菲,在外面游历五年,然后再回到忒拜。他的父亲可能已经去世五年,斯芬克斯可能已经杀死很多人,他可以这时解开谜题,然后这出戏以同样的方式展开。

米歇尔 但是索福克勒斯走了岔路,让这出戏变得无法解释。

瑟特 对。换句话说,他〔123〕把俄狄浦斯的自我晦昧(self-opacity)埋藏在忒拜的自我晦昧之中。关于自我的无知(self-ignorance)有两层含义。和杀害拉伊俄斯(Laius)有关的自我蒙蔽是第一层。俄狄浦斯肯定是在伊俄卡斯忒(Jocasta)服丧期间来到她身边的,但是她从来不提拉伊俄斯刚过世这件事。

米歇尔 甚至比这个更糟,不是吗?甚至不清楚她是否知道拉伊俄斯已经去世。

瑟特 对。而且他们根本没有把俄狄浦斯和前面的事件联系起来。这出戏剧的美在于:在形式层面,你完全有必要从一开始就及时展现真实事物;但是这种展现发生的语境是完全混乱的。以前没有人这么做过。换句话说,你知道中心人物的宿命,但是其他事物都是混乱的,所有人都丧失了理智。

罗伯特 但是你想说在提出这种新解释的过程中,你并不只是拿出你已经获得的模式在上面增添一些东西而已。它不是形式分析外加别的什么东西。

瑟特 是的,这里有一处真正的暗中破坏(underming)。索福克勒斯写了一出戏,具有十分怪异的特征;他用某种方式迷惑观众,把他们放在与俄狄浦斯类似的有趣位置上。他们不可能理解发生了什么,但是他们认为——因为他们已经熟悉俄狄浦斯的故事,他们知道发生了什么。

《埃涅阿斯纪》

萝娜 你提到柏拉图在你理解前柏拉图诗人时发挥的作用。但是你也研究后柏拉图诗人——拉丁作家。是否有迹象表明，在某种程度上，同样的事情以一种更具自我意识的形式后柏拉图式地完成了，然而，在其他情况下，柏拉图必定将他从自己前辈那里学得的东西变得更加明确？

瑟特 唔，有意思。奇怪的是，如果你把《埃涅阿斯纪》当做以后柏拉图作品的范例例证的开端，它也和荷马遥相呼应。所有人都或多或少同意埃涅阿斯没有性格。《埃涅阿斯纪》中有一段，讲埃涅阿斯去见一个希腊人，那个人居住在后来成为罗马的地方；那里的国王告诉埃涅阿斯，没有力量帮助他反对拉丁人，他应该去伊特拉斯坎人（Etruscans）那里求援。然后维吉尔用了三行诗句说，一个送信的人被派到伊特拉斯坎人的国王那里，陈述埃涅阿斯的请求，然后那个国王拨给埃涅阿斯军队。这些都是叙述性的。当你想到这一点的时候，你不禁会疑惑，为何整个故事不采取这种方式？因为埃涅阿斯会去哪里事前全都知道。所以《埃涅阿斯纪》[124] 实际上可以用一句话概括：埃涅阿斯离开特洛伊，建立了最后成为罗马的城邦。这个故事就是如此，什么也没发生在他身上，全都是预先注定的。这首诗可以缩减成这样，而且那似乎是继荷马和柏拉图之后的维吉尔的反思——第二次出现意味着什么。

柏拉图对话中情节的逻各斯

米歇尔 我们关于模式和故事结构的讨论明显与柏拉图对话为

何是对话体有关。在解释柏拉图的时候，你不能只顾赋予对话意义而排除情节。

瑟特　不过很有意思，我很早就吸收了施特劳斯关于逻各斯和情节的说法，但是没有意识到它真正意味着什么，除了认为其中存在一种公式化的方法——你可以把论证附加到对话正在发生的场景之上。我不明白的是，事实上情节中存在论证。如果没有发现这一点，你似乎只能看到随着对话的进程，对一个主题的重复修改。

萝娜　我看到这一问题在你论《斐德若》的著作中达到顶峰。①在我最初研读《斐德若》的时候，我满脑子想的都是结构的必要性、部分和整体，而且我以为这就是柏拉图说的散文律（logographic necessity）的含义。我还记得当我读了你的书，意识到你说散文律是某个与不同于作为整体与部分模式的动物（《斐德若》，264b－c）的东西时，我是多么吃惊。我花了很长时间才明白它有可能是什么意思。

瑟特　这个动物就是这种形式分析。

萝娜　对，我把形式分析等同于散文律，而你把散文律和一个时间的或有序的维度联系起来。

瑟特　对，那是真正的情节。

罗伯特　生成……

萝娜　其中包含因果关系……

瑟特　也包含着逻各斯。换句话说，我们错在把对话的细节当做对对话主题的连续修改，导致的结果是什么都没有真正改变。它只是对这种模式的丰富，而事实上这是另一种发展。

---

①　《道德与哲学的修辞：柏拉图的〈高尔吉亚〉与〈斐德罗〉》（*The Rhetoric of Morality and Philosophy：Plato's Gorgias and Phaedrus*，Chicago：University of Chicago Press，1991）。

萝娜　［125］那就是活力吗？

瑟特　对。所以这是荷马作品中，还有悲剧中早就存在的东西。它不是柏拉图创造出来的；他一定意识到他们做了这件非常奇怪的事情，在《俄狄浦斯王》中最为明显，因为在那里你发现情节完全不连贯，它立刻把你引向更深入的问题。

米歇尔　所以这种情况多少与"事物的表面就是事物的中心"①的说法相同？

瑟特　是的，不过很有意思，因为我很早就知道这句话，但是一直没有真正理解它的含义。而施特劳斯没有对任何人解释他做的事情。

米歇尔　不过你确信他在做同样的事情。

瑟特　噢，我毫不怀疑那是他所从事的研究，但是我不确定是否每个人都知道那个原则是什么。他从关于希耶罗（Hiero）的作品开始就设立了某种标准公式，通过它可以研究背景、角色……

萝娜　还有书名……

瑟特　对。

米歇尔　但是你最初不明白这些东西怎样与作品的情节联系起来？

瑟特　我想我最早开始理解柏拉图作品中的这种情况可能是在研读《王制》的时候。我记得在讲《王制》的时候备受打击。如果它的论证以这种特殊的方式展开，它多像一部机器。

罗伯特　你描述你最初立场的方式（后来你发现它是错的）听起来好像至少这个错误的一个重要部分是由于你过于确定地坚持某

---

①　"事物表面固有的问题而且只有事物表面固有的问题，是事物的中心。"见施特劳斯，《关于马基雅维里的思考》（*Thoughts on Machiavelli*，Seatle：university of Washington Press，1958），页13。伯纳德特在《施特劳斯的〈城邦与人〉》一文中提到这个"黄金句"，载 Political Science Reviewer 8（1978）：I（［译按］中译见刘小枫编，《施特劳斯与古典政治哲学》，前揭）。

种东西。你把某种事物看作固定的，它在这个形式中显现出来。

萝娜 骨骼结构（skeletal structure）？

罗伯特 就像德国人按花名册点名。

萝娜 你在《斐德若》和《高尔吉亚》中对"模板"的使用是一个有趣的例证。你抽取了一些事物，比如高尔吉亚、波洛斯（Polus）和卡里克利斯（Callicles）的关系，或者灵魂的战车意象三部分之间的关系，它们看起来似乎是一个严格的结构，但是后来发现结构中有运动，以解释结构是什么。

瑟特 对，对。

米歇尔 而没有这种运动，结构变得不可理解。

瑟特 ［126］我从柏拉图那里学到的这一点如何起作用后来成了理解所有其他人的关键。

萝娜 所以只借助柏拉图的帮助，你逐渐认识到与此类似的某种东西也在诗歌中起作用？

米歇尔 但是你已经提到过柏拉图必定从诗人那里获益良多。

瑟特 确实如此。但实际上你从柏拉图那里抽取这个形式上的模式（formal Pattern），如果你不将它与活力放置在一起，它可能会误导对其他作品的解释。所以《俄狄浦斯王》是《王制》第九卷，关于梦的世界和僭主。但是如果你把它直接运用于《俄狄浦斯王》，你只能得到这种形式上的分析。

萝娜 排除情节。

米歇尔 但是一旦你理解柏拉图对话中论证与情节的联系，很明显你可以重新回到你第一次研究它的方式，并把情节当作论证进程的指导。或许这在诗歌中不太可能，因为在其中你只拥有情节，而诗歌主题并不按照柏拉图对话主题呈现的方式真正在作品自身中呈现。

瑟特 关于哲学有一点很有趣，它拥有一种力量可以从这种活力中挣脱出来，让你不需要活力也能理解它，但事实上它又包含了指向活力的隐含元素。

萝娜 你觉得每部哲学作品都有有活力的一面吗，即便只是以一种隐匿的方式？

米歇尔 唔，在我看来，无论什么时候你开始真正对某件事感兴趣，那么你开始发现至少与它类似的事物，这可能不是巧合。但是关于它是否以一种更改的方式出现在古人之后，比如说出现在卢梭或笛卡尔的作品中，你确实怀着复杂的感情，不是吗？

瑟特 我不这么认为。我觉得它和经验有关。在我们自己研读某个作者的时候，我们必须经历这些步骤。不过这似乎确实是哲学思考本身的性质。所以在文学批评中出现的术语，即形式与情节的区别，等同于或至少符合思考的自然步骤。

萝娜 这是理解"第二次起航"的一种方法吗？

瑟特 是的，我想对情节的这种发现是一种"第二次起航"。或许你总是需要做某些事情，就像《王制》中发生的那样，你创造完美城邦只是为了从它那里往后退。

罗伯特 你创建了一个最后不得不被毁坏的模型？

瑟特 ［127］唔，你可以说,换句话说数学物理学（mathematical physics）是哲学思考第一步骤的范例。

萝娜 你为什么这么说？

罗伯特 因为你所做的是，你进入一个领域，然后提供这个花名册（Roster），这个形式，但是你对它不进行任何描述，你不解释这个形式。

萝娜 数学物理学代表结构和原因之间的张力？

瑟特 代表没有原因的结构。

米歇尔 第二次起航是对此的纠正。但是试图精确地找到人们进行第二次起航的时刻，这是否也是一种错觉？它看起来更像是经历的一种持续状态，而不是发生一次然后你就超越它的东西。

瑟特 真正的问题，你也可以说柏拉图的问题是：柏拉图对话中的地道门（trap door）是否是对自然中地道门的模仿？

萝娜 你能否就此多谈一些？

瑟特 唔，如果柏拉图对话和古代诗歌总是必须与个人的离奇事件发生联系，在这些模仿行为中进行的思考是：某个事物已经用一种特殊的方法揭示出来，因此不能再用其他方法揭示。似乎柏拉图的事业是建立在关于这个世界性质的论点之上——我可能会称之为与问题相遇的某个事物，它不能由公式和概念决定。这个问题尽管已经被设定了，它在本质上只能通过经验探讨，正如研读对话的情况（否则对话就不是一种模仿）。没有任何线索让你一拿起来就可以打开它，即便在你获得这个原则之后。

萝娜 这是你为何喜欢《大河奔流》（*A River Runs Through It*）中那句话的原因，对吗？①

瑟特 对。

米歇尔 如果我们回到你对《伊利业特》最初的解释与后来的解释，陈述它们差别的一种方式是，如果你只注意结构，你认为自己是在处理特殊问题，而实际上你把它们变成了范例。阿喀琉斯成了范例化的，他成了你能更加完整表达事物的简略概括。但是实际

---

① "这里需要思考的是，"他说，"发现某个值得注意的事物，它让你发现以前没有注意的事物，这个事物又让你看见甚至不可见的事物。" Noraman Maclean，《大河奔流》（*A River Runs Through It*, Chicago：University of Chicago Press，1976）。伯纳德特把这句话作为他《苏格拉底的第二次起航：论柏拉图〈王制〉》一书的题记（*Socrates' Second Sailing: On Plato's Republic*, Chicago：University of Chicago Press，1989）。

上这与关注情节非常不同，关注情节可以让你发现段落之间的关系，只要它们从相互间产生，而且由于前面出现的事物变得必要。

瑟特　[128] 不过似乎必然存在一种错误的定位，要将哲学的真正本质放在这种形式化模式上，因此这种定位在某种程度上反映了哲学的真正本质，这并非完全虚假。将其视为彻底的虚假，正是海德格尔考虑这个问题的方式。这不是柏拉图的方式。

米歇尔　问题似乎是，在哲学论证的层面上是否有某种事物，它类似《奥德赛》和《伊利亚特》中发生的事情。你能在亚里士多德或笛卡尔的一篇论文中找到可供比较的事物吗——让论证的展开被当作一个情节，就像在荷马作品中情节的展开被当作论证一样？似乎西方传统中的隐微术必然包括论证与情节相结合这样的事物。

罗伯特　但是关键在于你总想把思考和唯一的个别事物（unique particular）联系起来，不仅仅是个别事物，而且要是一个唯一的个别事物，一个个体。

瑟特　也就是说，你想把思考与非思考（nonthinking）联系起来，而要做到这一点很难。

《王制》

米歇尔　我觉得，范例在某种程度上适合人们独自快速阅读时采用的那种速记方式，与教学相反，如果你开设为期 15 周的研讨课，你会不断重新评价前一周所讲的内容；这似乎关乎看出一个文本展现的逻各斯的能力。我想知道，你从范例转移到论证的展开和你讲授研讨课之间是否存在着对应关系？

瑟特　我想可能和一个文本讲了两次有关，那可能是关键的经验。

罗伯特　我在想你在连续上了三个研讨课课时的《王制》之后

对它做的评论。你说通过阅读《王制》你达到一种理解，让你可以用以前不可能的方式看待其他事物。似乎你对《王制》的研究，无论是讲课还是写书，都是一种转折点。

瑟特 我想是的，因为根据这种方式，结果发现对《王制》的范例理解和对它的逻各斯理解绝对一致。柏拉图通过这个表面上简单的原则行进，然后让它经历转型，因此你可以发现他是如何从同样的形式中连续不断地抽取事物。

萝娜 你是否能简要描述一下你称之为［129］范例理解与逻各斯理解之间的差异？它和言辞中的城邦与现实中的城邦的对立有关吗？

瑟特 唔，在《王制》中有两件事给人印象非常深刻。你得到两个忒拉绪马霍斯原则，它们贯穿这篇对话。

萝娜 精确（precise）？

瑟特 精确和愤怒，二者在忒拉绪马霍斯身上同时得到体现，然后又在城邦的结构中出现。所以一方面，你在卷三中获得数学，另一方面，你获得一个经典结构，它以忒拉绪马霍斯的假愤怒（Pseudo－anger）的中心性（centrality）为基础。

米歇尔 那就是血气形相（thumoeides）？[①]

瑟特 我想是的。

萝娜 但是它们只在忒拉绪马霍斯身上同时出现，在其他情况下是分裂的？

瑟特 它们似乎是分裂的。因为看起来好像没有形相的血气（the thumoeidetic without the eidetic）在卷四中已经完成，关于哲学的卷五、卷六和卷七好像已经把它抛诸脑后。然后突然之间发现忒拉

_____

① 参阅伯纳德特在《苏格拉底的第二次起航》页 55 – 56 中对这个术语的讨论。

绪马霍斯引入的另一件事情——

罗伯特 精确？

瑟特 ——一直贯穿到结尾。

萝娜 不过这两个原则在忒拉绪马霍斯那里出现并非偶然，是吗？

瑟特 你不知道它并非偶然。你不知道为什么，一方面，你必须获得一种虚构的激情和一种看起来不真实的要求。看起来它们似乎确实应该以某种方式联系起来，但是你又不十分清楚它们应该怎样联系。它们的共同点是观念性（ideality）。或者说，一方面，有观念性，另一方面，又有虚构（fiction），然后问题是，这两者的联系是什么？

萝娜 这是在对话进程中应该解决的问题？

瑟特 很有意思。施特劳斯已经发现这两股线索，不过他分别体验它们。

萝娜 你的意思是在研读对话的不同时期？

瑟特 是的。他从阿尔法拉比那里了解到的是血气形相。他最开始做的是，指出它是怎么出现在对灵魂等等的整体分析中。多年以后，在他写《城邦与人》之前，他开始研究关于技艺（technē）的论证。然后他发现它们是有关联的。

萝娜 ［130］你是自己认识到这一点然后再说，"噢，那是施特劳斯早就看到的东西"？

瑟特 不是。我从他那里了解到，这确实是个重要的东西。我认为我靠自己完成的是，发现格劳孔如何拾起忒拉绪马霍斯的反驳，把它正式变为一个重大问题，在忒拉绪马霍斯的描述中，这个问题看起来还不起眼。也就是说，型相（eidetic）分析和善之间的关系，被格劳孔用和善有关的型/种类（eidos）掩盖。（［译按］见《王制》357c5，格劳孔说："你见过第三种（eidos）善吗。"）

萝娜　听起来不像一种掩盖。

瑟特　格劳孔问了两个问题——什么是正义以及正义能让你快乐吗？然后他分析了与正义毫无关系的善，但是他自己不知道。所以他用一种滑稽的方式把它们分离开来。他最先分析了有点轻微不连贯的善。然后对正义做了一个三重描述，但是这个描述完全无涉他对善的描述。而他自己不知道是这样的，所以他强迫苏格拉底回答一个按照他的表述不能回答的问题，或至少看起来不能回答的问题。

萝娜　那个问题是？

瑟特　由于他对正义的分析依靠各种好处（goods），他根本没有把这些好处当作善来讲，这个论证似乎在它开始前就已经结束。所以你必须重新表述格劳孔的问题，用一种甚至他自己也不知道可以这样表述的方式，那就是，他提出的各种好处是独立于正义或不义的善。他不知道这才是问题所在。他希望从苏格拉底那里得到证明，即便你获得他列举出来的各种好处也不能幸福，除非你获得正义。但是这不是格劳孔认为的问题所在。他希望能够得到证明，为什么来自不义的各种好处就不是善，而且实际上让你不幸福。那是一个不同的问题。

萝娜　你是在说苏格拉底修改了他的问题，为了引出这一点？

瑟特　一旦格劳孔问了问题，苏格拉底就必须回答，这就是引入城邦的原因，为了审视某个事物，在这个事物中有一个关于正义的论证，它独立于善的问题。

米歇尔　所以格劳孔在没有意识到自己在做什么的情况下，重建城邦的秩序？

瑟特　我最后表述这一点的方式是，格劳孔最终注视着这些雕像、洞穴墙上的阴影，问苏格拉底：谁会快乐——倘若他拥有这些雕像？苏格拉底证明那太不可能了。通过采取这种中间立场，在洞穴之外和完全进入洞穴之间，格劳孔提出一个［131］看似不可能的问题。他想当然地认为，正义是一种特殊的东西，它实际上是洞穴影像的观念化，因此并不独立于洞穴影像。而同时——

萝娜　他希望正义自身真正的善能够被展示。

瑟特　对，在已经表明正义是完全伪造的之后。奇妙的是，苏格拉底通过对洞穴的分析，解决了格劳孔那个不可解决的问题。

萝娜　苏格拉底表明，它终究并非不可能的？

瑟特　根据格劳孔的观点，三个最高的善是健康、视力和理解力。苏格拉底证明，除非你是正义的，否则你不能拥有它们。所以在卷九结尾出现了三个论证：愉悦、正义和观看。

萝娜　那位僭主被留在国内。

瑟特　他不能到国外去，他对愉悦的理解必然错误，而且他不能思考。所以有趣的是，格劳孔提出的假问题却有一个真答案，因为它没有看起来的那么不可能。

萝娜　在与忒拉绪马霍斯的讨论中，"善"这个问题是如何出现的？

瑟特　第一卷之所以如此有趣，是因为让忒拉绪马霍斯提出这两个有着神秘关联的原则。然后苏格拉底引入善。

米歇尔　在第一卷结尾？

瑟特　他告诉忒拉绪马霍斯真正的问题是："什么是最好的生活方式？"而你想要证明，你只有是正义的，才能获得这种生活方式；或者如果你是不义的，就不能获得这种生活方式。这个论证中似乎有一种逐渐重叠（slide），它让苏格拉底不满意自己反对忒拉绪马霍斯的论证，因为他必须说明三个不同的立场。

萝娜　三个不同的立场？

瑟特　第一个问题是，什么是正义？第二个问题是，不靠正义你能幸福吗？最后，正义让你幸福吗？这样的问题。

萝娜　但是美好生活的问题是苏格拉底引入的。

瑟特　苏格拉底最先引入它是因为，忒拉绪马霍斯由于自己对政体的范例分析陷入一个困境。对三种类型的政体价值中立的解释最终只适用于僭主。

萝娜　为什么呢？

瑟特　换句话说，忒拉绪马霍斯说，每种政体根据自身利益立法，但是，［132］仅仅当身居高位的只有一个人时，这种说法才属实。否则就会出现某种妥协，即强盗团伙。所以苏格拉底展示了一种对忒拉绪马霍斯理论的寡头政治解释，它以财产为关键，结果只对僭主才属实，因此它不是对政治生活的中立分析，而是让僭主成为中心。

萝娜　僭主就是标准。

瑟特　对，忒拉绪马霍斯并没有解释政治生活如何可能。所以苏格拉底确实肩负一个非常艰巨的任务。他不得不表明作为理解城邦的关键，忒拉绪马霍斯迈向僭主的这一步在某种程度上是对的。同时，忒拉绪马霍斯的理论对政制原则（regime principles）和政制利益（regime advantage）之间的关系又存在误解。

萝娜　政制原则是？

瑟特　不管表面上怎么说，自由对应民主制，或金钱对应寡头制，这就是政制原则，不是政制利益。忒拉绪马霍斯把它们等同起来，并声称它们总是一致的。也就是说每个人为统治者利益工作的意义等同于政制原则。所以苏格拉底用一个非常复杂的论证表明，永远不会出现这种情况，你不可能拥有一个利益等于原则的城邦。

萝娜　除非是僭政？

瑟特　然后真的变得十分有趣，因为后来发现在僭主这个例子中很难知道什么是利益。忒拉绪马霍斯除了毫无意义的金钱，不能提供利益的定义。所以苏格拉底不得不对僭主做一番分析，这表明他正在揭示城邦的结构和内在特征——它独立于作为个体的僭主。

萝娜　而且"善"出现在关于统治者利益的概念中？

瑟特　对。由于这座城邦的虚构性质，对僭主的分析在某种程度上不得不成为中心。这座城邦梦幻般的特质在僭主身上得到了个人的体现，他在最高程度上吸收了这种梦幻性质，是这座城邦的忠实信徒。所以忒拉绪马霍斯最终是正确的，但是他的正确导致的后果是他不拥有善。

萝娜　因为这城邦是不真实的。

瑟特　对。

罗伯特　在你理解《王制》的过程中，真正重要的是什么？是不是模式或范例一方与活力一方如此水乳交融的方式？

萝娜　这种方式有可能掩盖差异。

瑟特　确实掩盖了差异。由于《王制》在其最高点非常［133］范例化——灵魂的结构、城邦的结构、太阳、线喻、洞穴——似乎每件事都根据范例建立。所以有可能审视它们中的每一个，并就它们自身来解释它们。

萝娜　它们拥有一个结构，而这个结构在另一个相同的版本中重复出现。

罗伯特　它们自成一体（self‑contained），这就是人们经常对待它们的方式。

瑟特　所以似乎要求你对所有事物都给出一个范例的解释。但是如果你这么做，你不可能发现它们中的一个如何导出其他的。关键是发现从灵魂结构到哲学的转移以灵魂结构为基础。灵魂结构似乎已经被抛弃，因此似乎从这些更高原则那里有一个推导，然而实际上所作的却是对哲学的非哲学解释——以对灵魂的错误解释为基础。

萝娜　我不知道你是否会说，对柏拉图所认为的哲学的最大误解是——以对《王制》的一种解释为基础——没有发现活力，这表明对灵魂的错误理解确实引发对哲学的这种描述。那么对于认识哲学论证中情节的重要性它是一个重要例证，对吗？

瑟特　我想是的。我记得从施特劳斯那里学到的首要事情之一是，你怎样通过从首次诗学分析的道德维度转移到第二次诗学分析的形而上维度来理解整部《王制》，这样做的原因是哲学在两者间的介入。所以你在不知道论证基础的情况下，似乎拥有了这个明显真实的模式。

萝娜　所以你确实在第一层次上获得了一种整全。你遗漏的是其他东西。

瑟特　你必须意识到你没有抛弃你的出发点，不过你确实把作为开端的部分东西分离出去，尽管你自己不知道。

米歇尔　所以这和 thumos［血气］进入作为整体的论证的两种方式有关。一方面，它在道德层面得到清楚呈现；另一方面，这种道德现象和中间卷的理论部分存在联系。所以 eidos［形相/样式］这个概念和某种假定联系在一起，而且只有当你所思考的只是个纯粹道德原则时，它才是可认识的。哲学在中间部分介入只有以前四卷为基础才可能，［134］而哲学的介入反过来又是论证中后来出现事物的根源。如果你研究诗的问题，第一眼看去你似乎已经在卷三中得到了诗歌问题，可是在哲学介入之后，你又在卷十碰到诗歌问题，而且你对卷十中诗之真相的问题更加感兴趣（与卷三中的道德暗示形成对比）。但实际上有一个贯穿血气的论证，它让你发现卷三与卷十的诗歌问题在某种程度上是等同的。

瑟特　这通过一件非常奇怪的事情表现出来：格劳孔发现在"猪的城邦"中不见的事物——椅子和桌子——结果在卷十中成为……

罗伯特　"理念"？

瑟特　对。苏格拉底说，这是真实的城邦（city in truth），而你想要虚幻的城邦（city in falsehood）。所以你知道发生了十分有趣的事情——真实的城邦必须和虚幻的城邦在某种程度上联系起来。你最终以将"制作"（making）放置在神圣层面结尾。

《高尔吉亚》

瑟特　我觉得在我研读《高尔吉亚》的时候，模式与论证的差异最为明显地展示在我面前。

罗伯特　你的意思是随着从高尔吉亚、珀洛斯到卡里克利斯的转移，展现出来的一系列框架？

瑟特　是的。如果你没有发现其中有一个持续的转型——起初被安排得截然不同的种类突然变得互为彼此——你就不能理解两件事情：正义和修辞实际怎样联系在一起，以及为什么这番论证需要这么长。

萝娜　你用种类指什么？

瑟特　《高尔吉亚》对我来说，是发现美、善、正义之间的关系如何得到解决的关键，认为它们的性质由高尔吉亚、珀洛斯和卡里克利斯引发乃是一个失误。

萝娜　是否有某种约束（containment），它在某种程度上全都集中在高尔吉亚那里，然后通过珀洛斯发生偏移，然后再在另一层面通过卡里克利斯发生偏移？

瑟特　但是在这种运动过程中它经历了连续的转移。

萝娜　你是否是在写论《斐德若》和《高尔吉亚》的作品时，

第一次清楚认识到论证的活力？

瑟特　我想是在第二次讲《高尔吉亚》的时候。

罗伯特　我上过那门课，那是在八十年代中期，而且还记得它和你在十年前开的"高尔吉亚"课有多么不同，甚至连开场的方式都不同。第一次课最为重要的是伯罗奔尼撒战争〔135〕和关于战争的主题。在第二次课的时候这个主题虽然没有消失，但是从一开始重要问题就变为：你怎样把高尔吉亚、珀洛斯和卡里克利斯一起放置到一个正在进行的论证中？

萝娜　只要你观察和这三个对话者相关的片断，《高尔吉亚》的结构和运动就会变得非常清晰；但是一旦你遇到卡里克利斯，对话为何要如此进行就不是那么明显，比如和《王制》对比，在《王制》中你觉得自己发现了非常清晰的、必须如此的步骤。

瑟特　而且突然之间它变成了《王制》。但是我从《高尔吉亚》那里理解到的重要事情是，如果你头脑中只有型相分析的问题，你只能得到论证的要点。

萝娜　型相分析的问题是什么？

瑟特　就是在表面上，你以一个充分阐明的柏拉图概念集合作为开端，这些概念既不互相重叠，又不完全相同。

萝娜　既不是孤立的实体，又不是简单的一。

瑟特　对。但范例呈现的方式并没有在表面上暗示它们实际上有这些有趣的重叠，这让它们不可能被理解为孤立的——它们被呈现的方式；或者同一的——论证进行的方式。

萝娜　我们是在谈论美、正义和善吗？

瑟特　是的。一旦你发现珀洛斯把美、正义和善等同起来，当善等同于快乐，各种事物随之而来。快乐进入正义和美的内部，然后你能够发现通过卡里克利斯做出的下一步，等等。

萝娜 你什么时候开始制作图表来解释这一切？在某种程度上很难说清这些事物。你试图通过这些框架和矢量让它们显现。

瑟特 关于这些图表有趣的是——它们确实是打开《论灵魂》（de Anima）的钥匙——它们只在运动中才是有效的。如果你在课堂上，把它画在黑板上，学生们可以追随的恰恰是画的行为。这些图表在书页上似乎永远都没有同样的效果。

米歇尔 我想确实如此。如果有人看到你画，他们可以发现层次——这一层是怎样扩展到另外一层。当你把它放到纸上时就看不出层次，你不知道什么是最先出现的。但是仍然需要把它放进去。

萝娜 画层次的过程是对论证运动的模仿。

瑟特 这是亚里士多德理解智性（intellection）的真正关键。想象你进入一个房间，在房间的黑板上有一个三角形，[136]还有一根跟它底部平行的直线。有人问："那是什么?"你说："和三角形底部平行的直线。"这时亚里士多德走进来，移动那根线说："你们看，我要证明三角形的三个角等于一条直线。"他画了这条线，然后你看到它。如果你没有看到线是怎样画出来的，你就不能理解。

萝娜 你已经开始制作影片了。

瑟特 "移动的手指写道……"

《蒂迈欧》

罗伯特 你在写论《王制》的专著之前，先写了一篇论《蒂迈欧》的文章。① 你是否在写了这篇文章之后，对这些对话之间的关

---

① 《论柏拉图的〈蒂迈欧〉和〈蒂迈欧〉的科学幻想》，载 *Interpretation* 2，no. I，（summer 1971）：21–63。

系有了不同认识——一旦你开始理解《王制》中论证的活力?

瑟特 我想由于我发现关于空间的双重描述（the double account）的重要性，我获得对《蒂迈欧》的全新理解。

萝娜 什么是双重描述?

瑟特 蒂迈欧首先描述事物通过元素的转变，这是根据假设呈现的。正是在这里你得到整个概念，即"这个"——你所指之物——是空间。

萝娜 比如，燃烧的空间（fiery space）?

瑟特 对。然后他给出不能用那种方式理解的第二次描述，它实际上是一段对话。有人问你一个问题"那是什么?"，而你必须给出一个答案。只有在这个时候真理问题才出现。所以他在科学的论述（scientific discourse）和对话的论述（dialogic discourse）之间作了区别，对话的论述以空间而不是数字的时间顺序为基础。

萝娜 对话的空间有什么特征?

瑟特 它涉及的是面对他者（the other），在面对他者时会出现左右颠倒，我想这和朋友的概念有关。

萝娜 这种空间中的左右颠倒不能从纯粹的数字推导出来吗?

瑟特 而且它也不能根据纯粹的身体关系来理解。

罗伯特 不过你想说这种镜像，还有用手习惯（handedness）的问题，和朋友有关?

瑟特 是的，而且它暗示出《蒂迈欧》为何是《王制》可能性（the possibility of the Republic）的为基础。

萝娜 ［137］它是如何暗示的?

瑟特 《蒂迈欧》的论证有两个层次。在第一个层次，蒂迈欧不得不解释言辞中的城邦可以实现，而要做到这一点，他必须把它放置到空间和时间中，所以他必须描述空间和时间。宇宙论（Cosmology）

和城邦的实现有关。但是他的描述最后成为可能的故事，而且不关乎实现，因为它不是真正的宇宙论。所以你不得不走向第二个层次，而你发现实际上它是对《王制》的对话城邦（dialogic city）可能性的描述。

萝娜 这是否和叙事顺序的混乱有关系？他没有而且明显不能用恰当的顺序进行描述。

罗伯特 恰当顺序的观点是否依附于非对体(nondialogic)概念？

瑟特 对。它假定可以直接达到存在者（beings）。蒂迈欧对元素的转型做了一番错误的描述，在他的描述中，各元素相互间完美地转型。然后他说他犯了一个可怕的错误，实际上只有三种元素参与其中，可是土却没有参与。因此，恰恰因为有混乱才有宇宙的可能性。第一种描述可能允许有秩序，但没有宇宙（cosmos）。

萝娜 为什么没有？

瑟特 因为所有的元素会分为四种。土归土，火归火。你可能会得到一个条纹状的"万有"（universe），但不可能得到和谐的宇宙（cosmos）。

萝娜 恩培多克勒宇宙的一个阶段。

瑟特 要得到和谐的宇宙（cosmos），你必须引入这种混乱。

萝娜 而你想问，什么保证混乱，或混乱的基础是什么？或什么排除了完美的秩序？

瑟特 对。答案是，你不是"他者"（the other）。

罗伯特 而空间是这个问题的真相。

萝娜 我可以看到一定有像这样的事情在发生。《蒂迈欧》不可能是实现《王制》中言辞中城邦的基础。你知道其中必定有超越它的一步。

罗伯特 有人明白这样的事情吗？

瑟特 你知道泰勒（A. E. Taylor）说什么吗？《蒂迈欧》表明苏格拉底是没有政治经验的理想主义者，所以他不能描述战争中的城邦。

[138]《斐德若》

米歇尔 我本来以为《斐德若》对理解情节的逻各斯这个概念非常重要，因为你确实在某个层面上谈到柏拉图对话如何放置在一起，而《斐德若》是关于对话的对话。它似乎和这个事实有关：认知某物的方式不能同时作为你企图认识的某物被认知。

瑟特 《斐德若》确实看起来是一个关键点，从它那里可以概括出——如果这种解释是对的话——所有写作和思考的基本原则。

米歇尔 你在讲《高尔吉亚》之前讲《斐德若》，是吗？

瑟特 是的。不过我第一次讲《斐德若》的时候没有发现这种运动。我记得自己做了一个关于《斐德若》的讲座，在其中我能够说明结构是什么，天界（hyperuranian）对于奥林匹亚诸神和灵魂而言是什么关系。关于它的公式是：柏拉图提出柏拉图对话就像奥林匹亚的新神取代旧神。它们是新的分配（dispensation）。不过我在纽约大学的时候，在我发现论证的活力之前，不得不再教一遍《斐德若》。

萝娜 你能重构那是什么吗？

瑟特 在我最初的理解中，吕西阿斯的讲辞是御马者，苏格拉底的第一篇讲辞是白马，苏格拉底的第二篇讲辞是黑马。

萝娜 这是模式？

瑟特 对。但是发现论证运动的关键是发现第二篇讲辞实际上是第一篇讲辞的真相。

米歇尔 这意味着美是心灵的真相。

萝娜 不过是每个阶段也是独立的?

瑟特 对。所以当前面一节被后面一节吸收时,会出现一个倒置(inversion)。这是我没有言明的东西,但是人们可以说关于被爱欲者(beloved)的论断——"爱欲者"在爱欲者(lover)建立的影像中看到自己,然后不自觉地爱上了这个影像——实际上是所有理解的范例。你必须经历两个阶段:你在某种事物面前感到困惑,又不知道这种困惑是什么;然后是第二阶段,这个事物发生了彻底的变化。这就是第一次和第二次起航。一个问题呈现它自身,它是真正问题的影像,但又没被认出是影像;它被自己吸收,这导致一些困惑。然后在经历关键的哲学转型的过程中,它似乎成了十分不同的事物,尽管和一开始的事物有联系。

萝娜 ⌊139⌋爱欲也是范例的吗——对自我和他者爱欲的配对揭示了自我的内在结构?

瑟特 唔,如果对《斐德若》的这种解释是正确的,为了解释苏格拉底独自是什么样子,似乎吕西斯这样的事物是必要的。

米歇尔 为什么?

瑟特 换句话说,苏格拉底必然变得模糊,这正是由于,在将他与他被配对的任何人的配对过程中,他不断地被虚构。所以在某种程度上,他消失了,或者只以一种虚幻的形式出现。

米歇尔 他只作为这个 X 的一个"爱欲者"出现?

瑟特 是的。所以,要揭示苏格拉底没有被关联意味着什么,你似乎需要另一个描述,好看清楚是否有一个不具有这种特性的结构。

萝娜 而你觉得《吕西斯》提供了这个结构?

瑟特 我想是的。

《智术师》和《治邦者》

萝娜 我想《智术师》和《治邦者》是你的写作涉及最多的作品。它们是你写的论柏拉图的第一批东西，后来成为你论三部曲的专著，现在它们又成为你最近完成的柏拉图文章的主题。①

米歇尔 把这本书命名为《美的存在》，你突出了这些对话中的某个事物——the *kalon*〔美〕——它似乎在很长时间都是你关注的中心。

瑟特 关于那本书很有意思，我第一次写的时候用的是不同的书名。

萝娜 是不是叫"责难苏格拉底"（The Condemnation of Socrates)？我第一次读的时候它叫这个名字。

瑟特 对。题目的改变在很大程度上取决于我对《大希琵阿斯》的理解。

萝娜 对《大希琵阿斯》的理解成为引论？

瑟特 对。

米歇尔 从论《智术师》的第一篇文章开始，你对柏拉图对话的理解真正改变的是什么？

瑟特 〔140〕我最初认为《智术师》的难点在于，对"同一"

---

① 早期文章分别是《柏拉图的〈智术师〉231bI－7》（Plato's *Sophist* 231bI－7)，载 *Phronesis* 5，no. 2（1960）：129－39 和《柏拉图〈政治家〉中的型相和二分法》（Eidos and Diaeresis in Plato's Statesman)，载 *Philologus* 107，nos. 3－4（1963）：193－226。著作是《美的存在：柏拉图的〈泰阿泰德〉、〈智术师〉和〈政治家〉》（The Being of the Beautiful：Plato's "Theaetus"，"Sophist"，and "Statesman"，Chicago：University of Chicago Press，1984)。近期文章是《柏拉图的〈政治家〉的谋篇》（The Plan of Plato's Stateman)，载 Metis 7，nos. I－2（1992）：25－47 和《论柏拉图的〈智术师〉》（On Plato's Sophist)，载 *Review of Metaphysics* 46，no. 4（June 1993）：474－780。

与"他者"（same and other）的理解。第一次我认为它能根据逻辑运算符（logic operators）来理解——"他者"是否定的运算符，"同一"是一致的运算符。但是后来我意识到如果是这样，它和提出的问题似乎没有关系。

萝娜　关于哲人是谁的问题？

瑟特　关于影像（image）的问题。它似乎不能回答如何区分影像和分类构成（class formation）的问题。那确实是真正的困难所在。

萝娜　在最初的《治邦者》文章中，你对分类构成问题感兴趣——在 *eidos*［样式］和 *diairesis*［二分法］中，是吗？

瑟特　是的，很有意思。在论《智术师》的那篇文章中也如此，我一开始以为二分法不起作用，我没有意识到那恰好是二分法的原则。所以文章的发展部分以认识到这些安排不起作用开场。

萝娜　但是一开始你觉得自己并不明白为什么？或者你并不明白这种不起作用的一般意义？

瑟特　我已经发现在说话者这方面有一系列系统的错误，但是没有发现这些错误是必要的。

罗伯特　你发现一个期待中的模式不起作用？

瑟特　这种不起作用揭示了一个问题的某些方面。但是我没有意识到，这不可能以其他方式完成。

萝娜　思考不得不以这种方式行进。

瑟特　对。以《智术师》为例，我知道他实际上没有解决问题。我宣称他不能摆脱自己提出的难题。

萝娜　你在谴责柏拉图？

米歇尔　或那个埃里亚的异乡人？

瑟特　在那部作品中，我只发现对灵魂净化（soul catharics）的分析是对苏格拉底的一种分析。但是我在很多年以后才发现，它提供了发现"肖像术"（eikastics）和"幻象术"（phantastics）［《智术师》中影像制作的两种技艺］之间关系的线索。

萝娜　这个发现在最近论《智术师》的文章中出现过？

瑟特　它正是我想阐明的观点。很多年前肯宁顿说的一句话一直在我脑海萦绕——有人在谈《王制》，但是没有描述在逻各斯中的影像可能是什么。我记得这句话，然后在写完那本书的很多年后，我意识到《智术师》的真正难点在于它完全建立在视觉差异（visual distinctions）的基础之上，而那个异乡人从没说过肖似或幻似的言辞是什么。我已经发现［141］肖似的言辞等同于型相构成（eidetic formation）问题，因为泰阿泰德说，言语中的 *eikon*［肖似］即"另一个这个"（another such）。它演变为和构成一个类别相同，类别中的每个成员是"另一个这个"。但是我从来没问过，"什么是一个幻似的逻各斯？"因为异乡人没有说它是什么。我最后得出结论，它是被误解的肖似的言辞。

萝娜　这是一个错误看法？

瑟特　对。所以问题等同于泰阿泰德没有理解苏格拉底和异乡人是同一个。

萝娜　你在最近论《智术师》的文章中提到过这一点吗？

瑟特　是的。换句话说，异乡人出场时像哲人，他把苏格拉底描述为智术师，智术师是哲人的"幻象"（phantasma）——他在后来的分析中精确地阐明了这一点。泰阿泰德错误地说，哲人就是智术师。异乡人说，我不这么认为。结果发现，苏格拉底是哲人而不是"幻象"。这种"幻象"之所以产生，必定是由于泰阿泰德没看到那个影像（image）其实就是苏格拉底的真实（reality），而非智术师的影像。这就是 phantastikos logos［幻象的逻各斯］。问题变成，异乡人如何向泰阿泰德解释，他犯这个错误意味着什么？

萝娜　这似乎与我正在考虑的一个问题有关——当苏格拉底说他发觉异乡人恐怕是个反驳神（refutitive god）的时候，他联想到了什么。"反驳神"听起来好像是苏格拉底在《泰阿泰德》中作为助产士对自己的描述；所以苏格拉底恐怕异乡人来观察他的意思是什么？当苏格拉底在助产士的叙述中描绘他自己时，异乡人似乎就是苏格拉底的化身。

瑟特　唔，为了表现苏格拉底是完完全全的哲人，异乡人实际上抽身而退，没有完全变成哲人。

萝娜　异乡人戴了一个面具？

瑟特　因此是分裂的。

萝娜　在什么之间？

瑟特　智术师与政治家，以揭示苏格拉底是他们的统一体，因此总是被误认为是智术师或政治家。

萝娜　这是否应该理解为苏格拉底的一种反驳（a refutation of Socrates）？

瑟特　唔，分裂导致的一个结果是，让苏格拉底必然看起来是亚里士多德的苏格拉底。

萝娜　只关注人事？

瑟特　对。这是泰阿泰德犯错（falls for）的地方：苏格拉底关心灵魂，异乡人关心存在。关于苏格拉底的整个分析全都是错误的，[142] 尽管结论正确。所以它确实是一个影像。整个型相分析完全错误，但这种人物塑造（characterization）是真实的。

萝娜　为什么呢？

瑟特　很有意思。异乡人捕捉到苏格拉底，不过那是虚假伪装下的苏格拉底。要了解正确装扮下的（under right pretenses）苏格拉底必须把他分裂为异乡人，把他放置到异乡人能够模仿的真实之中。

萝娜 你最终明白了这一点，在某种程度上，你写作《美的存在》时尚不理解它？

瑟特 之前我没有发现他提出的问题确实存在答案。《智术师》是对作为所有哲学分析中心形式的未定之二（indeterminate dyad）的一个描述。

萝娜 只是《智术师》这一篇吗？不用和《治邦者》联系起来？

瑟特 唔，《智术师》取决于"他者"这种形式范畴，它实际上代表型相分析必然不起作用的方式。这就是他者存在的方式。所以柏拉图在这个论证内部有一个范畴，表明他在讲什么，以和其他所有人相对——这些人相信事物只是它们所是。因此你可以说，异乡人反驳了所有前苏格拉底哲学——通过揭示它们在关于精确的问题上如何都犯了忒拉绪马霍斯式的错误。每个人在柏拉图面前都是柏拉图主义者。

米歇尔 这一点似乎可以描述你自己对《智术师》的误读。你发现那个划分结果是错的，但是你没有发现它为什么是错的。发现它真正错误也就是发现我们称之为情节或论证的东西。

瑟特 对。

萝娜 你是通过《治邦者》达到这层理解的吗？至少你先写了论《治邦者》的疏证。

瑟特 不过，我不确定这是否和《治邦者》有关。我没有真正清楚表达苏格拉底说哲人会作为政治家出现的含义是什么，这句话当然意味着智术师居于哲学非常中心的位置，因为他就是总是作为他者出现的那个人。所以他们似乎犯了一个错误，但是后来发现：不，那就是真理，所有事物都是他者。所以智术师的难以捉摸演变为存在的难以捉摸。这符合我从《大希琵阿斯》那里得知的美的特征，尽管我自己没有意识到这一点。

米歇尔 没有意识到 kalon［美］自身是完善的，但是必然指涉其他事物？

瑟特 没有意识到那是存在的标志。它是多么全然连贯，真让人称羡。同时又让人烦恼，因为它看上去不是以那种方式进行。

萝娜 当从外部观察你不同版本的解读的时候，它似乎是你理解的逐渐深化；[143] 不过你现在暗示，它确实是一个柏拉图的 periagoge［转向］，一个根本的逆转，在其中你完全置换了以前的理解。

罗伯特 你理解一个二分法的失灵，不是部分失灵，而是完全失灵。但是起初你不明白它并入其他事物的方式。所以似乎并没有放弃对这种失灵的观察，对吗？

米歇尔 这似乎是你第一篇《智术师》疏证和你后来的书之间的差异。真正让人难以理解的是那本书和最近修订版的差异。那本书确实让人感到，你不仅描述二分法在何处不起作用，而且描述它为什么失灵和它为什么要采取这种方式。

瑟特 但是我想确实有不连贯的地方，因为我不理解从诉诸视觉到逻各斯的转移。因此影像问题似乎不能解决，因为它不是根据视觉范例来回答的。我没有发现这和第二次起航的问题非常有关联——从视觉范例到逻各斯的移动意味着你不能回到你自认为的开始之处。你必须根据 eide［观看；知道］来理解事物，*eide* 对事物而言具有逻各斯的特征，这种特征后来不起作用。

萝娜 存在发生了什么？

瑟特 正是这样。整件事转移到把逻各斯和存在联系在一起的问题上，但是存在不再是你以为自己在谈论的存在。

萝娜 如你所描述的那样，只阐明模式似乎意味着某种结构主义（structuralism）。

瑟特 对。文学批评非常范例化，或者过去如此，绝对没有论证。旧式的新批评（New Criticism）具有这种特征。实际上我自己在最初解释时也这么做。

萝娜　有某种可理解性（intelligibility），以阐明作品的谋篇布局。

瑟特　我确信没有。

萝娜　所以如果你要经历一个自然的顺序，并不令人感到惊讶。你必须根据结构先读一些东西，而只有在后来逐渐发现情节怎样解释这个结构。

瑟特　我从未能同时做这两件事情，但是我对这种延迟——获得模式与理解论证之间的时间距离深感吃惊。

萝娜　你不觉得自己加快了对事物的理解？

瑟特　我不知道。

萝娜　你已经加快了你的产出。

瑟特　［144］虽然我的写作在很早以前就开始，我并不确定如此。比如，论《斐勒布》的文章就倒退了一大截，论《王制》和《高尔吉亚》的文章也是。

米歇尔　我听了你最近做的讲座，关于欧里庇得斯的《海伦》，让我印象深刻的是你讲的内容不只局限在范例层面，你已经有了通过注意情节来解读文本意味着什么的想法。

瑟特　但是我在写论希罗多德的作品的时候又倒退了，因为我知道欧里庇得斯写《海伦》时使用的范例。

萝娜　希罗多德对埃及的描述？

瑟特　对。欧里庇得斯写了两出类似的戏，《伊菲革涅娅》和《海伦》，两出戏具有相同的结构，因为他模仿希罗多德的卷二和卷四。

萝娜　所以好像并不是你现在有了能够加快发现进程的方法？

瑟特　是的，似乎那样并不起作用。你所知的只是像这样的事情应该发生，但是你不知道它将在什么地方发生，或它将怎样发生。实际上，一旦你知道它将要发生，或许由于你的过分努力却让它不能发生。

第七章 "未定之二"

《斐勒布》的有限和无限

罗伯特 你突然产生了这样的念头：发现论证活力的关键在于模式中对称的断裂（symmetry – breaking）。我在想是否有一个特殊的例子，让你最先明显感受到这一点。

瑟特 我想可能是从解读《斐勒布》开始，不过当然是渐进的。

萝娜 关于那篇对话你的观点是怎样的？

瑟特 发现 apeiron ［无限］的重要性。我想你能够找到柏拉图如何处理 eidē ［观看；知道］的内在结构。有一个论证表明转移到"理念"（ideas）是不可能的，因为存在这个居间的层次，在这个层次上，最终会是 eidos ［样式］有了一个与之对应的结构。在一个 eidos ［样式］内部有一个内在的张力，我称之为"未定之二"。

萝娜 柏拉图从未使用过这个表达，是吗？

瑟特 是的，只有亚里士多德用过。①

罗伯特 所以你觉得《斐勒布》是未定之二的开端。

---

① 亚理士多德在《形而上学》卷十三章 7 中讨论不确定二分组合。

瑟特 我记得写信给施特劳斯，说它就是《王制》中通过正义定义暗示的东西："只管自己的事"和"只管好自己的事"是一个未定之二，整部《王制》以此为基础。我猜第俄提玛对爱若斯的分析肯定是沿着同一主线的未定之二。

萝娜 ［146］你的意思是作为爱若斯双亲的贫乏与丰盈之间的关系（《会饮》203a－4a）？

瑟特 不是，是爱若斯和诗歌的平行，记得吗？

萝娜 Poiēsis［制作］作为一般性生产，但是诗歌作为特殊性生产（《会饮》205b－d）？

瑟特 这正是我所想的。第俄提玛问，"制作"为什么会具有这个一般特征，尽管它局限于诗人？而且为什么在爱若斯是对好的欲求的说法之后，所有人仍然认为它只针对情人们——一个特殊的阶层？她对爱若斯做了一番分析，类似"诗人"的双重含义，所以爱若斯和"诗人"都具有全面和精确的含义。她描述爱若斯的方式是分裂的，看起来特别像《王制》中定义正义的方式。所以我提出这是一个普遍原则。

米歇尔 施特劳斯回了你的信吗？

瑟特 我想没有。许多年以后，我觉得自己发现，《城邦与人》就是以我称之为未定之二的结构为基础，它是整个论证的中心。

萝娜 你那时怎样理解未定之二？

瑟特 有趣的是，我向后退了很多，因为我没有研究最精简的案例，也就是《王制》，其中很明显正义的定义有一个结构，在卷四中，但是我最先是在《斐勒布》中发现的。如果你分析它所说的关于有限与无限［*peras and apeiron*］的情况，这种分裂就不能持续，但实际上它们侵入彼此，因为双方都包含另一个分裂，这表明在它们内部都含有另一个。这是我在给施特劳斯的信中使用的例子。我提出这是一个模式，在此基础上你可以理解《王制》，也可以理解《会饮》。但它是一个非常复杂的模式。

萝娜 你能就《斐勒布》中的"有限"与"无限"多谈一些吗？

瑟特 它必定关乎这个事实，即"有限"分裂为两个部分，也就是关乎被度量者（the measured）的"有限"，被度量者已经或多或少在其中；还有另一个部分，"有限"关乎并非在其中的东西，这结果就成为一些数字，这些数字并非关乎真实事物。所以《斐勒布》中的描述以"有限"和"无限"之间的错误断裂开场，但是你会因为苏格拉底不能将"有限"的型相（eidos）放在一起，发现这个错误。苏格拉底后来转到混合物，因为只有在混合物中，才有你想要的"有限"。

萝娜 混合物已经具有包含"无限"的一些特征？

瑟特 对。但是不存在于混合物中的"有限"只以数字的形式表现出来。

米歇尔 ［147］所以这是《治邦者》（286c – d）中的两种度量？

瑟特 是的。

罗伯特 如果你把《斐勒布》当作一个模式，你是否会说未定之二是揭示论证活力的对称分裂（symmetry – breaking）元素？

瑟特 这正是我暗示的。在我理解这篇对话的论证之前，我知道某些原则有矛盾。但是我不知道结果是多么具有破坏性（destructive）。

萝娜 你用破坏性指什么？

瑟特 事实上，《斐勒布》的论证最后表明，无物为好（nothing

is good）。这是型相分析的结果。你抽取要么属于快乐，要么属于思考的事物，就像它们存在于它们自身中，而且你可以表明它们中没有好的事物。所以事实上普罗塔库非理性地选择了某种事物，即混合物，它的组成部分不能表现为好。

未定之二结构的多样性

萝娜 当我想到你使用"未定之二"的各种情况，这个短语似乎有几种不同的用法。我意识到它是一个形式结构（formal structure）。但是这些情况都是同一事物的例证吗？

瑟特 你想到什么？

萝娜 唔，你认为自己是在《斐勒布》中首次发现未定之二，在"有限"和"无限"的关系之间——它们两者在一定程度上分有对方。

罗伯特 你说你在《斐勒布》中找到的是无物为好的观念。如果你观察快乐的生活和思考的生活，只抽取它们自身，则两者都不是好的。普罗塔库没有意识到这一点，他通过选择混合物（这两者在其中结合在一起），揭示出某种东西。这是否也是这种二分结构的例子？

萝娜 你是否想说那是型相分析的产物？

瑟特 是的，不过那正是问题所在。型相分析必定具有这种未定之二的结构。

萝娜 我明白了。你还提到《王制》中正义的定义也是一种未定之二。那里有"管自己的事"和"完美地管自己的事"——一个全面和精确的意义。然后是《会饮》中的情况，和前面一种情况非常接近。当你提到《会饮》中的未定之二时，我以为你头脑中想的是贫乏与丰盈之间的关系，他们被设想为爱若斯的双亲，结果是"一"。这似乎也是一种未定之二。[148] 不过它不是，至少在那个时候不是你头脑中的未定之二。你想到的是 poiesis ［制作］，它有一个广义的意思"制作产品"和一个狭义的意思"制作诗歌"。

瑟特　它成为第俄提玛描述爱若斯的模式。

萝娜　所以那个描述全面精确地阐明了一个未定之二。然后我们在某个时候谈到智术师的中心性，因为"他者"，而你提出"他者"概括了一种未定之二结构。

瑟特　对。

萝娜　好，这是我的最后一个问题！——美。我们谈到过美为何具有特殊地位。我想这个问题是在我们讨论为何"美的存在"代替了"谴责苏格拉底"，成为你研究《智术师》和《治邦者》专著的书名时出现的。你解释说这来自你对《大希琵阿斯》的洞见，它用他者的话来描述美，实际上是一种未定之二。所以"美"似乎是最明显指涉这种结构的"理念"。

米歇尔　我明白这因为它既是自足的，同时又指向超越它自身之物。但是我能在未定之二进入方式的清单上再加点东西吗？我觉得它与其说关乎文本是什么，不如说关乎文本起作用的方式。所以在《斐德若》中，你在吕西阿斯的讲辞和第三篇讲辞之间得到苏格拉底的第一篇讲辞，而且如果理解正确的话，苏格拉底的第一篇讲辞通过这样的方式起作用——它在中间调节两个极端，那两个极端分裂为它。根据我的理解，《高尔吉亚》也发生了同样的情况，其中关于珀洛斯的章节是调和部分，如果正确理解的话，也是两个极端分裂后组合而成的东西。

萝娜　《王制》卷四中论灵魂的三个部分是否也是这种情况？

米歇尔　我想是的。所以这种情况在解释原则的层面上似乎非常普遍。

萝娜　当你拥有这种三部分结构时，你是否会把它称之为未定之二？有一个中间部分，它在某种程度上和一个极端联系起来，它们共同组成"一"，反对另一个极端；然后它又和那个对立物联系起来，和它组成"一"，反对前一个极端。我想亚里士多德的《物理学》（I. 7 – 9）可能提供了最清楚的例证。

米歇尔　关于 sterēsis［贫乏］？

萝娜　对。在一层意思上，它分裂后成为与 *eidos*［型相］相对的 hule［质料］，但是在另一层意思上，它和型相组成"一"，反对质料。

瑟特　是的，我是按这种方式理解的。

萝娜　［149］所以问题是这些不同的结构是如何联系在一起的？未定之二是否有不同种类？

《王制》中的正义

瑟特　如果你回到关于正义的例子，结果演变为，如果你从严格意义上理解它，你会得到哲人秩序井然的灵魂，但其中却没有正义。

萝娜　那就是完美地管自己的事情？

瑟特　对。但另一方面，这种内在原则被假定为在不要跨越某种边界的意识（即薄弱的正义意识）下，只管自己的事情。

萝娜　只做他应该做的事情，vis – à – vis［相对］城邦中的其他人？

瑟特　对。所以哲人之于所有其他人就像城邦之于城邦中的所有事物，带有这个原则的特征。在只管自己的事的薄弱意识与哲人"道德"之间有一个完美的配合——从哲人的观点来看，这是严格意义上的正义带来的直接后果，即他自己的有序灵魂。这是值得注意的事情。"一"并不作为他者的离心部分包含在他者之中，它不能被分离；但是结果发现它自身……

萝娜 狭义？

瑟特 是的，在这种特殊的方式中，狭义包含了广义，它决定了阶级体系的正义。

米歇尔 你现在不必回答这个问题！但是它是否等同于"事物表面固有的问题，而且只有事物表面固有的问题，才是事物的中心"？①

瑟特 我想是的。

米歇尔 事物的中心是精确（precise），事物的表面是全面（comprehensive）？

瑟特 你可以这么说。

米歇尔 所以这时未定之二也必须和这种对话体写作模式联系起来。

瑟特 对。如果你现在观察爱若斯的情况，它更加复杂。

萝娜 你能阐明一下关于第一个例子的一件事情吗？你是不是想说薄弱意识的目标在于成为它永远也不能成为的事物，而精确意识则实现了这种目标或意图？

罗伯特 它可能像最高的例证。

瑟特 ［150］不对，因为如果你这么想，在我们讨论的情况中似乎存在四种美德，而实际上没有四种，只有一种，即智慧。

米歇尔 而且只有通过意识到完美的情况是不完美的，才能最终解释普通情况。

瑟特 结果发现薄弱意识之不义也就是薄弱意识之正义，以及使其成为好事物的东西。

萝娜 它的不义是什么？

---

① 关于施特劳斯的这句话，参阅第 6 章页［125］注释。

瑟特 你只拥有正义的阶级关系，但是任何阶级的成员都不会被这个阶级正义地安排在恰当的位置。

萝娜 没人天生是木匠。

瑟特 诸如此类。但是基于对败坏的政制的描述，城邦不义是好事。当城邦尽力根据自己的原则变得正义时，你得到的必然是僭政，因为你不能把个人和城邦的原则分开；然而在其他政体中总是存在差异，而这就是让你自由的东西。

罗伯特 有意思。

瑟特 所以它和恶的目的论联系非常紧密。

萝娜 一个不见得好的条件产生的好的结果。

瑟特 因此《王制》的理想主义在于表明，用这个他者结构来塑造城邦结构——

罗伯特 秩序井然的个人？

瑟特 对，它强迫你意识到实际上城邦不能按照个人塑造，它们是根本不同的事物。任何想让城邦符合个人的努力实际上都是在摧毁城邦——这是亚里士多德的观察，我想它出现在《政治学》卷二中。

萝娜 虽然它们最初联系在一起的唯一原因似乎是，哲人秩序井然的灵魂是城邦阶级结构的内化。

瑟特 是的。

萝娜 这是否可以解释"管自己的事情"为何听起来几乎就像"完美地管自己的事"？

瑟特 是的。

罗伯特 在那个例子中可以这么说。

萝娜 或者它意味着对哲人的灵魂有一个曲解？

瑟特 是的，有可能。当然，在假定的真实理解中，灵魂的中间部分消失了（作为一种渐近的情况），在其中你只能找到顶部和底部。

萝娜 ［151］这是想让苏格拉底代表的东西吗？

瑟特 是的。它相当于让哲学进入一个囊括所有技艺的综合科学，但是在论证的过程中发现，正义是一种科学的说法不正确。

米歇尔 因为不可能？

瑟特 是的。

米歇尔 似乎它和《形而上学》中的问题是同一问题。但是在这个例子中，灵魂的中间部分"血气"不能忽略，因为实际上你不能以这种方式这么做。

罗伯特 不能以这种方式做什么？

米歇尔 你不能拥有囊括所有科学的综合科学。所以如果它是为什么不能忽略血气的原因，它也是不可能的标志。

瑟特 换句话说，消除灵魂的中心部分就是一方面消除作为起点的意见，一方面消除羞耻。二者似乎都不可能。

罗伯特 排除灵魂中间部分的观点是怎样提出的？

萝娜 我们问过，如果哲人的灵魂恰好是城邦阶级结构的内化，这是否意味着它被曲解了？

瑟特 对。但实际上，对灵魂的描述不一定必须是真实的，因为哲人是统治阶级等同于正义的代表。因此没有任何正义，只有智慧。这和灵魂有多少部分或者这些部分相互间的真实关系是什么无关。

《会饮》中的爱若斯和制作

瑟特 如果不具备三种可以转换的事物，你似乎不能拥有未定之二。因此在柏拉图作品中，美、正义和好经常作为三组合出现绝非偶然。在《会饮》中，你得到爱若斯的谱系，其中爱若斯等同于哲学。然后你得到一个关于爱若斯的描述——对幸福或好的欲求。

然后你遇到有情人的问题。所以你拥有三个部分，而问题是怎样把它们放置到一起。把三个部分缩减为两个的最简单办法似乎是，宣称爱若斯的谱系带有爱若斯是哲学的暗示，它不过是有情人的内部真相。

萝娜　每个"爱欲者"都达不到成为哲人的标准？

瑟特　对。这似乎是从第俄提玛爱的阶梯得出的结论。所以美被恢复为最高主题，［152］而男童恋（pederasty）处于通往这个最高事物的路途中。但是这种说法似乎不可能是真实的，因为好作为爱若斯的真正本质同时被引入。

萝娜　或作为爱若斯的真正对象？

瑟特　作为爱若斯的真正对象，它是普世性的。所以它要求一个重新定位，以证明对爱若斯全面描述的中心实际上是作为哲学的爱若斯。而另一部分——所有人都以为是爱若斯的那部分，实际上是制作［poiēsis］的部分。

萝娜　噢。我不知道以前自己是否正确理解了这一点。

罗伯特　你能详细阐述一下吗？

瑟特　第俄提玛说服苏格拉底相信爱若斯是对于好（the good）的爱若斯，然后她问了苏格拉底一个问题：如果所有人都希求好，为何不是所有人都被称为"爱欲者"？苏格拉底不知如何回答。然后第俄提玛为他作了一番非常详尽的描述，一直延续到该章末尾。这番描述完全平行于诗人的双重定义——应该叫"制作者"但实际上叫"诗人"。但是，最终成为这样，她在这个分析中实际所做的事情正是结合阿里斯托芬对个体的说明与阿伽通借助诗对爱若斯的说明。真相是被理解为"爱欲者"的事物实际上是自我的永恒，它在最高层次上是诗人的永恒——在他者美的影像的形式中。所以诗人在他的诗歌中保存自己，而诗歌伴称自己颂扬的是美，它颂扬的美或是现实，或是法律，或是英雄以及无论什么事物。因此，在生殖层面自我永生（self‐perpetuation）的失败在诗人的这种幻想状态中得以实现，因为它为了"制作"而放弃"创生"，而诗歌确实属于诗人；在某种程度上诗歌是诗人的"产品"，而孩子不是、也永远不可能是你的（产品）。一旦你明白这一点，似乎你就必须抽取这个理论，并把它应用到《斐德若》的描述中，以发现这个生产性模式如何根据辩证术和修辞术之间的关系出现在哲学中。那时你就在哲学内部获得了这种未定之二。

萝娜 言辞的生产？

瑟特 是的，在表面上看起来和诗人的活动非常相似，但实际上它内部包含着对存在而不是对虚构的指涉。

米歇尔 让我们回到《会饮》片刻，第俄提玛讲辞中未定之二的三个元素是什么？

瑟特 爱若斯作为哲学，爱若斯作为对好（the good）的爱欲，

米歇尔 同时 poiēsis 出现，作为……

瑟特 对美的爱欲。

罗伯特 对好的爱欲后来怎样了？

瑟特 ［153］它作为一个问题留给了年轻的苏格拉底。这个问题是，他是否发现第俄提玛在暗示你必须将好等同于哲学。这不是由她说出来的。

萝娜 这也是为了自我保存？

瑟特 这是朝向爱若斯生产模式的转移。一方面，如果你使用这种全面/精确的形式，你获得对好的欲求，以及这种生产模式中的"爱欲者"。但是它不可能是充分的，因为这种精确意识不顾及幸福问题；幸福问题在对生殖的描述中没有被保存下来。所以这种情况表明你必须重新论证。作为哲学的爱若斯被放置到对幸福的欲求的非生产性特征内部，但是你没有真正明白为何这样做是必要的？因

此你被迫问一个问题，一旦这么做以后，美怎么样了？所以这时看起来像《斐德若》。所以现在在哲学内部有一个生产模式，尽管它已经和自我分离。在以自我永生为目的的生产模式中，爱若斯并非隐而不显。

萝娜 我们是否在谈论"爱欲者"在言辞中对形象的建构，他通过这个形象来吸引情伴？

瑟特 是的。它和第俄提玛在《会饮》中关于律法和学问等等事物相同。

罗伯特 它们之间有差别吗？

瑟特 差别在于，在《会饮》中，诗人被描述为阿里斯托芬梦想的最高实现。这种最高实现和性的生殖一样虚幻，但是如果你是制作者，似乎可以通过对自我的专注弥补这一点，所以遗漏的是对美的描述，《斐德若》则提供了这个。它允许对作为制作者的"爱欲者"进行重新定位——将诗的修辞术带回到辩证术中。

萝娜 我们必须注意苏格拉底在和第俄提玛对话的开始部分结束了对美的讨论，代之以好。而你似乎在说，第俄提玛的描述又回到美。

瑟特 唔，结束时谈到非爱欲的美的概念，它以想象为形式。所以这是一个非常复杂的情况。

米歇尔 如果说在第俄提玛讲辞的结尾，她对美本身的描述尽管表现为对爱若斯的描述，似乎却是对美的完全非爱欲化（de - eroticizing），意味着这种"制作"的产生是由于诗人最终自私的原因，而且意味着好，这种说法准确吗？做她在做的事情在某种程度上反映出［154］她自己的好——这似乎是贯穿《会饮》的规则。所有其他讲辞，在发言者没有意识到的情况下，都是他们自身的好的展示，尽管在第俄提玛的例子中情况不同。所以这样就恢复了阿伽通讲辞的地位。在那种意义上，它确实是关于诗歌的。

瑟特 那可能是她的反男童恋道德的来源。第俄提玛试图通过去除掉真正美丽事物中的自我，让苏格拉底不再爱恋男童。苏格拉底不可能相信自己本身能够拥有"保存"的生产模式。

连接的二和断裂的二

萝娜 到目前为止，我想我们得到一个结论："未定之二"必须被足够形式化地理解为适应数个的结构，这些结构当然并不一样。

瑟特 是的，完全不一样。

罗伯特 你已经提出这些结构拥有三部分组合的特征，但是我不确定《王制》是否也存在这种情况。如果正义的定义一方面拥有全面精确的意思——秩序完美的灵魂，一方面是"管你自己的事情"，其中似乎没有第三部分。

萝娜 尽管两者都拥有包含三部分结构的分析。

罗伯特 是这样的。但《会饮》的情况不同，其中你可以找到作为哲学的爱若斯、好的爱若斯和美的爱若斯。

瑟特 值得注意的是，异常清晰呈现的爱若斯二分组合如果理解正确的话，等同于爱若斯的谱系。在对这个谱系的正确理解中，包含了所有事物。

萝娜 这个谱系是贫乏与丰盈的结合吗？

瑟特 是的，它们是实际上为一个"一"的二。这个谱系拥有自己的不确定结构。所以你会发现在关于起源的描述之后，又有一个被证明为相同的型相描述。

萝娜 这个将贫乏与丰盈两个完全对立的事物结合在一起的"连接的二"（the conjunctive two）——使用你的另一个术语，必须转变为"断裂的二"（the disjunctive）——贫乏和对贫乏的意识，如果对爱若斯的起源理解正确的话。但是唯一表明贫乏意识到它自身的事物就是哲学。

瑟特　因此还有"好"。

罗伯特　你说整个生成的描述之后还有一个型相的描述。从生成描述到型相描述的这种顺序是偶然的吗？［155］我想到《自然权利与历史》中的顺序——从自然权利这个观念的起源到这个观念，但是我不知道我们是否愿意立刻讨论这个问题。

瑟特　你可以从《斐德若》（60b–c）着手，那里建立了快乐与痛苦的神话摹本，以表明神话必然具有第俄提玛在爱若斯的谱系中提到的那种分裂。或者你可以问，苏格拉底彰显的《王制》的神话特征是否也和一个"连接的二"后面隐藏的一个"断裂的二"有关。

米歇尔　这是对你说必须从美着手的一个说明吗？你必须从和其他所有事物分离的一个部分出发，这个部分是起源描述的对象。你似乎总是以神话开始，因此也就是以类似"断裂的二"的事物开始。但是要让人正确理解，你必须说明你原以为断裂的事物不是真正的断裂。这意味着你必须说明它的连接特质，要说明这一点又必须说明它如何确实是一个未定之二。

瑟特　对。苏格拉底从前苏格拉底哲人的存在与非存在出发。这恰好是"连接的二"，你需要两者来说明生成问题；但从型相上讲，它们又不允许这样。所以你好像被迫画了一根帕默尼德式的分裂线。而苏格拉底的举动似乎表明在存在与非存在之间有一个错误的分裂。一旦你明白这是他者存在的特征，你就有可能把生成与型相用一种新的方式放在一起。

《吕西斯》中的"既不……也不……"

萝娜　那么你是否把从"连接的二"到"断裂的二"的转移等同

于从第一次起航到第二次起航的转移？"连接的二"是神话的特征，因为神话是一个可分性（separability）被夸大、没有认识到其型相联系的结构。你是不是说进入第二次起航就是要纠正这种神话的理解？

瑟特 这种错误的理解似乎总是涉及对居间者的忽略。这一点在《吕西斯》中很明显。它给出了关于友爱的四种描述。其中有两个原则——同一和他者（same and other），明显是前苏格拉底式的与诗意的；然后通过引入"既不－也不"，做了一个苏格拉底式活动。"既不－也不"是一种对爱若斯生成的型相化描述（an eidetic account of the genesis of eros）；但是没有给出生成分析，因此如它第一次呈现的那样，欲望是缺席的。

萝娜 ［156］你如何准确理解《吕西斯》中的这个"既不－也不"？

瑟特 记得对话在进行到某处时，宣称那个既不好也不坏的才是那个可以做朋友的吗（216d－e）？

萝娜 你是否在暗示《吕西斯》中对这个说法的描述与《会饮》中对爱若斯的起源描述相同？

瑟特 但是没有欲望。在《吕西斯》中，你获得"无知之知"或与此类似的东西，但是没有欲望。欲望只有在后面才被引入，但它结果却成为最初描述中的"既不－也不"。同时，"既不－也不"已经开始代表所有存在。

米歇尔 因为你以好与坏的分裂为出发点，仿佛它们泾渭分明似的，这种情况才有可能发生。然后你提出这个神秘事物"既不－也不"，结果发现它又是所有事物。

瑟特:"既不－也不"最终有两个意思，一个根据所有存在，一个根据欲望。你拥有一个以"既不－也不"为特征的对存在的全面描述，其中不考虑欲望。它和存在拒绝接受好有关。这种情况出现在对即将去世的儿子的讨论中。这个儿子上升到了密友的地位，因为他快要死了——这是关键条件。但是因为他是"既不 – 也不",对于他转移到这个他者范畴（作为好）有一种抵制。

萝娜　而对好的抵制背后的原则是否是，如其所是地保存自我？很难理解为何一些人或事物会反对接受好，除非有一种对自我的依附，而对好的接受会转变自我。

瑟特　将自我转变为某种好的事物。所以那个儿子，当他不在危机之中时，他的父母希望他成为好人。无论那些好是什么，它们都被强加于一个中立的存在。于是突然地，他们的儿子陷入危机；他作为一个存在就要完全消失，因此他成为"第一朋友"（proton philon）。生存（existence）本身成为一种好，这违反了生存的特征。

罗伯特　因为，作为生存，它是"既不 – 也不"。

瑟特　对。后来发现"既不 – 也不"也适用于哲学。哲学内部具有同样的分裂。一方面，你可以把苏格拉底的特征概括为：受渴望理解自己的欲求推动。所以哲学从属于他自己的好。于是他由于哲学的缘故饮了毒芹汁。哲学在那个时刻因为其生存危在旦夕成为目的，苏格拉底则成为手段。结果发现正是苏格拉底［157］通过引入总是在危险中的政治哲学，让哲学处于持续的危机中。作为结果，只有在苏格拉底哲学中，对"既不 – 也不"的两种描述（作为中立事物和欲望），才绝对一致。因此如苏格拉底表述的那样，所有哲学理解都必须放置到危机范畴中，因为它总是涉及作为危机出现的问题。在所有其他情况中有一个分裂：存在在危机出现前都是中性的，然后它转换类型。哲学是存在即将陷入危机的唯一情况。而它以两种方式陷入危机：一方面哲学的，一方面政治的。所以，《吕西斯》似乎是理解苏格拉底哲学特征的关键对话。

萝娜　你总是谈论你刚写完的东西！

瑟特　不错。我能再来一次吗？

萝娜 为什么不?!

米歇尔 唔,对此你总能做出有力的论证。实际上,有一个例子可以支持你刚才所说的东西:哲学总是在危机中的说法被你读的每一篇对话所证实,对话中的所有内容似乎都围绕着这个主题。

瑟特 换句话说,你可以解释哲学为什么必然具有这种偶然特征。

罗伯特 这种偶然特征是?

瑟特 与问题的相遇。与前苏格拉底哲学相对,这项哲学事业完全取决于它的必然结构。前苏格拉底哲学回溯到而且总是回溯到《圣经》之前。

罗伯特 只是这样的惊奇?

瑟特 宇宙论的惊奇总是在场。它可以采取深奥的或不深奥的表达,但是它没有陷入危机。

萝娜 关于这点很有意思:我们心目中的前苏格拉底哲学都是纯粹为了其自身,它不是为了追求它的个体的好;而你现在似乎在暗示,只有当哲学永远在危机中——以苏格拉底政治哲学为开端,它才能变得为了自身。

罗伯特 恰恰因为它总是关注自身,与前苏格拉底哲学不同。

米歇尔 它自己的好总是成问题的。所以它必须面对这个问题:它的客观性是否由于它是为了你好而遭到损害。

萝娜 我想我们丢失了最后一步,那是困扰我的地方。它可以同时成为两者吗?

罗伯特 哪两者?

萝娜 我想在苏格拉底的自我理解由于哲学存在而成为目的[158]和哲学由于苏格拉底愿意牺牲自己生命而成为目的之间有一个分裂。这两者能共存吗?

罗伯特 它们是共存的。

米歇尔 据称它们在哲学中必须在一起。

萝娜 这是《吕西斯》中的未定之二?

瑟特 是的,而且在《吕西斯》中你再次获得"三"。它采取在通常情况下截然不同的两种形式,在我看来这是对寻常的爱(ordinary love)非常接近真实的描述。那个儿子只要没有命在旦夕,就会因为变坏受到父亲的鄙视,这一点完全可以理解。但是如果他处在巨大的危险之中,他就转换了类型。一些其他的好就偷偷溜进来——或许包括父亲自己的存在。但是在通常情况下,父母都希望自己的子女幸福,而不是仅仅成为他们自己的一种延续。因此,在友谊或爱的任何例子中都会有这两者的混合。这种情况可以看作对亚里士多德一句话的反思。亚里士多德说:"恨"的意思是,你希望他者不要存在。然后爱是作为希望他者存在的欲求出现。你也可以用一句话来调和:喜爱(philein)之于欲爱(eran)就像存在之于好。

萝娜 我没有意识到你在区分友谊和爱。

瑟特 第一眼看起来是这样。但当你观察苏格拉底的例子,就不可能做这样的区分,因为通过让哲学下降到城邦,苏格拉底把哲学放置到危机之中,同时也让自己陷入危险之中。因此,他的所有活动发生在伯罗奔尼撒战争期间或他受审判的时候绝非偶然——他可以在任何时候在城邦内部或外部被杀害,他那种类型的哲学将走向终结。所以男童恋是必要的。

萝娜 我不明白这一点。

瑟特 你必须联系到哲学的存在,以及联系到下一代。因此吕西斯是苏格拉底最年轻的对话者是完全有意义的。那种情况恰好存在于政治层面。

萝娜 为什么男童恋适合呢?

瑟特 就像那个喝毒芹汁的儿子一样，他的生存现在受到挑战。在政治层面存在这种结构——只要没有即刻的危险，你似乎仍然可以在爱和友谊之间作区分。但是后来发现，苏格拉底问的这类问题本质上都有一种危险的性质，因为它们都和"好"有关。"好"在苏格拉底的问题中表现为："我的余生应该做什么？"由于这是苏格拉底哲学的特征，在苏格拉底哲学中不存在任何中性问题（它能够与"喜欢"部分对立，而从属于爱若斯部分），实际上这两者必然是在一起的。

萝娜 "什么是？"的的各种问题应该属于爱若斯部分？

瑟特 ［159］是的，但实际上它们总是有危机问题，因此不能用那种方式分离。

萝娜 因为它们从来没有和好的问题分开过？

瑟特 对。它们必须被决定。你被迫进入它们，不是因为"什么是？"的问题，而是因为这种危险的情况。这种质问通常只发生在青春期。所以它以另一种形式（那个孤儿的话）再次绕回到男童恋。

萝娜 你指的是《王制》中的段落——那个儿子发现养育他的人不是自己的亲身父母（卷七，537e—539a）？苏格拉底是否把它作为一种意象呈现——质疑我们自孩提时代起就接受的观念的这种经历？

瑟特 对。所以"什么是？"的问题就和人自身的合法性问题联系起来。

米歇尔 这是否意味着每个哲学问题总是作为一个隐含危机的结果出现？你似乎暗示过这件事情。不过现在你又似乎想说，恰好是在青春期中这两种类型的问题融合在一起。但是是否每一个"什么是？"的问题都起源于好的问题？

萝娜 你的问题让人觉得你永远都不可能发现满足你需要的事物。

米歇尔 我不知道。这是青春期经历的一种奇怪危机，因为它没有任何真正的客观对应物（objective correlative）——这个世界上的任何东西都不能让它满足——看起来似乎是个不坏的模式。

萝娜　阐述这个问题的另一种方式可以是："好"真的是存在的原因吗？只是一个小问题！

瑟特　唔，我想这是你问的问题。这个青春期危机的普遍化就是发现存在问题和可理解性问题之间隐藏的联系与根据我们的利益歪曲提出问题的方式有关。

萝娜　如果你想到作为苏格拉底自传的《斐多》意象，如果其中的日蚀意味着"好"总是在起作用，不过没有被人认识到罢了，而由于日蚀是引起目盲的原因之一，为了回避或至少暂时避开它，因此需要第二次起航。

罗伯特　这可能会支持那个概念——关于两种类型的问题总是联系在一起的方式。

萝娜　但是通过第二次起航，你需要逃离的是对事实的曲解——当你以为自己在直视存在的时候，你实际上被日食，即被未被认识的"好"蒙蔽。

米歇尔　它和这个问题是不是一样的：当你通过第二次［160］起航发现先前的一个错误或夸张，你会不会在第二次航行的时候夸大其辞或犯错误？你必须指出你在何处做了重要的错误假定，但是这并不意味着你现在对这种类型的错误完全免疫，因为它似乎已经成为思想的一部分。当然，第二阶段不可能单纯犯同样的错误，因为这样的话你看起来就止步不前。是这个问题吗？

瑟特　你可以说得更加具体一点。如果你观察《吕西斯》的结构，苏格拉底一开始问，在什么条件下我应该进入体育馆？也就是说，那里面为我准备了什么？然后，非常蹊跷，在批评希波泰勒引诱吕西斯的方式之后，苏格拉底以充满爱欲的聪明人身份出现，他完全受希波泰勒的支配，软化吕西斯，让他承认希波泰勒是自己的爱者。所以他的"好"发生了什么？他只拥有这种受任何人支配的技艺，而且没有任何自我利益——这是他最初犹豫是要停留在这里还是去学园的原因。所以问题就出来了，体育馆里面什么东西是为他准备的？克特西普告诉苏格拉底，希波泰勒在为吕西斯写诗，不过他描绘的都是众人口中的吕西斯，他未能发现吕西斯身上特殊的东西。在我看来，这就是苏格拉底进入的原因。他希望知道在他的特殊性和他的爱欲科学之间的联系是什么。苏格拉底问了这个问题：什么是真正属于我的？能够真正属于你的东西是你不知道的东西，因为一旦你知道了，它就变成普世的了。自己的东西似乎是"第一朋友"（proton philon）的幻象，即你认为将会解决某个特殊问题的手段，但是只要它属于存在的世界，它就不能解决这个问题。苏格拉底给出的例子是那个喝毒芹汁的儿子，根据《斐多》中的情节，他将在二十分钟内死去。他的父亲没有叫医生，反而错误地相信酒是解药。因此"亲爱的"或"朋友"的概念从儿子那里扩展到酒，再到酒杯。

萝娜 柏拉图为什么选择这个幻象？

瑟特 当你在哲学层面思考这个问题的时候，"最爱"似乎是对关于某物的"什么是"（ti esti）问题的回答。酒和酒杯是"第一朋友"的幻象。但是对意识到他实际上不可能知道的哲人而言，那些幻想是他最有可能爱恋的事物，因为他不知道实际上它们是否起作用。

萝娜 它们是假设吗？

瑟特 他肯定严肃考虑过它们，以确定它们是否可以用来解决他［161］那时的任何问题——这些问题对真正的问题而言具有幻像的特征。但是他不知道酒、酒杯和真正的问题是什么关系。他必须先解决这个假问题——这是问题出现的方式，因为对他而言这是陷入危机的事物。他拥有"无知之知"的背景——关于智慧（sophia）是不可能的知识。

罗伯特 它似乎具有麻痹的后果。

瑟特 确实看起来它一开始可能妨碍你。但是后来发现有他可以解决的问题，这种问题具有有趣的特征：你相信它来自事物的最终秩序，但是它以存在本身的形式而不是作为部分出现。仅仅因为它现在是一个问题让它成为危机。它是人们关注的事物，尽管不知道这种关注的依据是什么。在那个儿子的例子中，这种情况可能不那么明显。

萝娜 似乎必须有一个真问题，而只有当它通过这些危机曲折反映时，你才能得到问题的多样性。

瑟特 不对。我想这些假问题的多样性表明真问题的多样性。《吕西斯》中的表达是（我最初不明白），哲人就是相信他不知道自己不知道什么的人，即他不知道他不知道什么。哲学似乎独立于哲人，因为哲人知道哲学具有这种结构，但是只要他由信仰引导，他就总是不符合要求。这可以和那位父亲联系起来，他相信酒是解药，哲人处在同样的位置。

米歇尔 但结果发现这样做有益。你自己的无知让你有可能以一种方式提问，如果事物没有把它们自身摆在你面前，并要求你用某种方式对待它们，你就不可能在提问时采取这种方式。所以如果你知道这个原则（根据这个原则这些偶然事物是偶然的），你会知道这些事物代表什么，但是你不会知道它们是什么，它们不会因为你在思考它们，就变成这个世界上的必要事物。

瑟特 我想到《吕西斯》中的一个词——私人（idion），它是克特西普偶然说出来的。苏格拉底说："唔，就是它。Idion 一定是我。"

米歇尔 《吕西斯》的第一次论证中也有"ti"（某物），它确实比父亲、母亲和诸如此类的事物更值得爱恋，你被推回到某个不确定的事物。这是不是邪恶过程（evil process）的目的论，你自己作为自我阻碍这个进程，同时有可能思考事物？

瑟特 ［162］这可能是帕默尼德诗歌中的要点。

萝娜 你想到了什么？

瑟特 帕默尼德的诗歌以这种方式开场。马车（代表洞察力）是理智（noesis）的向导。所以引导帕默尼德靠近大门之物正是阻止他超越大门界限之物。

萝娜 听起来也像阿里斯托芬和第俄提玛之间论证的再现——关于自我和好的关系。

瑟特 当阿里斯托芬的爱若斯进入《吕西斯》，它和好无关，仅仅作为对属于自己东西的欲求。

萝娜 所以当最后引入欲望时，好不再起作用？

瑟特 对。在论证的最后阶段，当苏格拉底总结所有可能性时，他忽略了保留的唯一事物，即"好"与所有事物都有亲缘（Oikeion）关系。这是唯一没有被讨论的提议。如果把它放入"既不－也不"之中，结果就不存在"既不－也不"。

罗伯特 因为所有事物都有这种结合能力？

萝娜 但这不正是一种"既不－也不"吗？

瑟特 是的，确实如此。所以你必须以双重方式来阐述这个问题。一方面，每件事物都必须被理解为"既不－也不"，另一方面，每件事物都必须看作和"好"有亲缘关系。

第八章 爱欲与城邦

人形

萝娜 ［163］你多次谈到人形（human shape）以及它对柏拉图或荷马而言意味着什么。它是奥林匹亚诸神代表的东西，是吗？

瑟特 是的。

萝娜 它的主要来源是阿里斯托芬在《会饮》中的讲辞？

瑟特 在那篇讲辞中你可以说它代表法律。在《斐德若》中，它代表言说。它们非常紧密地联系在一起。在人形这个概念之中，包含了整个目的论问题。《斐德若》（249b）中，人们选择当动物的事实（他们可以选择他们想成为的任何东西，尽管他们最终回到人）意味着他们不知道在他们的渴望（aspiration）和他们的人性（humanity）之间存在着联系。这确实是对阿里斯托芬观点的认可。

罗伯特 是怎样的？

瑟特 在阿里斯托芬看来，人最初不是人。所以苏格拉底在《斐德若》的神话中说：大多数人都不会选择做人，这是真的。他们不知道在他们是人和他们看到天上的存在（hyperuranian being）之间存在着联系。

萝娜 这种联系看起来是任意的。

瑟特 任意的是因为天上的存在和奥林匹斯诸神之间似乎没有任何联系。没有联系是因为美——当它是天上的存在的时候，它的形状既不是神也不是人。那个神话说这种联系非常随意，所以当人们自己选择时，他们不选择人形，因为他们不明白是怎样联系起来的。

萝娜 ［164］是不是《奥德赛》最先让你想到这一点？基尔克将人变成猪，他们仍然具有自己的思想，似乎就是这个问题。

瑟特 对。特别是《奥德赛》中的顺序让我清楚认识到这一点。奥德修斯以"机灵"（metis）和"无人"（outis）的双关语开场。他由于这个双关语得以逃脱，因为它表现了他的无名无姓——心灵的非特殊化（nonparticularization）。

萝娜 这是出发点。

瑟特 对。然后你得知基尔克的故事和之后冥府的故事。所以出发点是没有肉体的心灵，序列末尾是没有心灵的肉体。在二者之间是基尔克的故事，其中让奥德修斯观看"自然"（physis），而"自然"意味着肉体与心灵不能分离。因此"自然"是对抗魅惑的最终药物（pharmakon）。

米歇尔 在基尔克的故事内部，在发生在奥德修斯部下身上的事情和发生在奥德修斯身上的事情之间有一个区分。

罗伯特 变成猪和被引诱。

萝娜 成为非人的威胁。

瑟特 奥德修斯必须单独得到警告——关于赤裸意味着什么；他有可能失去他的男子气概，即便他因为理解肉体和心灵的不可分而抵抗住诱惑。这意味着你需要对"型相"或"自然"有一个理智（noetic）的理解，这种理解和心灵直接有关，但是心灵在理智层面之下又奇怪地失去了它的力量。当然，这种说法非常柏拉图式：突然，当人处在男性或女性这个有欠缺的模式中，不再是纯粹的人的时候，他就要经历转型。

萝娜 奥德修斯是不是为了寻求保护让基尔克发誓？

瑟特 那个誓言代表法律。它的出现是因为，当人在自己的欠缺中完成自己时，总是在法律的形式之下。这是对荷马的可怕的柏拉图化，不过看起来确实如此。

米歇尔 而基尔克由于害怕不得不这么做？

瑟特 因为他会杀了她。

米歇尔 这怎么可能？

瑟特 我不知道，你怎么能杀一个女神？

罗伯特 他的整个策略都是受赫耳墨斯指导的？

瑟特 赫耳墨斯来到奥德修斯身边，因为奥德修斯第一次代表他的部下正义地行事。他为了部下而甘冒生命危险，其结果是神明下凡。

萝娜 他获得的知识是一种犒赏？

瑟特 犒赏是在他面前显露"自然"。

萝娜 ［165］所以正义带来这个认知结果。

米歇尔 这一定和他第一次认识到他们是人（anthropoi）有关。这就是正义的含义。所以已经有了联系。

瑟特 是的，但奥德修斯并不知道。

萝娜 他必须被单独告知赤裸的危险意味着什么？

瑟特 首先是他发现的理智形式。羞耻在第二个层次上进入，因此它似乎指涉法律。这是对赤裸的希罗多德解释。毕竟，这种两性结合是一个女神和一个男人的结合。所以可能的暗示是，女神可以赤身裸体而不丧失她的羞耻心。

萝娜 所以他要次一等。

瑟特 但是这一点很奇怪，因为其中有个故事完全关于感到羞耻的女神。

萝娜 阿芙洛狄忒和阿瑞斯（《奥德赛》卷八，300－332）？

瑟特 是的，虽然男神摆脱了羞耻之心，或许这和基尔克是太阳的女儿有关。这意味着任何事物都可以被看，所以她的性感对她而言不是羞耻，但是对人类而言就不可能如此。

米歇尔 当然，如故事呈现的那样，这是她的一个计谋。引诱是逃避危险的方法；它和欲望无关。所以对失去男子气概负责的应该是欲望。你不能控制自己，而她从头至尾都能控制她自己。

萝娜 这个情节如何与人形意味着什么联系起来？或者你可以这样来阐述这个问题：有理智的人形这样的东西吗？或者人形必然有性别之分，因此属于不同的层次？

瑟特 那是《创世记》I－2中的问题。《圣经》上说有一种纯理智的人形（noetic human shape）。

萝娜 它不是肉体的（corporeal）。

瑟特 不可能是。

萝娜 一旦它变成审美的，它就是男性或女性？

瑟特 对，因此有欠缺。

萝娜 在阿里斯托芬的故事中，好像人形确实只意味着男性或女性，因为那场分裂赋予他们人形，产生了这些具有性别差异的存在。

瑟特 但是要注意性别独立于人形，因为他们是男性和女性，而且都处在他们的宇宙形式中。

萝娜 是这样的。

瑟特 ［166］但他们不是性爱的。

罗伯特 如果他们不是已经成为男人或女人，就没有身份指导他们的寻求。

米歇尔 即便这一点也是成问题的，因为一方面这种寻求是寻找男人或女人，另一方面又是寻找独一无二的某个人。

萝娜 不过它确实表明人形有二重性，而且在一个层面上它是超越性别的。

瑟特 就像黑夜和白天。

萝娜 或者天空和大地。

瑟特 天空和大地，对，或土和水。

罗伯特 为什么像这些东西？

瑟特 换句话说，"白天"具有两层意思。白天和黑夜既互相对立，又是一个共存的整体，我们将其称之为"一天"。一层意思是审美上的，一层意思是理智上的。

萝娜 审美意义上的总是分裂？

瑟特 我这么认为，它们结合在一起形成了宇宙——这是哲学迈出的关键一步。所以似乎就在把这一点设定为研究原则的同时，哲学成为哲学。所有事物都必须在天、地、宇宙的模式之中。所有哲人以这种方式开始，而且他们发现所有的型相分析最终都和因果关系有联系。所以神话作者的错误在于：他们把日蚀和太阳的照耀分裂开来。但是一旦你知道太阳照耀的原因，你会立刻明白它就是日蚀的原因，这不是两个分离的问题。我们知道这个问题可以追溯到赫拉克利特，而帕默尼德发现长庚和启明是同一颗星。

米歇尔 如果我们再回到《奥德赛》，你似乎可以说其中有人类（anthropos），而这是一条认识的原则。我的意思是，你确实认出这个人就是在街上的那个人。在我看来，男性和女性出现在欲望层面。

萝娜 但很有意思，当你不能 ████████ 时候是多么令人惊恐。我以前有一个非常聪明的学生，下╴╴╴╴╴╴常和他在走廊上谈话，而我真的好几个星期都不知道他是男生还是女生。

瑟特 特瑞林（Trilling）夫人说莱昂内尔（Lionel）也发生过这种事情。我们在英国遇到他们的时候，莱昂内尔住在牛津的一个学院里。他从他的房间眺望网球场，并对特瑞林夫人说："噢，瞧那个漂亮女生。"特瑞林看了一眼，说："那不是女生。"

萝娜 ［167］所以或许我们首要的自然感知是男人或女人，而不是人。

米歇尔 我不确定，这种情况可能意味着当我们在这个世界上遇到一个物体，同时又不能把它理解为欲望的对象时是多么恼人。

萝娜 如果人形意味着身体——既不是男人又不是女人的身体，尽管它可以通过科学分析来理解，也不属于我们普通经验的范畴。

米歇尔 唔，你快速地观察和计算一个房间里的人。

罗伯特 这个例子很有意思，因为这种计算已经是对美学区分的理性化，你所需要的只是纯粹的类（genus）。

米歇尔 所以在你计算的时候，你已经把美学的存在变成单子（monad）。

罗伯特 确实如此。

瑟特 在某种法则之下，这种情况不会发生。

萝娜 你的意思是不存在一个人类范畴？

瑟特 是的，换句话说有奴隶、女人和孩子。所以在计算人数的时候，某个部落的成员会说有五个人，而你会说："你是怎么算的？有十五个人。"然后他会说："不对，我只算了……"

米歇尔 但是问题是，他们是否不会通过某种方式知道，习俗是否真的有那么大的力量。

瑟特 不是有一些▓▓▓▓▓▓人称之为蛮族的人视为非人吗？

罗伯特 是的，纳▓▓▓▓端的例子。

瑟特 他们计算人数时会发生什么？他们数的是别的东西吗？

罗伯特 即将成为的尸体，他们数的就是这个。

米歇尔 但是似乎总是存在某种识别。所以好像存在美学意义上的人这样的东西，或者人的美学的相。

罗伯特 在 Wahnsee 会议上，希姆莱（Himmler）做了和这个问题有关的演说。他说，你永远也不能说出必须和这个联系起来的事情。有些事物你永远也不可能认识，那必定是针对美学型相之不可避免（inescapability）在道德层面上的反思。在某个层面，你只能把你认为是人的人当作人。

瑟特 很奇怪，不是吗？这些罪犯利用这个海德格尔式层面。[168] 但是或许有什么东西导致了极端政治和形而上学之间的这种有趣联系。

罗伯特 你必须给出一个不同一般的基础原理（rationale）。

瑟特 但是关于这个美学的相我不太确定，我想到苏格拉底在《帕默尼德》中犯的有趣错误。

萝娜 关于人吗？

瑟特 对。当有人问他是否有一个关于人的型。他说，或许它只是你看到的东西。是不是很可笑？

米歇尔 你的意思是，你从未看到过？

瑟特 对。提问题的那种方式似乎只能让对它的回答是一种理念。

罗伯特 纯粹理智的。

瑟特 根据《奥德赛》这是很有趣的一段，其中人的型已经显现。与帕默尼德交谈的年轻的苏格拉底，还未能理解这一点，他还没有听到第俄提玛关于爱若斯的言说。

爱欲与美:《斐德若》中的苏格拉底神话

萝娜　我们之前曾谈到《斐德若》苏格拉底神话中的人形,以及做人(bemy human)由一种已获得的关于存在的想法来规定。你能就你理解的它们之间的关系再多谈一点吗?

瑟特　唔,你拥有九种类型——由曾经看到的存在决定(248d-e)。而且如果你根据这一点本身来看,它意味着没有肉体的心灵,以及由此招致的所有后果。但是,这时你有了把这个集合和另一个集合放置到一起的问题。

萝娜　以奥林匹亚诸神为基础的爱若斯的类型(246e-47a,252e-53b)?

瑟特　对。问题是这两种集合的分离意味着什么,以及它们是否可以被放置在一起。

萝娜　你觉得这和这篇对话分为两个部分有关吗?

瑟特　唔,我想《斐德若》的第一部分和第二部分之间有一个简单联系。第一部分因为谈爱若斯,所以是反习俗的。第二部分因为反对成文的法则(the law as written),所以也是反习俗的。这是把两部分联结在一起的事物。

萝娜　这是否可以帮助理解苏格拉底神话中爱若斯(它在追随众神之一时显现)和思考(以瞥见的存在为基础)之间的关系?

瑟特　我想真正的难点在于根据 Kalon〔美〕来理解爱若斯。〔169〕美的地位是什么(涉及哲学思想考虑的所有其他存在)已经成为一个本体论问题。

萝娜　这是一方面,另一方面涉及被爱者和诸神?

瑟特　对。如果你让哲学之爱(philosophical love)从本体论中脱离出来，你就不是在 Kalon 的特权地位观察 Kalon。具有这种特权地位的不是爱若斯，是 Kalon。当然这就引出 Kalon 意味着什么的问题，当然这是柏拉图现代解释的缺陷。

米歇尔　什么？

瑟特　Kalon 的问题，它在某些事情上非常明显。一种是优美与好或正义的共融，或［另一种］仅仅对其误译，如康福特（Cornford）在《蒂迈欧》通篇对其所做。

罗伯特　他如何翻译？

瑟特　他把 Kalon 译做"好"，然后他用了个注释，说明在《旧约》的希腊文译本中，"美"的意思是"好"。

萝娜　他指的是什么？

瑟特　《创世记》一章。

萝娜　"上帝看那是好的"？

瑟特　是的。从那时起，"Kalon"就开始意味着"好"。所以科恩福特说，我要把这些翻译标准运用到《蒂迈欧》上。

《王制》中的僭主爱欲

萝娜　我们可以谈谈爱欲和血气（thumos）之间的关系吗？我想你已经在多种语境下暗示，爱欲通过某种方式和一个自然对象（natural object）联系起来，血气则没有。在《王制》中，忒拉绪马霍斯原则的最高点似乎是僭主的爱欲，它没有给僭主带来真正的好。僭主爱欲的梦幻性质意味着没有现实和好，但是僭主真的是爱欲的化身吗？因为如果他是的话，爱若斯似乎就没有一个真正对象。

瑟特　我猜这个论证是，在第一个层面上，你必须区分诗歌的爱欲（poetic eros），它是僭主。

萝娜　悲剧的僭主，对吗？

瑟特　是的，而且它必须和哲学的爱欲区分开来。所以你或许会说，柏拉图在型相分析方面的任务之一就是做出这种区分，但是很难做得到，因为整部《王制》表明它们互相影响到了惊人的程度。哲学的爱欲从严格意义上讲是"无家"的（homeless）和"全身泥污"的（bedraggled）——按照第俄提玛的用语。[170] 换句话说，当你从它那里抽走以对普通人类经验的错误解释为基础且归因于爱欲的所有事物，它最后会变成这种非常肮脏的东西，很难认出它是爱若斯。所以爱若斯的肮脏和无家可归——爱若斯的真相，已经被一个对它的血气解释覆盖。其后果是，当你分析衰败的政体和灵魂的演变时，看起来似乎是爱若斯占了血气的上风，但实际上是血气占了爱若斯的上风，因为从一开始爱若斯就受到抑制。

萝娜　所以，衰落开始的时候，对荣誉的爱看起来就像血气的顶峰，不过，你说它和僭主的爱欲比起来不算什么。

瑟特　对，你可以这么说。爱若斯之于血气就像存在之于个性。因此，血气确实有一个对象，非常有趣的对象……

萝娜　自我？

瑟特　自我，和其他人的自我，它们完全是政治的建构。如果你记得施特劳斯《自然权利与历史》中的最后一句话，他说，这可能是古典与现代之间争论的焦点。①

罗伯特　个体性（individuality）？

瑟特　是的，关于个体性的问题。因此，看起来它好像引发了

---

①　"古今之争最终关注的是，甚至从一开始关注的就是，'个体性'（individuality）的地位问题。"这是《自然权利与历史》（*Natural Right and History*，Chicago：University of Chicago Press，1953）倒数第二句话。

血气问题。

萝娜　你不能理解它以爱欲作为开端？

瑟特　对，不过这样似乎很疯狂，因为看起来爱欲正是个体。

米歇尔　但是它不是对个体的颂扬；它是个体通过颂扬其他事物展示自身。但是在血气中刚好相反，所以实际上血气是对自我的颂扬，但是这种颂扬是普遍的而不是个体的。

作为惩戒的爱欲：阿里斯托芬在《会饮》中的讲辞

萝娜　如果你对比阿里斯托芬、第俄提玛和《斐德若》，对个体似乎存在着非常不同的理解。如果你极度简化，你可以说第俄提玛把爱上升到美（似乎这种普遍性存在于它自身）而丧失了个性。《斐德若》把个人简约到［171］一种类型实例；所以如果你是阿瑞斯的追随者，你会爱上属于阿瑞斯序列的任何人，而对于个体而言没有独特的事物。阿里斯托芬的讲辞似乎是唯一的爱若斯描述——试图真正抓住被爱者的独特性和个性这个相。但是我们现在是否在暗示，阿里斯托芬的讲辞——实际上抓住每个人的想象作为对爱欲最真实的描述——确实关乎血气？

罗伯特　你的意思是，因为我们刚才谈到血气与对自我的双重认识有关？

瑟特　我想对阿里斯托芬的描述有两种批评：一种是他忽略了美，另一种是他忽略了描述本身。

萝娜　你如何理解情人们希望永远结合在一起的说法？

瑟特　在冥界，当他们不存在的时候。阿里斯托芬必定意识到某件事错得离谱，因为最初描述中的自我涉及一个整体，而在冥府的描述涉及"一"，其中没有整体。我想这可能是阿里斯托芬发现的关键事物。

萝娜　什么是冥界描述中的"一"?

瑟特　最初的描述是追求整体的欲望，在其中你是一个分裂的部分。但是当赫斐斯托斯来到情侣们身旁说，"现在我要告诉你们，你们真正想要的是什么，你们正在凭直觉发现它"，结果表明你们真正想要的是成为"一"。

罗伯特　一个单子。

瑟特　一个单一的自我（unitary self），没有爱欲者与被爱欲者，没有最初圆球人的二重性——阿里斯托芬从来没有真正说明的事物。爱者例子中对自我的欲求要求在某种程度上适合的他者的存在，因此他们既是"一"又是"二"。但是，阿里斯托芬由于奥林匹斯诸神的缘故放弃了这个要求，所以整体坠落了。最后，你获得一个"一"的概念，它不允许存在爱欲者和被爱欲者的二重性，因为所有意识都已经消失。一开始存在意识，那是假定爱人们共同怀有的放肆思想——尽管从产生的原因来看，这一点十分模糊，但是在当前的描述下，这一点已经消失，因为你根本没有意识，你只是一个幽灵或一个影像。

米歇尔　这篇讲辞非常有力，因为它在某个层面清楚描述了其他讲辞缺乏的东西——在爱欲中对个体的呈现。但是其难点在于，一旦你自觉地把它当作爱欲的模式，个体就不再是个体，它成了你追求的抽象事物。所以爱欲中的这个元素是你不能有意识坚持的东西，因为一旦你把你的爱等同于［172］这种特殊个体的爱，它就不再是它曾经所是。我怀疑这和讲辞内部的运动有些关系——在整体中有可能拥有这种"一"的二重性，而在其中不再可能拥有自我意识。

瑟特　我想这篇对话确实关注逻各斯的地位以及它与理性的关系。阿里斯托芬谈到沉默的存在，他谈及的最深刻的事物是灵魂的预言（divination of the soul）——它说不出自己真的想要什么。但是关于整体的神话确实不允许心灵甚至言说作为它的一部分。这对一个诗人来说是非常奇怪的事情，没有对爱欲体验的表达。

萝娜　赫斐斯托斯怎样？

瑟特　唔，那是从外部解释爱欲。但这一点是必要的，因为一旦你允许情侣们讲话，他们就不能再保留他们的个性。因为在结合的过程中——换句话说，他们不能说出心中的欲求是很关键的——他们必定会走向《斐德若》模式。但是阿里斯托芬通过对身体的超自然描述掩盖了这一点，虽然他真正谈论的是灵魂（通过肉体性地对它进行阐述），他掩盖了它必然和逻各斯有关的事实。

萝娜　《斐德若》模式指的是什么？

瑟特　阿里斯托芬不允许单恋。他制造了一个最稀有事物的模型，通过阿伽通和泡塞尼阿斯以一种滑稽的方式呈现出来，尽管他暗示这种情况不会经常发生。

萝娜　但他不能解释为何它发生过。

瑟特　很明显的解释是，你必须在他者身上发现一些事物，可以通过言说与你自己联接起来的事物，联系就是这样发生的。

萝娜　它完全取决于逻各斯对爱欲是本质性的还是外在的。

瑟特　对。但是，后来发现阿里斯托芬不能把人类体验从兽性层面分离出来。爱欲一开始是完全人性的事物，它是对人类而不是对动物的惩戒，所以他把爱欲和性欲完全分开。

萝娜　爱欲是惩戒的产物。

瑟特　是的，它不是本质性事物。

萝娜　根本性事物不是爱欲，是高深的思想，对吗？

罗伯特　是血气，不是吗？

瑟特　我觉得不是血气，它是——虽然阿里斯托芬不能根据他的模式解释——人经由城邦与自身的疏离。放肆思想的产生源自如下想法：灵魂与奥林匹亚诸神赋予生活在城邦中的人的秩序无关。这一点在阿里斯托芬的描述中被掩盖。但是很明显，由于［173］这些圆球人受奥林匹亚诸神的控制，他们放肆的思想必定是"我们高于（superior to）城邦习俗"。

罗伯特 听起来有道理。

瑟特 但是这种说法要求对心灵的描述。一旦你声称肉体的圆球确实代表灵魂，那么放肆的思想必定代表心灵与真正的宇宙论之间的关系；但是阿里斯托芬不承认这一点，所以他的描述在某种程度上是全部真实的，如果你可以正确掉换它的顺序的话。

萝娜 你是不是说圆球形的存在是哲人？

瑟特 如果作为圆球形存在的人必须处理灵魂与整体的关系。

萝娜 那样做会超越城邦？

瑟特 因为它和心灵以及心灵对所有事物的理解有关。所以如果这是他的意思……

罗伯特 这可能是放肆的来源。

瑟特 当然，但是现在这种放肆在政治家的放肆中展现自身。

米歇尔 这种放肆的第一个表现是对天庭的攻击——具有宇宙形态的存在反抗具有人的形态的存在。所以它看起来像是一场推翻诸神的努力，这些神的存在无异于宣称宇宙事物和人的事物之间的不均衡。

瑟特 是的。所以你可以说圆球形的存在之于奥林匹亚的存在就像《斐德若》中天上的存在之于奥林匹亚诸神。阿里斯托芬否认的是天上的存在，将它保留在可见的宇宙之内。因此这场革命并不像它实际应该的那样深刻。

萝娜 他对此保持缄默，是吗？

瑟特 他对此保持缄默。

米歇尔 你确实有了这一个线索，因为同样的术语——"大思想"（big thoughts）运用在泡塞尼阿斯讲辞中的哈莫狄奥斯（Harmodius）和亚理斯托格通（Aristogeiton）的故事中。

瑟特 是的。

萝娜 你是否可以说圆球形存在的放肆思想与政治家放肆思想的对立相当于哲学的爱欲与血气的对立？

瑟特 唔，阿里斯托芬的讲辞非常复杂，因为我们想分离出和阿里斯托芬意图相对的各种暗示，或柏拉图的暗示——阿里斯托芬不了解自己的讲辞。但是暂且不管这一点，你得到这个概念：放肆的思想确实缩减为反律法主义（antinomianism），没有根基，外在于城邦，[174] 所以它从任何形式的永恒秩序中飘离出来。阿里斯托芬发现只要有城邦，就有这种情况。但是他想象了一个例子，如果这种情况实际是颠倒的，城邦就会消失；但是你不能解释的放肆思想将伴随你。

米歇尔 所以这篇讲辞的开端确实不是开端，它是结尾的开端。

瑟特 它是结尾的开端。

萝娜 从第二阶段的政治认知中是否可以获得一些满足？

瑟特 你可以说，放肆的思想确实是阿里斯托芬的宣言："我在我的理解力（understanding）中战胜了奥林匹斯诸神。"但是，他不能这么说，因为他不允许理解力成为他试图描述的爱欲的一部分。所以放肆的思想有另一个来源，但是你不再知道依据是什么。

米歇尔 那显然是柏拉图的批评。

罗伯特 我们之前谈过心灵与爱欲的分离，现在你似乎在说这正是阿里斯托芬讲辞中出现的情况。

瑟特 对，在讲辞中没有对这篇讲辞可能性的描述——这是对喜剧诗人非常滑稽的批评。

罗伯特 他的讲辞遗忘了诗歌。

米歇尔 你可以说阿里斯托芬试图做的是，描述完全和心灵无关的爱欲。另一极是第俄提玛的讲辞，它一开场就试图将心灵和个体性——用一个现代术语——"并置"；但是到了最后，当它只是一个关于"看"的问题时，你得到一个完全关于心灵的描述。我猜测此时的问题是，将这两者成问题地并置在一起。

萝娜 赫斐斯托斯为阿里斯托芬解决了任何问题吗？

瑟特 只有当赫斐斯托斯进入时，灵魂才被引入。很奇怪，因为整件事都是关于身体的，所以这是对灵魂在某种程度上也是通过奥林匹斯诸神进入的肯定。我想阿里斯托芬发现这种情况必定是真实的。这是尼采哲学的主题，如果没有这些限制，你根本得不到任何东西。庆祝从城邦中解放出来不可能是完全真实的。

萝娜 不能以那种方式来理解爱欲？

瑟特 你不能脱离城邦来接近爱欲，所以在这层意义上弗洛伊德是正确的，爱欲有必要被表现为负面的。但是当意识到这一点后，由于道德的缘故而让城邦变成负面的有可能是个错误。

萝娜 你这么说是什么意思？

瑟特 ［175］我想柏拉图对阿里斯托芬的批评（至少在一个层面上）是他所表达的希望完全取决于对爱若斯的这些限制的存在。阿里斯托芬承认，如果这些限制消失，爱欲也会消失。但是后来他有点食言，说这些限制从来没有真正消失，由此做出结论：你能获得的唯一事物是城邦虚假的整全（spurious wholeness），因为其他整全是不可企及的。

萝娜 阿里斯托芬如何理解政治上的整全？

瑟特 一方面，你在法律内部拥有反律法主义（antinomianism）——拒绝婚姻的政治人。所以它要求最初的宇宙性放肆缩减为政治性认知。

萝娜 让爱欲成为可能的限制被理解为惩戒，但是政治维度在一开始就已经建立。

米歇尔 耶路撒冷与雅典。

瑟特 在某种程度上是的。一方面，对正义的诉求……

米歇尔 另一方面对美的诉求？

瑟特 非常值得注意。柏拉图能够创造耶路撒冷。

米歇尔 所以好像没有爱欲，你就不能创造耶路撒冷。

瑟特 它让所罗门之歌变得非常有趣：在耶路撒冷内部的爱欲发生了什么？

萝娜 它被设想作为一个隐喻来理解——神和以色列之间的关系。

神应该是什么？

萝娜 我想问与"耶路撒冷和雅典"有关的事情，以及它对施特劳斯而言意味着什么。"耶路撒冷"这个表达是不是包括犹太教与基督教？

瑟特 是的，但是我想基督教是次要的，因为它受到哲学传统的呵护。

萝娜 它已经融入哲学传统？

瑟特 在西方。我有一封施特劳斯写给我的信，它在一定程度上回答了你的问题，也就是说，它表明用一种直接的方式回答是多么困难。

萝娜 你干嘛不读一下呢？

瑟特 好吧。

我相信我应该引介一种观察方法，这种方法在一个更为宽广的反思之下显然非常琐细。很多年前，我就对这个事实感到惊讶：[176] 格老孔虽然对"相"的学说完全没有准备，几乎立刻就接受了它。这个线索通过他对莫穆斯（Momus）的提及表现出来。简而言之，他准备接受神的相——没有确切名称的某种类型的神。所有人都知道 Nike 在马拉松和萨拉米斯等地出现，无论她是由 X 或 Y 雕刻而成的、在 A 地或 B 地受崇拜，她都是同样的；比较《王制》中他们为义人制作的雕像。换句话说，相代替了神。因为要这么做，神必须成为这些相的预示（Prefiguration）。但是由于关于相的学说不只是神话，它必须包含对"什么是神？"这个问题的回答。经由这一点，我快速得出一个结论：对于"什么是？"这一问题最首要和最重要的运用是"什么是神？"的问题。毋庸置疑，这个问题等同于"什么是人？"的问题。这种构想提供了解读阿里斯托芬以及其他更多事物的钥匙。在加尔文的《要义》中，对这个主题有一个十分清楚的评论，我已将它总结出来，全然不顾我的斯宾诺莎德文著作中论加尔文章节的前两页内容。我计划将加尔文的关键句子作为我论阿里斯托芬的书的题记。①

所以这段话回答了你的问题，对吧？是的，"雅典与耶路撒冷"最后成为中心问题，但他最初并不知道它有多么重要。

---

① 这段话摘自施特劳斯于 1961 年 5 月 17 日从斯坦福写给伯纳德特的信。参施特劳斯《斯宾诺莎的宗教批判》，（*Die Religionskritik Spinozas*，1930），载 *Gesammelte Schriften*，Band I，Heinrich Meier 编，Stuttgart：J. B. Metzler，1996，248 – 250；对观《施米特、施特劳斯与〈政治的概念〉》（*Carl Schimitt*，*Leo Strauss und "Der Begriff des Politischen"*，Stuttgart：J. B. Metzler，1998），页 189。

罗伯特 这意味着对于我们所说的神学－政治学问题，对于这个问题真正关乎什么，随着时间的推移逐渐发展出一种理解。

瑟特 是的。它退回到论斯宾诺莎的著作（否则他不会引用加尔文的话），但另一方面，它又没退回去。

萝娜 所以"神学—政治学问题"是……

瑟特 相的问题的另一个称谓。

萝娜 不过，它看起来似乎应属于耶路撒冷一边。

罗伯特 它不是那么片面。

瑟特 对。换句话说，施特劳斯开始发现，雅典阵营包含耶路撒冷阵营。

罗伯特 它本身已经是一个二分结构。

瑟特 这种理解的发展用了多长时间值得注意，不是吗？它是这些有趣事物中的一个，一条完全不清楚的始终如一的路径，我想起《吕西斯》中的酒和毒芹汁。施特劳斯［177］在自传中提到，他以一个危险情况作为他的出发点——德裔犹太人，后来它演变为这个基本问题。我不知道一个人最初怎么可能预见到这一点。

萝娜 一定有什么东西引导你离开对自身直接利益的急迫关注，否则你不可能走得足够远。

罗伯特 我不知道。它有可能是另一种"事物的表面就是事物的中心"。

米歇尔 如果你考虑发生的事情，你从和你直接相关的一个问题出发，然后你必须把它分割为几个部分，然后这个问题获得统治权，它开始拥有可以引导你的某种逻各斯。一个问题将你引向另一个问题，而你能够从你出发的地方走得非常远，认识到你提出的那些问题的重要性，但同时又非常清楚地知道你永远都不会在一开始就发现它。这种情况在通常条件下发生，我不知道是否还需要比这更多的东西。

罗伯特 但是你应该为你的描述添加一点东西，也就是说，当你进一步远离时，你意识到自己已经漂移，然后你怀疑，自己是真的在漂移吗？它要求你怀疑自己最初的兴趣，以及这种兴趣变成的东西：它是相同的吗？所以你没有真正丧失这种兴趣。

米歇尔 所以施特劳斯说，我多年前就引用了这段话，到现在我才明白自己为何引用它，但如果我没有一直在考虑这个问题，我现在也不会明白。所以事实上它确实意味着你试图把自己某次感兴趣的东西和自己遇到的东西放在一起。

瑟特 对施特劳斯而言，这种漂移总是在政治哲学内部，这一点让他与众不同。

萝娜 但他总是在考虑骡子。①

罗伯特 唔，那是他信上说的意思。当他说某个问题等同于人的问题时，他的意思是它等同于骡子问题。

瑟特 等同于"是什么"的问题。顺便问一句，我是否告诉过你们我对罗蒂的影响，关于骡子？

罗伯特 我想我没有听过这个故事。

瑟特 我从罗杰那里知道的，我不敢保证它是真实的。

---

① 骡，马和驴杂交产生的无生殖能力的后代，是苏格拉底用来指称 daimonia（神和人类后代）的类比物（《申辩》27d－e）。伯纳德特 1974 年纪念施特劳斯的讲辞开场时说，"施特劳斯是一位哲人"。这篇讲辞的结尾如下：

> 整全的问题经由灵魂将城邦与存在联系起来。然而，从施特劳斯发表的作品来看，这种观念只是他的边缘兴趣；但施特劳斯恰当地告诫我们，要警惕写作。在给我的一封信中，为了回应我的几个反驳意见（我已不记得它们是什么），施特劳斯写道："我意识到一个部分的整全并不排除复数：在我清醒的生活中，我几乎无时不想起复数的驴子、狗和骡。"

萝娜 ［178］你告诉罗蒂骡子的重要性？

瑟特 它们出现在我最初论《治邦者》的文章中。①

罗伯特 所以这是在你离开芝大之后，而罗蒂读你的文章时已经在耶鲁？

瑟特 罗杰是这个意思，但我不知道罗蒂是否真的理解这一点。

萝娜 他理解非生产性……

瑟特 非生产性的型相（nongenerating eidos）。

罗伯特 你要为此负大部分责任！

萝娜 我们能够回到耶路撒冷－雅典问题吗？可以由柏拉图的相取代的神看起来像希腊的神祇；所以如果所有事物已经都在雅典内部，那耶路撒冷代表什么？

瑟特 很有意思，实际上来自加尔文的引文与希腊诸神无关。

萝娜 你记得那句话是什么吗？

瑟特 它和"神应该是什么？"这个问题有关。

萝娜 但施特劳斯举的例子 Nike（正义）似乎非常适合希腊的神祇。我不知道对耶路撒冷的神是否也可以这么说。

米歇尔 你可以将希腊诸神与型相、Nike 与一个型相更容易地重叠，这是很大的不同，对吗？但真正的困惑在于灵魂，而不仅是正义这样的事物。灵魂在某种程度上拥有一个范例，那就是"神是什么"的问题，而"人是什么"确实是这个问题的另一面。你不能从它的纯形式与希腊诸神那里得到答案，因为它们具有这种型相的特征，同时又是活着的。所以不可见的神并不像它在其他传统中那

---

① 《柏拉图〈政治家〉中的型相和二分法》（Eidos and Diaeresis in Plato's Statesman），载 philologus107nos. 3－4（1963）：193－226；关于骡子对理解"型相"的重要意义，特别参阅页198－199。

样不可见。

瑟特 换句话说，这意味着三组合是心理学、宇宙论与本体论。当不可见的神被看见时，它在某种程度上粉碎了海德格尔的魔咒。

萝娜 我不确信自己是否理解你说的话。那么政治哲学呢？

罗伯特 很难理解它属于三组合中的任何一个。

瑟特 政治哲学的重要性与"不知道"意义的实现有关，因为实际上在你不知道任何其他事物的情况下，仍然有你可以知道的事物，即城邦。这似乎是决定性的一步。有人宣称这是对某种事物的完整解释，这种事物并没有引发一种可以通过推论或演绎推出的直接的宇宙论。作为结果，［179］关于理解的整个幻影（phantom image）问题出现了。你意识到自己能够获得这种绝对终极的全面理解是由于非存在（nonbeing）。

萝娜 城邦的非存在，或仅仅是最好城邦的非存在？

瑟特 城邦。

罗伯特 在何种意义上涉及非存在？

瑟特 对城邦的理解要求将非存在引入城邦。所以非存在与灵魂、存在和宇宙论有微妙的联系。不过，如《王制》展现的那样，尽管不是所有问题都能得到回答，城邦也能被理解。

米歇尔 所以这在某种程度上是对"无知之知"的反映。

瑟特 是的。不同寻常的是，你可以说，你知道城邦不能解决它声称要解决的事物，但你不知道这种困难在每种形式中确切存在的位置。

萝娜 城邦打算解决却又不能解决的问题是什么？

瑟特 城邦宣称它能让人幸福，它能解决灵魂与身体之间的关系，似乎存在一个天衣无缝的整全，它从身体的满足直线上升。

罗伯特 根据一个简单的原则。

瑟特 你知道这是虚假的，以及它为何是虚假的，你知道它针对所有这些其他问题，但是你也知道它没有给予你直接进入这些问题的途径。

萝娜 这些其他问题包括"什么是人"，你能够拥有关于城邦的知识，却不能拥有关于人类的知识，这不是很让人困惑吗？

瑟特 这就是《城邦与人》的含义，为什么要用这个二分性题目——你知道其中的一个却不知道另一个。

第九章 哲学与科学

概念与事物本身

米歇尔　[180] 你几次提到，长期以来你觉得自己是在没有进行哲学思考的情况下解释作品。我想你第一次提到它是在你谈论自己在芝大师从施特劳斯学习的时候。其他学生的反映如何呢？那个年纪的年轻人是不谦虚的（尽管不是所有人都如此），所以当他们听到施特劳斯谈论哲学时，他们中的一些人必定认为自己在探究哲学。

瑟特　我记得施特劳斯说过，不要超越为哲学可能性准备依据的范围是多么重要。

萝娜　这是一种哲学的节制（sophrosune）吗？

瑟特　噢，是的。如果海德格尔提出了二十世纪的思辩哲学（speculative philosophy），很明显，施特劳斯一方面在表面上敬重它，一方面完全不赞同。

罗伯特　那种钦佩从何而来？

瑟特　我记得施特劳斯指着某些段落说："除了海德格尔，没人能够写出这样的东西。"

萝娜　他不是指海德格尔特有的风格吧？

瑟特　不是，不是，他指的是对事物的洞见。另一方面，当他读到我写的论《安提戈涅》第一首合唱歌（stasimon）的内容时，他在一封信中写道："在读了你写的东西之后，读海德格尔就像在读某个穿着平头钉靴（hobnail boots）的人的东西。"但我想，施特劳斯发现的海德格尔的非凡之处在于，他只能在解释学层面而不是在哲学层面被人打败。

萝娜　[181] 你能说明一下吗？

瑟特　换句话说，海德格尔的术语"古希腊思想"（grieschisch gedacht）对于他对所有事物的解释都非常关键，对此的驳斥不能用诸如批判他的"此在"或时间等概念的直接方法。

萝娜　我记得，你提到过海德格尔与尼采的对比——尼采思想比海德格尔思想更不凭靠他对柏拉图的解释。

瑟特　对。如果有人说，尼采误解了柏拉图，这种误解似乎不会具有同样的后果。

罗伯特　我仍然不理解这个说法——人应该把自己理解为为哲学的依据做准备。如果为哲学的依据做准备就是做哲学思考之外的事情，那么什么是哲学思考？它让我想起尼采关于未来哲人的讲辞。我们不是未来的哲人，但我们在为此做准备。伽达默尔在海德格尔之后，通过海德格尔试图将解释学等同于哲学，他让这个原则普遍化，但是我觉得你指的不是他所说的普遍事物。

瑟特　我想施特劳斯会说，这些问题如今展现在我们面前的方式和它们应该真正被表达的方式之间，存在着巨大差异。它们呈现在我们面前的方式深受传统影响，传统是无所不包的，所以，你甚至不知道我们使用的范畴来自何处。

萝娜　总是这样的吗？

罗伯特　问题可能就在这里。你总是处于这样一个位置——需要发现值得问的事物。

米歇尔 如果哲学就是问正确的问题，那么为哲学研究做准备就是问能够引导你问正确问题的问题。但是似乎任何年代都会有问正确问题的路障，所以或许你只是一直在清除这些路障。

瑟特 这退回到黑格尔《精神现象学》导言中的一个观点，关于古希腊人与现代人的差别——希腊人从事物着手，而我们从概念着手。克莱因在他那本代数书的开篇漂亮地分析了这一点。所以，看起来那正是他们（克莱因和施特劳斯）认为自己在做的事情，他们从概念回到事物。①

萝娜 ［182］他们是不是打着现象学家的旗号"回到事物本身"？

米歇尔 你觉得施特劳斯真的认为古希腊人从事物着手，而我们没有吗？如果他这么认为，你觉得他对吗？

瑟特 你可以说，这是一个第一次起航式表述。

米歇尔 哪一个？

瑟特 从概念到事物，然后有了第二次起航，事物表明它自身比你认为的要成问题得多。我想，施特劳斯关注的是退回到第一次

_____

① 在《政治哲学与历史》（Political Philosophy and History，载 *What Is Political Philosophy? And Other Studies*，Westwood，Conn：Greenwood Press，1959）一文中（页75），施特劳斯引用了黑格尔论现代与前现代哲学差异的话："古代的研究态度与现代不同，前者由真正的训练和自然意识（natural consciousness）的完满组成，它分别在它生命的每个阶段尝试它的力量，对它遇见的每个事物进行哲学研究，自然意识将自己转型为一种抽象理解的普遍性，这种普遍性在每个事物和每一方面都非常活跃。然而在现代，个体发现这种抽象形式已经形成"（《精神现象学》（*The Phenomenology of the Mind*，J. B. Baillie 译，London，1931，页94）。施特劳斯让读者参考克莱因的《希腊数理逻辑与现代代数的产生》（Die griechische Logistik und die Entstehung der Modernern Algebra），认为他的分析更加准确。关于克莱因的代数书，参本书第三章页［75］注释。

起航的正确开端的困难。

萝娜 在第二次起航中，事物的代替物是不是意见？

瑟特 是的，是整个柏拉图转向。所以，如施特劳斯发现的那样，你谈论的是国家（state）与社会对立，还是城邦（polis）与社会对立，差别很大。

萝娜 如果你接受所有事物都经由概念过滤过，这些概念自身又经历过革命性巨变，那么谈及城邦取代国家与社会对立，只不过强加了一种范畴，而不是另一种范畴。

罗伯特 这是存在（Sein）的历史。

瑟特 不过，城邦的例子很有意思。它是一种政治上持续的现象，不顾在不同时期强加在自己身上的各种范畴。在海德格尔那里不存在城邦，这很令人吃惊，因为你会以为如果他试图回到事物本身，他就会回到城邦。

罗伯特 或者也许他确实回到了城邦，只是不原意承认那是城邦罢了。

瑟特 当然，如果你回到城邦，它就会从属于神学 – 政治学问题，那时你就接近了真正的要点。

米歇尔 我觉得我们已经提出了两种方式来理解施特劳斯所说为哲学做准备的可能意思，而我不知道它们是怎么结合在一起的。一种方式可能会恢复你可能称之为"自然意见"的东西，作为我们从中出发的概念的对立物，所以城邦有可能就是那样的东西。另一方面，如果人们不再认为自己应该试图理解事物，反而觉得自己只应该阐述概念，那么哲学就有危险了。[183]因此绝对必要的是你不仅要试图解释概念，而且要试图理解这个世界存在的方式。

瑟特 唔，这可能太自大了，你是否可以说你的第二种方式是关于好的问题的翻版，而第一种是表面论证的翻版。它们在柏拉图作品中同时得到呈现，但是它们之间的关系又非常神秘，很容易在关注表面论证的时候忽视好的问题，所以，《王制》的论证真的比罗尔斯关于正义的论证自然得多。但让它真正成为柏拉图式的仍然是与这个问题的联系：为什么他们要做他们在做的事情？其中有什么样的好？

萝娜　如果哲学试图做的是找出事物的本性或这个世界的存在方式，那么说通达这一点的正确途径是解释文本或找出作者的意思，这不是很奇怪吗？

瑟特　你能在解释的双重特征之间做一个类比吗？

萝娜　那是？

瑟特　作者的意思是什么？它是真的吗？

萝娜　是的。

瑟特　以及哲学思想？如果哲人认为问题是"它是真的吗？"他就在他到达第一个要点之前，在说话方面犯了一个错误。所以解释的双重特征——

罗伯特　意义和真理？

瑟特　对，也适用于这个世界。

米歇尔　为何要接近某个事物并问，它意味着什么？做出它意味着什么的结论，然后让它意味着什么变得不真实？

萝娜　你不觉得在问它是否真实以前，有一个问作者意思是什么的等价物？

米歇尔　唔，我能明白一个作者有可能完全有意义地表达某个事物，尽管它可能不真实，但是我不确定文本之外的等价物是什么。

瑟特　我在想关于错误的问题：你不能获得关于错误的真理，

除非你经历过对错误的体验。

米歇尔 所以要理解爱欲的真理，你必须理解爱欲对那些坠入爱河的人意味着什么，但是这不必然意味着它呈现在那些坠入爱河的人面前的面目就是它的真正所是。它具有一层意思，独立于它被体验的方式。

萝娜 ［184］你在审视一些人类经验，你希望能如那些经历它的人理解自身那样来理解它，这就好比试图像作者理解自己那样来理解作者。但这个观点不是说对这些事物而言，什么仅仅是真实的。

瑟特 对，对。你可以说柏拉图对话是模仿，因为它们模仿这个双重结构。它们向你展示人们如事物理解自身那样来理解事物意味着什么，但是同时表明还有一种理解，它与那种自我理解根本不一致，然后又就这两种理解如何联系起来进行了一番描述。柏拉图似乎已经偏离自己的道路来呈现这种双重特征。你离开柏拉图也能呈现这种双重特征，但是你和他的方式会完全相同。不过奇怪的是当人们试图这么做的时候，他们实际上没有这么做，他们只不过分析概念，然后以自我满足结束。这是布鲁姆对罗尔斯的批评。① 你拥有了这个详细解释的结构，但结果不过意味着现代的福利国家。所有读过罗尔斯作品并评论它的人会说，他的书以这种方式呈现真的非常奇怪。怎么会发生这种事呢？

罗伯特 我想罗尔斯最后勉强承认了这一点。

---

① 布鲁姆，《正义：罗尔斯与政治哲学传统的对立》（Justice：John Rawls v. the Tradition of Political Philosophy），载 *American Political Science Review* 69，no. 2（1975）：648–662。

瑟特　另一个例子是弗拉斯托斯（Vlastos）对柏拉图爱欲解释的批判——以他对他妻子的爱为基础。[①] 他不太可能误解他自己的经验。那绝对是最低的。

萝娜　所以有两种可能的错误。其一是你接触你自己的经验，但是你可能误解它，而人们不会轻易认识到这一点。

米歇尔　你可以争辩说，即便你意识到误解的可能性，你也几乎会误解它。

瑟特　你可以说教育的原初目的就是将你从你的经验中解救出来。

萝娜　有道理。但是又存在着首先达到那层经验的困难，因为所有事物都是派生出来的（derivative）。

罗伯特　我觉得我们想说的是，从概念到经验的转移只是第二次起航结构中的第一步。在第二个步骤中经验自身变得成问题。你刚才暗示城邦是对此的一个绝佳例证：你必须首先［185］转移到那个自然的起始位置，但是当你这么做的时候，你就会发现神学—政治学问题。

瑟特　唔，如果我们回到我们所说的解释的双重特征，在对某事物的主题化（thematization）和它是否是真实的问题之间有一个区别，而我想前者已经非常难了。

罗伯特　让某个事物成为主题？

瑟特　对。

罗伯特　你能举例表明这种困难吗？

瑟特　比如说——这个太大了——但是你可以说这就是简单而

---

① Gregory Vlastos，颇具影响力的柏拉图研究者，曾执教康奈尔、普林斯顿和伯克利。他在《柏拉图作品中作为爱的对象的个体》（The Individual as Object of Love in Plato）一文中批判柏拉图"人们之间爱的理论"，载《柏拉图研究》（*Platonic Studies*, Princeton：Princeton University Press, 1973），3–34。

言智术师的问题：为了理解智术师，对"猎取"进行了主题化，但是没有对哲学的主题化。那是与陌生人说法相对的苏格拉底说法。

萝娜　苏格拉底是否在暗示哲学本身并不能主题化？

瑟特　要让哲学主题化，必须使用非常不直接的方式，所以整个论证颠转过来。如果要按照《智术师》中宣称的那样得到普遍理解，所有事物都必须被偷偷摸摸地接近，你不能直接这么做。所以对帕默尼德的批评就在于他认为可以采用直接的方式。在这个"猎取"的隐喻方面，存在被隐匿，而且不容易被捉住。它和某人说"我们祈祷是多么奇怪啊"，并把它变成我们可以真正理解的事物很不相同。你似乎总是必须拥有这种有分歧（divergent）的结构。在《智术师》中，苏格拉底给出一个关键例证，即哲人：哲人是什么必然在一个虚幻的模式中表明它自身，而且永远不会直接展现。它最后演变为存在问题。

米歇尔　你是不是在暗示，这是施特劳斯的话的真实含义——为哲学做准备，而不是进行哲学思考？

瑟特　唔，如果在解释一篇柏拉图对话和进行哲学思考之间存在着相似之处，那是因为理解（understanding）的结构正是对话所表明的理解的必要结构。所以如果实际上你抛弃了解释并试图以更加直接的方式独自行进，结果有可能是你必须建构一个像柏拉图对话那样的东西。

萝娜　这是不是你论施特劳斯文章的第一句话暗含的意思？①

瑟特　［186］是的。

---

①　"哲学是什么，似乎与怎样解读柏拉图密不可分"，见《施特劳斯论柏拉图》（Strauss on Plato），载《情节的论证：希腊诗歌与哲学论文集》（*The Argument of the Action: Essays on Greek Poetry and Philosophy*，Chicago: University of Chicago Press，2000），页407。

　　米歇尔　施特劳斯意识到，解释柏拉图对话就是进行哲学思考，但这并不意味着，他认为只有通过解释柏拉图才能进行哲学思考。当然，有几次他似乎确实想声称那是可能的——在我们的时代，只通过钻研古书，尤其柏拉图作品来思考哲学。

　　萝娜　但毕竟柏拉图曾经存在过，为什么就不可能有另一个柏拉图？

　　瑟特　对，你必须谈到那个在缅甸的人，那是施特劳斯的例证。①

　　萝娜　它像哲人王的论证。

　　罗伯特　无论多么不真实，论证没有逻辑上的不可能性。

　　瑟特　很奇怪，根据我们讨论的问题——我们是否能够识破概念并回到事物本身，科学是多么具有欺骗性。

　　罗伯特　为什么呢？

　　瑟特　在科学家看来，他似乎到达了事物本身，而哲人能做的不过是其他事情。

　　萝娜　哲人考虑的是正义，而科学家想的是分子。

　　瑟特　对。但是结果发现分子与关于因果关系、数学等等可怕的问题一起镶嵌在这个理论建构之中。所以就像在文本中一样，它在科学自身内部已经被切碎。

　　罗伯特　我刚看到一本书评，这本书是一个在费米实验室工作多年的人写的，批判当前的科学理论。他最大的抱怨是所有科学家

---

　　①　"我们或许觉得可能的选择都已被过去的伟大思想家们穷尽。我们可以试图为他们的学说分类，制成标本集，并以为我们自己在一个有利位置上俯视他们。但是我们不能排除未来会出现另一个思想家的可能性——在 2200 年的缅甸。在我们的图式中，绝无可能提供他的思想。谁能让我们相信，我们已经找到人类可能性的界限？"参《海德格尔存在主义导论》（An Introduction to Heideggerian existentialism），载《古典政治理性主义的复兴：施特劳斯文集》（*The Rebirth of Classical Political Rationalism: Essays and Lectures by Leo Strauss*, Thomas Pangle 选编，Chicago: University of Chicago Press, 1989），页 30。

都在高等理论中迷失了方向。但是评论者说，这本书无论如何也不应该叫"物理学的终结"，因为物理学确实是关于事物的经验，而这一点根本不受这些理论陷入绝境的影响。

萝娜 这好比说洞穴之中总有开口，是吗？

瑟特 或许那位评论人考虑的是宇宙论［187］与地球物理学的差异，而书的作者暗示二者没有差异。

萝娜 地球物理学总是对我们的经验敞开？

瑟特 它是可以获得的，因此受实验影响，而宇宙论问题无可避免是由理论建构的。

罗伯特 你刚才用了一个例子，说国家与社会的对立相当于城邦与社会的对立。然后问题就出来了，怎么看有些人说这不过是另一个概念？与此相反的观点是，城邦实际上是能够持存的事物。这听起来类似于某人说，实验物理学家没有必要担心理论的兴起与消亡，因为这个世界总是持续存在，尽管现在你说，地球和宇宙领域总是存在差异。不过实验似乎确实是逃避这些死胡同（dead - ends）的方法。诺贝尔奖最近的得主之一丁肇中（Samuel C. C. Ting）说了一件轶事，他说他永远也不能从理论家那里学到任何东西，而且如果他听从他们的话，他将永远一事无成。

米歇尔 当然，你不能忽视理论。

瑟特 正是理论为你想要寻找的东西做准备。

米歇尔 另一方面，因为有了世界，所以有了需要确认或否认的事物。如果你以最激进的形式简单陈述这一点，你会说理论或许将消失，但理论所描述的世界将不顾理论的消亡而继续存在。

瑟特 但是你的话忽略了"热寂"（［译按］物理学上认为做功的能量已耗竭，宇宙就此走向死亡的状态）。换句话说，走向终结的不仅是理论，还有实验物理学家，他们已经没有时间。

探寻历史之根

罗伯特 我们谈论过为哲学做准备和进行哲学思考之间的差异，并且用这些术语对比过施特劳斯与海德格尔；但如果你想到海德格尔的观点——为了理解我们当前的处境，我们必须返回过去以找寻历史之根，这种对比似乎就不是很鲜明。实际上，似乎有一种非常强烈的当代欲望想这么做。

萝娜 必须返回到埃及。

罗伯特 然后你得到那些疯狂的阴谋论。记得拉罗奇（Lyndon Larouche）吗？他用这种方法重构了所有历史？

萝娜 波斯人和马其顿人……

瑟特 噢，是那样的。在他的刊物中，有一篇《蒂迈欧》的译文，因为柏拉图是好人，亚里士多德是坏人——

罗伯特 ［188］而且亚里士多德主义者已经取而代之。

瑟特 噢，是的。在公元 4 世纪，波斯人的神秘仪式被亚里士多德主义者控制，然后它又取代了和犹太复国主义有关联的不列颠神秘仪式，都是向后追溯的。你从犹太复国主义开始，然后可以向后追溯到亚里士多德。

罗伯特 他们对于三边委员会（Trilateral Commission）和洛克菲洛（Nelson Rockefeller）有一个完整的理论。

米歇尔 这种现象有很多。想一下兰德（［译按］Ayn Rand，美国女作家，鼓吹"理性利己主义"）那样的客观主义者（objectivists）。他们把整个世界划分为柏拉图主义者和亚里士多德主义者两大阵营，亚里士多德是好人，柏拉图是坏人，而兰德是亚里士多德主义者的完美体现。柏拉图主义和彼岸世界有关。

罗伯特　你想展示他们的谱系。

米歇尔　还有《扎拉图斯特拉如是说》——尼采也用他的奇怪方式做过这种事情。但想象一下后续的理论，西方思想史是善恶之间冲突的历史，善已经非常陈旧，在从马基雅维利肇始的现代性中已被取代，所以古人与今人之间存在着冲突。你可以轻易就明白为什么像这样的事物具有一种吸引力，或者部分是因为它简化了观念的数量以及你试图处理的文本的数量。施特劳斯的理解与把所有事物追溯到波斯人的神秘仪式并不相同！但是在它的吸引力和其他事物之间仍然存在着某种联系。

瑟特　人们会一直倾向于相信这些事情或许和西方的自我异化有关。

萝娜　尽管听起来你好像在试图寻找一个连续统一体。

瑟特　唔，如果你用善、恶来阐述这个问题，你会对目前的处境感到非常绝望，因为你发现恶的来源是无处不在的，所以你希望返回到过去来理解这些根基。但是很有意思，科学在这方面非常不同。

米歇尔　在哪方面？

瑟特　如果你在前沿（cutting edge），你不应该需要罗亚尔（Port Royal）或笛卡尔来支持你，他们的支持只会成为负担。你可以预测在这个时刻，如果任何已建立的科学开始诉诸它的起源，它就已经终结。因为它如果不一直处于继续前进的状态并拒绝它的过去，它就不再是科学。科学不应该有过去。即便过去曾经出现过一个伟人，他完全吸收了笛卡尔的方法，而我们比他自己更清楚他搭建地基的来源。但是你不能返回过去。

罗伯特　这种想法应该存在于现代思想之中，所有一切都从我们这里开始。

瑟特　［189］或者从下一代。

萝娜　我们以前谈到过乔姆斯基，他不是希望把自己的描述呈现为对一个先在模式的回应吗?

瑟特 不存在任何先在的模式。他是建立了整套理解事物方式的人,不过他确实远离了自己的方向,以表明哲学史上有某种事物与他处理的问题有关系。

萝娜 内在的相?

瑟特 对。但在理论最初搭建的方式中,根本不容易发现它是一个哲学问题。如果所有语言都有一个转换生成语法(transformational grammar),那么这种情况对语言学而言可能是真实的。

罗伯特 它没有必要返回到任何哲学先例。

瑟特 它似乎被假想为和计算机程序相同的事物。你想写一个尽可能理性的语法:你怎样从非常简单的句子发展到复杂的句子?这是一个机器翻译的问题:你放进什么程序,从而能根据某个规则把陈述句变为疑问句?但乔姆斯基那时想要宣布的是,这种理解事物的方式会给你一个简单的运算法则,而且不可能有任何替代物,后来他不得不说这种方式以人类心灵为基础。

萝娜 但是他最初并不把这种方式理解为对心灵本性的描述。

瑟特 当他开始这么想的时候我和他谈过,我说他正在向康德靠拢,他将拥有范畴等等。或许我应该为告诉他他有先行者一事负责。

萝娜 所以我们有了一个新的阴谋论!

瑟特 他的兴趣被激发起来,开始阅读所有这类书籍,然后把它们运用到语言学中。乔姆斯基有一次宣称他的语言学和他的政治学之间存在着联系,不是吗?

罗伯特 是的,自由。

瑟特 而理性主义者之于经验主义者就如同好人之于坏人。

萝娜 为什么理性是自由的?

罗伯特 因为尽管它设置了形式上的限制,它对无限的创造力没有限制。

瑟特 这是他与斯金纳（Skinner）不同的第一个观点，但实际上乔姆斯基也是一个行为主义者（behaviorist）。

萝娜 为什么？

瑟特 因为他坚信人脑中有一个程序，他将发现这个程序。

米歇尔 ［190］所以这就是康德和一个物质的物自体（itself），一个物质的先验自我。

瑟特 像弗洛伊德。

米歇尔 或者像塞拉斯（Wilfred Sellars），他的构想在某种程度上保留在康德世界之内，但是却让物自体物质化。

罗伯特 神经心理学（Neurophysiology）。

萝娜 它已经被取代，不是吗？

罗伯特 是的。

瑟特 罗蒂不也和此事有关吗？

罗伯特 他有一次称自己为物理主义者（Physicalist），但仍然鼓吹塞拉斯的学说，尽管或许根据不同的原因。

瑟特 斯金纳的女儿在哈佛非常有名，因为她是在斯金纳箱（Skinner box）中被抚养长大的。

萝娜 我喜欢他的睡眠时间表。

瑟特 那是什么？

萝娜 它是完全精心设定的：他会一次睡两个小时，然后醒两个小时，无论白天黑夜他家都有闹钟在响。

米歇尔 这种理性安排的困难在于，你永远都不能和任何人说话。

罗伯特 还记得他的第一个发明吗？当他想把衣服放好的时候，一个标记会出现并说："放好你的衣服。"他把衣服放好的那刻，这个标志就会退回去。作为结果，他永远也不能穿上衣服。

科学与哲学的不连贯

米歇尔　我们已经谈到哲学需要成为不只是操纵思想的事物，它应该与现实有联系。我怀疑如果哲学不能做到这一点，是否会有政治后果。

瑟特　你想到什么具体的例子？

米歇尔　比如说西西里远征？或许你会说哲学和政治之间出现了断裂，其自然结果不是政治变得更为理性，而是哲学自己适应了政治的疯狂。所以你得到继续西西里远征的正当理由，同时你又突然获得为适应这个环境而生的理论。

瑟特　当哲学消失时，这种情况发生在思考内部——这么说是不是过于夸大了？你仍然拥有思考，但是你不拥有哲学，其标志是专家思考的方式受到某种疯狂的影响。

萝娜　［191］这样会暗示哲学是一种中和的影响（moderating influence）。

米歇尔　它通过某种否则就会消失的现实意识，在各种观念上放置了一个闸门。

萝娜　当然，这和大多数人认为的哲学的意义恰好相反。

瑟特　绝对相反。

萝娜　如果哲学确实有一种中和的影响，是不是因为它对无知的认识？

瑟特　唔，我在想如果你有一种科学理论和一套制度，但是你没有这种科学自身的任何依据，没有任何可以指导它的事物，会发生什么事情？

萝娜　没有理论依据？

罗伯特 当然不是从内部，不是生来就没有。

瑟特 在休谟之后，也不是从外部。所以，或许结果是它不能控制它自己，从各种科学的观点来看，这甚至是一个优点。

罗伯特 从各种科学内部的视角来看，既不必要也不可能有这样一个规则。有任何规则都是非自然的。

萝娜 你说的"内部"和"外部"是什么意思？

瑟特 一方面，在科学自身内部；另一方面，在科学哲人（the philosopher of science）内部。但是自休谟开始，它们之间的关系变了。他的前辈似乎认为哲学和科学之间没有区别。

米歇尔 我不明白。从一开始培根和笛卡尔就知道他们从事的活动不是科学将参与的活动。他们似乎认为自己在为他们必须证明其可能性的活动打基础。但是如果你批判笛卡尔对心脏运动的描述而并不批判他的哲学，这种情况也是真实的。

罗伯特 科学理解它自身的方式很有趣——自治的或自足的，而所有人都确信它实际以这种方式存在，它不需要依据。

萝娜 现在，那些把自己看作哲人的人从自然科学那里获得提示。他们是形而上的"物理主义者"，因为他们认为这就是物理学要求的东西。

罗伯特 当然。它是奎因：无论哲学最终告诉我们什么。它也是塞拉斯：它将在世界终结之日告诉我们。它还是罗蒂。认为哲学提供依据的观念是一个奇怪的观念。每个人都根据科学大谈哲学的终结。

米歇尔 ［192］但是在科学自身内部，这二者之间又重新开战。那些说"就让我们做我们的实验"的人不希望和宇宙论有任何瓜葛，而宇宙论似乎应该为他们在做的实验负责。他们没有意识到他们在寻找的东西已经受到一些宏伟理论建构的影响。

瑟特　你们对"末日机器"有何感想呢?奇爱博士（Dr. Strangelove）是对的。

罗伯特　它不只是一部电影。

瑟特　俄国人有这种机器。

萝娜　它会做什么?

瑟特　它会发射火箭，这些火箭会把无线电信号发送到俄国的所有核试验场，所有核武器会立刻爆炸，摧毁整个世界。让这件事情发生只需要极少数人的死亡。一旦莫斯科的司令官被杀，就会发生这种事。

米歇尔　如果你把海德格尔式思考作为一种模式——思考必须和存在的暂时性联系起来，就没有可能言说真实的事物。

瑟特:　这和普遍接受关于世界创生的宇宙论有关?

萝娜　大爆炸?

瑟特　对。换句话说，如果你接受宇宙从"无"生出的观点，你在两端都已经处于暂时的框架中。海德格尔的思考似乎是对此不可避免的反思。

罗伯特　你可以解释的绝对开端会是一个像纯粹"在于状态"（Vorhandenheit）这样的事物，一个纯粹的在场（Presence），这恰恰是海德格尔所否认的。你会总是处于"悬置"（epoche）之中。

瑟特　很有意思，科学本身会获得这种激进的形而上结论。奇怪的是它不受这些困难的干扰。

罗伯特　它只不过回应了数据和自己由此而生的理论。

萝娜　是否有一些永恒的理论家留存下来?

瑟特　不再有了，因为证据不支持他们。

罗伯特　背景辐射（background radiation）的一致性，这是科学真正做的事情。

瑟特　有趣的是，理论的不连贯并不是科学探索的障碍。在哲学内部不可能的事物似乎是科学的绝对特征。所以爱因斯坦提出了广义相对论——如果它是真的，就表明理论本身是错误的。

萝娜　你能解释一下吗？

瑟特　这个理论说牛顿犯了一个可怕的错误，他没有意识到[193]一旦他引入引力，宇宙必然会要么膨胀，要么压缩，它不可能保持稳定。

萝娜　为什么？

瑟特　因为物体相互吸引。

萝娜　所以它们要么被拉开，要么挤在一起？

瑟特　它不可能处于一个稳定状态。如果你接受这一点，必然意味着宇宙有一个起源——一个单一的点。那么爱因斯坦关于引力的理论就不可能是真实的，因为它得到一个点——当宇宙挤压时，他的理论就站不住脚了。所以你获得一个说它自己不是宇宙理论的宇宙理论。它必然是另一理论的一部分。

萝娜　但是没有人曾被它困扰？

瑟特　没有。首先，过了很长时间人们才意识到这一点。其次，它的作用以及理论本身是如此美丽，因此没有人愿意放弃它。

米歇尔　对科学而言这是真实的，部分原因是科学建立在以前科学的基础之上。只要一个理论能够作为对之前理论的修正，它就是可以接受的。但这不也是哲学史起作用的方式吗？这就是为何许多思想家不会回到事物本身（sachen selbst）的原因，他们回到以前的思想家，因此可能会让你吃惊的事情（比如理论的十分不连贯）被放到一边，因为他们在揭示前人描述中的难点。你可以说海德格尔式相对主义最明显的困难就是那种类型，跟爱因斯坦的问题很像。在表面上，它是在某种程度上不连贯的理论，因为它的主张它自己不能支持。所以看起来哲学史好像和科学史没有区别。

罗伯特　不过我想问题在于，如果是哲学，那么你将有足够的理由……

萝娜　要求连贯性？

罗伯特　而且如果理论没达到要求，就拒斥它。

米歇尔　但是我觉得实际上发生的情况并不是这样。海德格尔的描述中有一些问题，第一眼看过去……

瑟特　不可解决。

米歇尔　但是你在一段时间内不会为此担忧，因为它具有如此巨大的力量，以至于你把它括在括号里，或者你会声称它并不是真正成问题。这似乎和它是对前人理论的回应有关。

罗伯特　海德格尔思想的力量以何种方式持续下来——不顾意识到它有不连贯的地方？

米歇尔　[194] 以施特劳斯的批判为例。他从未对海德格尔指名道姓，但他对简单相对主义的批判是：它包含了一个逻辑上的矛盾——如果它说出关于这个世界的真相，就会让它自己的说辞成为错误的。这个批判再三受到冷遇，因为它是如此思想简单（simple - minded），但是它没有被真正回答过。它和这个事实有关：海德格尔所做的事情具有一种力量，它会让你要么想说那不是一个真正的问题；要么想说它是一个问题，但你可以把它放在括号里。

罗伯特　如果你首先意识到这种不连贯，然后又意识到有一种持续的力量，这是不是把海德格尔思想当作一种科学理论，所以你不担心不连贯？或者你试图挑选？你觉得他关于"被抛状态"（Ge-worfenheit）的观点有道理，而"被抛状态"可以从相对主义中抽离出来，所以你没有必要担心。我试图将这种情况和爱因斯坦的情况做一比较。或者找出牛顿理论中的不连贯；但是人们说牛顿理论在某些界限内部具有适用性。

萝娜 你能提醒我们牛顿理论中的不连贯是什么吗？

瑟特 它同时具有引力和运动的非动力学原因（nondynamical cause）。如果有引力存在，那么运动定律就不可能是真的。

萝娜 所有定律吗？

瑟特 关键定律：静者恒静，动者恒动。引力理论说这不可能是真的：所有静止的事物将会运动，所有运动的事物将会静止。

萝娜 牛顿有没有意识到这个问题？

瑟特 没有。因为他提出了他的理论，这是一个动力学理论，以引力为基础，然后又强加到一个非动力学的空间。关于这一点有一些无法理解的东西。只有跟随爱因斯坦，人们才发现这二者是不相容的。所以这个理论三百年来都在发挥作用，确实令人吃惊。

罗伯特 但是你觉得爱因斯坦的情况和牛顿不同，研究爱因斯坦理论的人需要很多年才能发现其中有巨大的不连贯？人们意识到它的运用有一个有限的范围。所以如果哲学与科学在这方面确实有某种共通性（commonality），这种共通性是不是犹如——比如在海德格尔的例子中——你认为你仍然能够运用他的一些基本范畴，同时又不会遭遇根本上的不连贯？

萝娜 你能不能就说每种理论都是由某个问题激发而生，在把它运用到那个问题的过程中，它或许是没有差错的；但是最终它到达一个点，然后开始变得不连贯？那么，让它对超出那个点的事物负责公平吗？干吗不说每种理论都是偏颇的？

罗伯特 因为爱因斯坦的理论把自己理解为完全全面的。[195]但结果却是在它的全面中，它指涉了一个时刻，这个时刻损害了它的普遍性，而且这个时刻是在它自身之外产生的。

萝娜 那个时刻是什么？

瑟特　普朗克时间，10^{-32}秒，①这是完全真实的。但是你不能超出这个范围。

萝娜　这很不错，不是吗？

罗伯特　这是所有人从相对论观点来谈牛顿物理，"在这些限制内部"。他们的意思不过是，结论的分歧是如此细微，因此对所有实践目的来讲，都是适用的。这几乎好比善对于真理或缺乏真理漠然置之。

米歇尔　我仍然不确定哲学史是否如此不同。以康德和黑格尔为例。有一种理解是，康德发展的整套理论在某种程度上是正确的，但是一个关键事物被遗漏了，所以需要一个根本的修正，而从黑格尔那里你获得了这样的修正。他不是返回到康德发展先验自我的依据，而是返回到发现这个理论中一个缺陷，并试图修补它。他没有试图重新思考，康德的出发点是否有可能是这个相对缺陷的原因。在某种层面上，这些问题由以前的思想家们激发产生。

瑟特　让我们问一个问题。在哲学中，当这种情况发生时，是否总有一个治疗性的补救（therapeutic pay – off）？

萝娜　从这个成问题的理论中吗？

瑟特　是的。弗洛伊德可以作为典型例证。你有一个不太连贯的心理分析理论，但是有一个补救，这种情况能够和科学相比较。问题是，事情都像这样发生吗？比如说在海德格尔那里发生？甚至在康德和黑格尔那里发生？

---

①　［译按］普朗克是量子理论的奠基人之一。普朗克时间是量子力学中的一个概念，指光速通过蒲朗克长度（现在人们所能理解的最小时间单位）所需的时间。普朗克时间大约为 5×10^{-44} 秒，此处疑为瑟特记错。

米歇尔 关于真理的运作（truth operating）似乎有两种观念。一种是理论，一种是……

萝娜 实践的成功？

米歇尔 唔，那可能是谈论它的现代方式。但是无论如何，它让"无知之知"成为可能。你可以在不知道根据的情况下，意识到某个理论描述是不正确的。结果通过对世界的特殊理解，某些正面因素（positive things）成为可能，你不愿意因为产生它们的理论最终被证明是不连贯的就把它们抛弃掉。

瑟特 你可以说，它像一套允许一个部落生存的习俗，但是这套习俗的依据你能想象有多疯狂就有多疯狂。

罗伯特 ［196］生活根据这些习俗延续下去，但是这些习俗不仅不能清楚地为人所了解，而且可以是完全疯狂的。然而在某种程度上它不成其为问题。

瑟特 它不仅不成问题，而且你可以将它推得更远。正由于它是不连贯的，就出现了某些人类可能性，它们给人留下非常深刻的印象.

萝娜 你能给我们举个例子吗?

瑟特 我在想安提戈涅。她所坚信的东西是完全不连贯的，如果你试图表述它的话。

萝娜 关于身体与灵魂的关系,以及这种关系如何与安葬行为契合?

瑟特 是的。

萝娜 我们最后谈论起作用的恶的目的论（teleology of evil）原则，其中某种事物从一个不连贯的根据那里流泻出来，如果你拥有更多的理性控制，你可能会排除这种情况。

瑟特 当然，我们一开始的谈论不顾不连贯而接受某事物，因为它能给我们带来安慰；但是在安提歌涅的例子中恰好相反——它绝对令人感到恐惧。

教育、专门技能与灵魂

哈佛的数学家和哲人

瑟特 我最近去了一趟剑桥，参加哈佛研究员协会的 60 周年纪念。在用餐时，我右边坐的是一个数学家，左边是一个物理学家。他们各自独立地与我交谈，而且两人都想谈论智慧。数学家说："没有睿智的数学家，但可能有睿智的物理学家。"物理学家说："睿智的物理学家寥寥可数，不过费米是其中之一。"

米歇尔 但这两人都没有听到对方的话？

瑟特 对。我在用餐的前半段时间和一个人说话，在后半段时间和另一个人说话。物理学家略微谈到他在欧洲的背景，他的家族拥有一个大的出版机构。在希特勒成为首相之后，纳粹分子持枪闯入，说："现在这里是我们的了，滚开。"所以，他们在 33 年就离开了欧洲。或许部分因为这个原因，部分因为他是一个物理学家，他看起来非常可靠。他大约比另一个人年长二十五岁，而且他似乎被一种你不能理解的方式塑造。

米歇尔 和那个数学家不同？

瑟特 数学家试图自我创造。他写了一本书，是对代数几何学的总结，他因为那本书而一举成名。然后 [197] 他开始学习日本古典音乐，现在他成了这方面的专家：他懂古日语，而且研习了多年，同时学乐器。这是他让自己成为一个存在的方法。

罗伯特 他不把他自己和他的数学成果视为一体吗？

瑟特 不，他觉得那只是他的职业，而其他才是真实的事物。

萝娜 职业是不真实的。

瑟特 完全不真实。

萝娜 职业是不够的。人们觉得他们自身不完整，因此必须填充一些东西，但是这种填充并没有采取自然的方式和人们联系起来。

瑟特 我在想布莱肯哈根或格瑞纳。你可能会说，如果你是生活在这个时代的盎格鲁－爱尔兰人，会有一种对你有意义的影响，而那种影响似乎已经消失了。

罗伯特 所以现在你必须找到一些内容或其他事物，以赋予你自己一个身份。

瑟特 我想这和关于经验和教学的整个问题有关系。

米歇尔 你的意思是？

瑟特 教学的特征，按照笛卡尔的方式，就是加快理解的过程，或者留下一个你能加快它的印象。

罗伯特 你可以跳跃。

瑟特 有人根据他曾经经历的生活来塑造自己，然后传播它。但是他的生活没有被传播，得到传播的只有没有依据的规则——

罗伯特 ——在让它们开始的经验之中。

瑟特 对。

萝娜 这种情况一直是真实的吗？或者现在学生带来了经验中缺乏的事物？

米歇尔 作为老师，你总是试图传播问题（你的答案只是其中一种答案），所以学生能够二者兼得，尽管这种情况从来没有真正出现过。但是或许在过去你能够假设学生可以提出他自己的推理，而不是你的推理——所以即便那些问题在某种程度上保持不变，亚里士多德也和柏拉图看起来不同。但是现在这个问题变得更加激进，你是一个数学家，写了一本书，但是数学绝不和你有真正意义上的联系，所以现在你要学习日本音乐。

萝娜 数学是真正的问题吗——艺术与灵魂完满之间的分裂？

瑟特 我一开始也这么想，这是物理和数学之间的区别。但是后来我开始想到施特劳斯，或克莱因，［198］或科耶夫，并且与他们下面一代或下面两代的学生做对比。

萝娜 差异集中在经验的作用？

瑟特 我会这么想。有一次我和施特劳斯在一起，一个从波兰来的女人（她获准在波兰定居）前来拜访他，她待了有大约半个小时。在她离开之后，施特劳斯评价她与美国女人有多么不同。与她同龄的美国女人相比，有一种标记使她更为深刻或至少看起来更为深刻在这么短的时间内，你就能发现这一点。

米歇尔 所以这一点帮助解释数学家为何觉得要进行自我创造。在某种程度上，这种创造意识让他成为一种更加有趣的类型，至少是你希望在柏拉图对话中发现的类型。

瑟特 是这样的。

萝娜 更像那种不幸福的意识。

瑟特 所以你可以预测，他们中的一个去看精神分析师，另一个不用去。

米歇尔 你欣赏不去看精神分析师的那个，因为他在某方面很强健。另一方面，去看精神分析师的那个人知道有地方出了问题，所以在某方面这是一种优越性。

瑟特 你可以说存在着反比，或许不是反比，但是至少存在一种关系——在数学家代表的渴望程度与满足这种渴望可能性的缺乏之间。但是我会认为，过去这种渴望被非同一般地构建……

罗伯特 从早期开始。

瑟特 在某种程度上，这种渴望是持续的，但是由于那样的关系，它又是受到限制的。但是那种构建似乎是过去的事情。

罗伯特 没有那种构建，则只有做数学题的人，他不可能再说

"我是数学家";而"是"必须获得某种存在,所以你寻找某种事物以确立存在。

瑟特   如果你这么说,它就成了《王制》中的问题:一方面是"技艺",另一方面是灵魂,而教育必须阻止这种对立。因此这个问题似乎属于政治社会的性质问题。

萝娜   所以"万事通"就是那位研究日本音乐的数学家。

瑟特   对,不过你可以使用《王制》中的词汇,说那位数学家不是受过教育的人,而物理学家则是。

罗伯特   当你想到《王制》中的建构时 [199],你获得技艺的城邦(the city of arts),然后你又获得教育,问题是怎样把它们放置在一起。似乎一切事物都在让它们处于分离状态。

瑟特   人们可以说教育是意志问题(the problem of the will)的翻版。

萝娜   你为什么这么说?

罗伯特   你想成为大人物?

瑟特   是的,作为城邦中人的功能角色的对立物。《王制》的悖论在于:通过宣称正义即知识,让意志的实现等同于技艺的实现。

罗伯特   当意志不应该和技艺有联系的时候。

萝娜   虽然在忒拉绪马霍斯那里,技艺是根据意志开始的。

瑟特   这一点的开端甚至早于忒拉绪马霍斯。意志和技艺在波勒马库斯(Polemarchus)那里已经等同起来,然后忒拉绪马霍斯不过和他的说法相符。但是它以一种非常任意的方式开始,根本没有任何证据表明情况可以是这样。

教育与阶级结构

瑟特   关于习俗与教育塑造人的方式问题,已经出现在我读过的托玛斯·阿诺德（Thomas Arnold）的文章中。他是马修·阿诺德（Matthew Arnold）的父亲。下面这段话来自他编辑的修昔底德作品的前言。① 他在谈论古代城邦。

> 公民身份从种族衍生而来；但是种族的差异并不如它们在现代社会中那样令人生厌和怪诞；它们暗示了通常最为重要的差异——宗教与道德上的差异。特殊的种族以一种特殊的方式膜拜特殊的神祇……因此同一个联邦政体中如果没有一个种族占支配地位，不同种族的人的混合有扰乱生活中所有关系以及人们是非观念的倾向；或者通过强迫人们容忍在如此近的关系中，公民在人类生活的主要观点上存在差异，导致一种普遍的冷漠情绪和怀疑主义，并助长了这种观念：是与非并不真正存在，它们只是人类意见的产物。
>
> 对于对些认为政治社会被赋予了比安全和贸易更高目标的人而言，古代国家的原则——把宗教和道德认同作为公民权的标准——无疑显得更明智、更好。然而种族的混合［200］对人类的发展是不可或缺的，而一种对民族风俗独占性的依恋与真正的自由是不相容的。那么这个问题应该如何解决；如何获得文明同时又不会道德堕落；如何避免一种狭隘的偏执，同时又不会陷入更糟糕的伊壁鸠鲁式冷漠？基督教通过让宗教和道德契约独立于种族或民族风俗，最令人满意地回答了这些问题。公民身份的联系和检验，古代立法者只能被迫在种族的同一性中寻找，因为唯其如此，他们才能避免更大的恶——人们对于

---

① 修昔底德，《伯罗奔尼撒战争史》，Thomas Arnold 注疏（Oxford，1835），vol. 3，Ⅹⅶ—Ⅹⅷ。Thomas Arnold（1795—1842）曾任 Rugby 学院校长和牛津大学现代史钦定教授。

是非观念的困惑，以及随之而来的冷漠；现在，它在基督教的信仰表白中提供给我们。

萝娜　所以一方面，你有种族或部落，它们提供独特的习俗和生活方式，但是其形式受到限制；另一方面你有基督教，它放开事物，并且具有一种普世性，但是它仍然不自由。

瑟特　我从阿诺德那里听说，似乎确实存在两种重要元素——古希腊和希伯来，它们需要被保存，但困难在于它们不能被放到一起。

萝娜　阿诺德知道？

瑟特　他绝对知道。但是他似乎认为，通过抽取希伯来精神中的宗教和希腊精神中的理性，你获得某种高贵或优美的事物，那就是英国，或一个可能的英国。对教育而言，它成了一个完美的"相"——"从未想到或言说过的最好事物"。如果你读过他的信，你会意识到结合希伯来和希腊精神的事物是历史意识，它比这两者都要高。

罗伯特　历史意识是否存在于二者之中，或者在二者之中都不存在。

瑟特　二者之中都不存在，但是来自德国人。他曾潜心于德语《圣经》研究。

罗伯特　他想说习俗赋予人们不同的特征，而基督教代表对不同习俗的超越。但它不只是解决办法。

瑟特　唔，别忘了，阿诺德忽略或只是暗示到的东西——经验主义。你拥有资本主义的经验主义，它也具有基督教明显表现出的普世性。他后来评论亚里士多德理解事物的基础是 153 种制度；[201] 这暗示经验主义和基督教让我们不可能拥有这种经验。

萝娜　这个世界过于同质化了。

瑟特　对，而那是 1842 年。

罗伯特 让我们回到那个数学家，他代表没有任何自我的工作（如果某些习俗曾经关注自我，他可能会拥有了自我），似乎有类似阿诺德的基督教原则那样的事物在起作用。

米歇尔 但是不再作为对习俗多样性的克服。

罗伯特 原则上没有遗留下要克服的东西。

米歇尔 但是结果你有了一种民主化（democratization），却不需要克服——

罗伯特 这是基督教的终极目的。如果你给它两千年以发挥作用，到达它成功的极致，你恰好会遇到你刚才提到的困难——现在它没有东西赖以为生，以继续成为这种克服（overcoming）。

萝娜 历史的终结。

瑟特 所以拯救基督教的恰恰是异教。

罗伯特 唔，不单单是犹太教；如果是的话，也必然是所有习俗中象征的犹太教。

米歇尔 所以犹太问题？

罗伯特 对。神学－政治学问题如何在这里契合？

瑟特 我想它必须根据神意（divine providence）来理解。

萝娜 你能解释一下吗？

瑟特 犹太人是不可同化的元素，这揭示出城邦不可能实现它声称自己能够实现的事物，所以"流放"（Galut）是表明不可解决的历史标记。你看到各种类型的社会相信它们可以解决这个问题，试图用一种残忍的方式摆脱它。

罗伯特 所以这是"最终解决"的真正涵义。

米歇尔 你有两种可能性，完全同化或希特勒。

萝娜 同化或灭亡。

瑟特 是的。

萝娜　但是城邦试图实现超出它能力所及是什么意思？

瑟特　你可以说，城邦的目标是道成肉身（incarnation）。

萝娜　这么说是什么意思？

瑟特　肉体和灵魂，以及二者的需要，可以完全在它自身内部得到满足。

米歇尔　而且以同样的方式……

瑟特　你可以说马克思看到的是，你单单剥离掉最高要求，[202]让它完全肉体化；当这个条件被满足之后，你看，另一个条件也会立刻得到满足。

萝娜　是不是美的进入要求个人自我利益的牺牲？

瑟特　牺牲自我，因为你只是一个齿轮。

萝娜　没有高贵（nobility）？

瑟特　完全没有。不过由于劳动分工和百分之一千万的生产率，你花在工作上的时间只需要几秒钟，然后剩下的时间全都是你自己的。

罗伯特　可以学日本音乐。

萝娜　你在清晨垂钓……但共产主义的吸引力中是不是有一种理想主义，比如对布伦特（［译按］Blunt，英国美术史家，晚年被揭露曾担任苏联间谍）这样的人而言。那是什么？

米歇尔　那是马克思的前革命。你可以用传统的方式来解释那种理想主义——对"共同的好"（common good）的渴望，并甘愿牺牲。但是这并不能让普通人在革命之后对他们的命运感到满足。

萝娜　对正义的渴望如何？

瑟特　但正是这种渴望排除了那些使其自身成为可能的条件。

萝娜　你的意思是在英国的情况？

瑟特　是的，比如像布伦特。

米歇尔 他天生就是贵族？

瑟特 我不这么认为，他接受过那方面的训练。

萝娜 这是荒谬的，不是吗？一旦你把所有事物还原为满足身体的需要，如果存在一个理想主义时刻，它必然促使你献身于低得多的事物。

瑟特 确实荒谬。

米歇尔 理想主义的吸引力有两种。一方面，共产主义是历史之谜的解答，而且它知道自己就是答案，所以它对长年累积的不义有所缓解。但是有可能从此以后，你获得一种新人，他从未遭受过不义，他只有自由，然而达到这种程度的所有人已经异化。

瑟特 在一个阶级结构中的异化经历可能源予你自身位置的任意性。

罗伯特 被抛状态（Geworfen）。

米歇尔 但是一旦你抛开阶级结构，它也会以不同的方式回来，比如现代的女性主义。有一种被抛入一个不是由你创造的世界的感觉，这种感觉是相当正确的。由此得出的结论是受到了不公正对待，这也是正确的。［203］但是这时一种观念认为，哪里有苦难，哪里就应该有人为它负责。这种观念没有意识到苦难有可能是必要条件，以及它根本上是非理性的。

米歇尔 你和布鲁姆谈起过 69 年发生的事吗？

瑟特 是的，我们谈过，我觉得他的经历被夸大了（至少在那个时候）。但是后来，如果你想到他的那本书，他实际上是正确的。

米歇尔 《走向封闭的美国精神》？

瑟特 是的。他明白这些事件有十分深远的影响，这一点已经被对这本书的激烈反应所证实。这本书本来可以成为对一段已逝的历史插曲的描述，人们本来也可以说："噢，那是当时看起来的情况，这是实际发生的情况"，就像他描绘的左派和右派的会议那样。但是由于奇特的历史巧合，这种新的左派意识蕴含在政治正确（political correctness）、女性主义、反男权中心主义和反西方态度之中，这些运动在这本书出版之际正开展得如火如荼，所以他成了领导潮流的人物。他说，这是他第一次处在风口浪尖。结果他实际上正确地看到这个时期大学表面之下发生的事情。

米歇尔 很有意思，因为这本书几乎成了这种反应的一个原因。但是如果你沉思片刻，你会意识到如瑟特所说，表面之下必定有其他东西。

瑟特 所以实际上，他从一开始就看到了潜在的事物。他们在书中发现一个敌人（否则这个敌人会被他们自己创造出来）。这也和下面的事实相符：他说许多大学校长，第一次曾就这本书和他进行交流，后来迫于巨大的压力也不得不对它作出回应。

萝娜 他们说他夺取了他们的经历？

瑟特 噢,是的。结果这些情况在一种奇特的方式下都是真实的。如果你在知道对这本书的反应之前读过这本书，你会说它之所以畅销，是因为某个年龄阶段的任何人都会在其中找到对他们自己经历的描述。但是后来它有了这种内在的为经典的辩论，因为布鲁姆说他的描述只有根据柏拉图才能最终为人所理解。而且你没有通过卢梭、尼采等人返回到柏拉图，你不可能理解这本书。所以它有一层隐含的论证，为阅读这些经典辩护。然后对此有一个疯狂的回应，通过对他的攻击来攻击这些经典，这或许是因为人们希望自己是一个独特的现象，不可能被预测。如果布鲁姆[204]是正确的，他们就不是未来潮流的领导者，因为实际上所有事情在他们出生之前就已经说得很清楚了。某些属于民主的性质,以及诸如此类的事情。

罗伯特 不是他们自己的，只是通过他们来完成。他们是傀儡。

有人已经提到过这一点，想想《单向度的人》。①

瑟特 你可以结合爱欲与政治当然是《王制》的说法，但是它被假定为后马克思主义、后弗洛伊德的发现。

米歇尔 这种回应来自现在在大学里执教的人，但是在布鲁姆所描述的时代，他们中的大多数还是学生。你既不希望你现在在做的事情，也不希望你以前曾经做过的事情被诉诸文字。这是对当前处境的攻击，并且是在创建时期——六十年代。所以这种情况的发生完全可以预测。

瑟特 尽管和这件非常奇怪的事情一起：一方面，它背后有一个柏拉图的范例，另一方面，又有一个尼采和马克思、左派和右派的当代组合。

萝娜 这似乎和现在解读尼采的奇怪方式有关，这种解读方式没有对人的类型划分等级，而这一点对尼采来说是如此重要。

瑟特 所以这只是视界性（Perspectivity）占了上风。

罗伯特 还有意志。

米歇尔 缺少一个目标的一千个目标，它不是一千零一个。但是在下述二者之间存在根本的张力：一方面，在存在主义中也有历史；另一方面，所有人都是自由的观念、所有人都应该自由。似乎从规范性叙述（normative account）退回到描述性叙述（descriptive account）。意志就是能让自己受益的任何东西。所以这里也有一个民主原则。

萝娜 心智（the psyche）只是无序原则（no ordering principle）的一千个目标，只是冲动的混乱状态——作为人类潜能的最终表达。

---

① 马尔库塞，《单向度的人》（*One Dimensional Man*, Boston：Beacon Press, 1964）。

米歇尔 这是没有君主的霍布斯，它是内化的自然状态。

瑟特 听起来也像弗洛伊德，不是吗？像力比多？

罗伯特 许多人包括弗洛伊德自己，发现这一点和尼采有关系。

米歇尔 但即便在弗洛伊德那里，力比多仍然有一个结构。某些冲动更加有力，而且（即便是因为这个原因）在某种程度上也更加重要。

罗伯特 然而尼采的结构只通过某些混乱意志的争执出现，没有内在的关联。如果你想想《扎拉图斯特拉》中那个苍白的罪犯，那就是尼采的结构得以描述的方式。

米歇尔 ［205］虽然在《扎拉图斯特拉》和其他地方看来，全面（the comprehensive）更为重要。基督教作为最大的敌人出现，不仅是因为它是一个强大的宗派，更因为它拥有组织所有其他目标的能力。不是所有的价值都能执行这种统一的职能。并不是他们中的所有人都能成为僭主。看起来尼采似乎对拥有这种能力的人心存敬意。

罗伯特 尤其是当你想到《道德的谱系》的时候。但即便在基督教的例子中，你也需要竞争者。新价值的重估只能通过对比发生。

第十章　基督教与罗马作家

"心的割礼"

[206] **米歇尔**　我正在考虑激进政治与形而上学的有趣联系，这一点我们曾谈及过。当某种事物违背明显的真实时，你有必要用一个强有力的理论来削弱现实。

瑟特　你可以说那正是宗教的特征。

米歇尔　但你必须要在我们所了解的宗教中作出区分，因为犹太教并不如此。

瑟特　是的，古希腊精神也不是这样。

萝娜　难道这是基督教的特有原则？

瑟特　也许吧，这是因为基督教关于肉身有两个步骤。一方面是道成肉身，另一方面是将所有事情都完全精神化。它自身内部包含着它的敌人。

萝娜　但是在包含敌人的同时，我认为它也将其转化了。

瑟特　关于"心的割礼"，保罗曾有过一个基于《耶利米书》的评论（《罗马书》2：25－30，《耶利米书》4：4；对观《申命记》30：6）。它似乎意味着自我轻视之类的东西。最初作为差别标志的东西——借以区分各部落并由此而得到神的眷顾，现在却被理解为一种污点和不足。而由这种差别标志产生的骄傲感要求通过心灵的割礼来降低，这是一种自我贬低。

萝娜 这是《耶利米书》的观点？

米歇尔 或是保罗的观点？

瑟特 ［207］保罗发展了《耶利米书》已经形成的观点。谈论基督教的方式之一是说，它接受了先知并以先知代替律法。这种对律法预言性的解释成为律法。因此真正依靠回归律法的忏悔便获得了独立地位。

萝娜 它使犹太教内部一个相当于第二次起航的因素得到释放，又让它自成一个整体。

瑟特 你说得对，形成整体并由此得以宣称它就是完满（fulfillment）。

萝娜 "心里的割礼"是不是意味着一种蒙羞的体验？

瑟特 是的，它提议在一个新的层次上，你应该以古希腊精神为标准。希罗多德把埃及人的割礼理解为对美的攻击。他们认为洁净比美的地位更高。重要的是保持洁净，而那就意味着消灭肉体。割礼因此成为否定肉体的全面实践的一部分，它导致一种彻底的肉身宗教与身体的去肉体化之间的紧张关系。

萝娜 这也使得死亡问题显得如此重要。

瑟特 是的，正是这样。

基督徒作家与古典诗歌

瑟特 阅读基督徒作家的作品，有一点令人印象深刻，那就是他们以极为严肃的态度对待古典诗歌。他们完全按照字面意思理解这些诗作，并以荒谬为由攻击这些作品。

罗伯特 荒谬的意思是？

　　瑟特　伤风败俗或仅仅是不真实，但它不会被看作在某种程度上是神迹的显示。

　　罗伯特　不会把它看作隐喻？

　　瑟特　对，或不会把它看作更为一般意义上的诗。

　　萝娜　没有隐微（huponoia；对观《王制》378d）。

　　瑟特　对。诗歌总是被理解为直接的描述。

　　萝娜　有点像欧绪弗洛，他完全按照字面意思理解关于诸神的诗歌故事。

　　瑟特　正是这样。他们对待诗歌的态度就像欧绪弗洛的态度。当他们觉得他们说的事情是完全真实的时候，他们似乎害怕别人把他们的写作当作诗歌。

　　罗伯特　所以布尔特曼（Bultmann；我不知道他自己是否知道这一点）为了拯救基督教而回到过去，[208]并试图让整个基督教学说诗意化，以对抗用科学方法严格理解字面意思导致的威胁。①

　　米歇尔　你可以理解那些基督徒作家为何担忧。如果基督教的整体构想就是身体的去肉体化，并让它达到不再被理解为身体的程度，那么你就是要把你过去用来制造美好形象的所有有趣事物从身体抽离出来。在想象的层面，很容易就可以丢弃身体。

　　瑟特　我刚想到这一点或许可以和克莱因联系起来。② 如果去肉体化意味着去诗意化，它必然导致符号化……

---

　　①　Rudolf Bultmann（1884—1976），著名《新约》学者。

　　②　这里指的是克莱因在《希腊数学思想和代数学的起源》中，对于现代符号数学来源的描述（参本书第三章页[75]注释。以及第九章181-182页的讨论）。

罗伯特 按照克莱因的观点?

瑟特 是他的观点让我想到这一点。你保留诗意交谈的可能性,但由于你付出的这个有趣代价,它必须被立刻象征化。

萝娜 意义吗?

瑟特 是的。然后象征引出数量惊人的推导。所以《马太福音》或《约翰福音》中的"三天"或"第三天"指耶稣的复活。奇怪的是,我们很难知道为什么要提到他在三天之后有行动。当然最后你知道它有意义,但是就它本身而言根本没有任何意义。

米歇尔 这和古典诗歌非常不同。在古典诗歌中你会说,必须经过很长时间他才会真正死去。你必须在情节中指出为何应该是三天。但是在这里它采取不同的方式,预示数字 3 或此类事物的重要性。

萝娜 关键是否在于信仰以一种独特的方式对基督教起作用?对信仰的检验要求严格按照字面意思来理解这些事物。一旦你开始运用象征,你就只是通过象征符号来理解事物的型相。但是如果你要真正体验信仰,你必须相信上帝真的成人,并从处女体内诞生,你必须相信这些文字记载的事件。

瑟特 但困难在于这些事件本身并没有意义,因为它们只是事件。

萝娜 但是赋予它们任何意义都会让这种信仰受到质疑。

瑟特 [209] 确实如此。所以事件似乎是不连贯的,因为它们彼此之间没有联系。

罗伯特 每件事情都是偶然发生的。

米歇尔 但是它确实发生了,这对事件的意义而言至关重要。所以你不仅只是分析某件事有什么意义。在试图找出上帝成人或处女受孕的可能意义和相信这些事件确实发生之间,存在着差异。后者好象为信仰保留了（不单单和解释有关的）一定空间。

瑟特 但是这时奇怪的是，信仰与作为你自身不朽符号的事件有关联，它不必真正和实际的事件有关。

罗伯特 它是一个符号而非一个象征，因为叙述的事件是一个指示物（pointer），它自身没有任何意义。

瑟特 有趣的是，耶稣的故事似乎应该被当作一个范式例证（paradigm case）。他必须代表一种人类可能性。道成肉身的可能性在于有一种永生的机会……

罗伯特 你也可能有这种机会。

瑟特 对，你也可能有。所以拉撒路是约翰受难之前的最后事件，它代表永恒复活的一个符号。然后你在受难结束时获得永恒复活的第二个符号。关键事件确实是他回来和他们相聚。你在他死后得到身体。所以这也可能是你。

罗伯特 而且实际上也将会是你，只要你拥有信仰。

萝娜 当然，至少那些仪式重新象征性地解释了每件事情：圣饼与酒是肉和血。

罗伯特 但是仪式在象征层面展示的事件（这些事件本身不是诗意的）不会被重新解释。面包和酒可以被解释，但是肉不会被解释，血也不会被解释。那是真实的事物。

瑟特 唔，并不必然如此。在《约翰福音》中，有面包和真实的面包，但是真实的面包是永生的一个符号或一个象征。结果就出现了这种有趣的柏拉图主义。

罗伯特 这是否意味着诗歌重新潜入？

瑟特 我不确定。不过，通过从真实的面包到永生的转移，你实际上在排除你已经引入的诗。

米歇尔 所以面包之于身体就像真实的面包之于真实的身体，

而且因此是潜在的不朽身体?

　　瑟特　对。奇异的面包是以色列人获得的"吗哪"(天赐食物),然后是真实的面包,它具有这种不同的意义。

　　罗伯特　[210] 真实的身体是去肉体化的身体,自我复活的身体。

　　萝娜　约翰把这种奇异的面包等同于以色列人的"吗哪",这是否意味着他把犹太教等同于身体?

　　瑟特　是的,我这么认为。你们知道耶稣被人问到的那个问题,关于那个嫁了七次,嫁给七个兄弟的女人。问他的问题是,她在天国会嫁给谁?而耶稣不得不说在天国里没有婚姻。那里没有身体。这看起来似乎返回到阿里斯托芬。基督教拿走了阿里斯托芬的形象,又从柏拉图那里添上了永生,并说这就是你将获得的东西。但是为了要这么做,它要求与阿里斯托芬相同的举动。也就是说,它不是你的身体;它是另一个不同秩序的身体——球形的身体或天国的身体或别的什么身体。

　　萝娜　它不涉及父母,它是一个自治的个体。

　　瑟特　它是个体,但又是无性的。

　　罗伯特　它是纯粹理性的个体化,听起来不合乎情理。

　　瑟特　如果你回到我们讨论过的《奥德赛》中关于人形的段落,① 似乎这里混淆了两种不同的事物。

　　萝娜　吸引你的是,你(作为个体)的永生。但是否"在基督之中"(be in Christ)的整个理念让它变得可疑?

　　瑟特　这是一个关于 in 意味着什么的问题。个体性一方面看起来非常民主,一方面又具有为卑微(lowness)辩护的因素——你战胜了其他所有人。在《新约》语言中,个体性的意思是"非存在"

---

　　①　参第八章,页 164－165。

（nonbeing）。成为无足轻重的人（nobody）就是成为"非存在"之一。"非存在"是将要成为重要人物（somebody）的人，而那些已经是重要人物的人是存在。

罗伯特　这是尼采的价值重估。

米歇尔　这出自尼采《价值的谱系》中。

萝娜　这种对个体救赎的关注似乎属于基督教对犹太教的反叛。希伯来《圣经》中的死者不过和他们的父辈长眠在一起，这是纳入祖先的一种方式。

瑟特　但是在基督教中，在夫妇和个体之间有一种奇怪的张力，我还没有完全弄明白。

萝娜　你具体想到的是什么？

瑟特　从犹太教向基督教过渡的最明显事件是，你从家庭转移到夫妻关系。在基督教中，关于（禁止）通奸有大量的强调。你可以说，乱伦禁忌之于通奸禁忌 ［211］ 就如犹太教之于基督教。所以个体观念的精神化以夫妻的合而为一为基础，而不只是你自己。

萝娜　你怎样调和这种情况与刚才你所说的"天国中没有婚姻"？它让人觉得永生似乎是个人的。

瑟特　但《新约》作者们似乎不原意放弃部分律法。

萝娜　婚姻？

瑟特　是的。或许因为实际上它作为个体性的意象是如此有力。你选择你的伴侣，婚姻并非你生而具有的状态。

米歇尔　但对于夫妻关系的强调确实与个人的重要性不符。

瑟特　这又和《创世记》第一和第二章中的问题有关。他们还不能决定人的真正意义。

罗伯特　理智与审美的对立？

瑟特　是的。根据多布（Daube）的观点，拉比用阿里斯托芬的术语来解释《创世记》第一章——人是两性同体的。[①] 从我们讨论诗歌的观点来看，在解释神圣文本的过程中采用诗人的意象，并按照字面意思来理解它是令人吃惊的——这就是"成为一体"（one flesh）的含义。基督教明显是以色列历史的展示，换句话说，就是试图探究《创世记》第二章和随后发生的事物，然后回到《创世记》第一章。

萝娜　这是阐述它的很好方式。而且它是反律法主义的（antinomian）。

瑟特　是的，是的。

罗伯特　而且它排除了神与人之间的根本区别。你可以说这是道成肉身、上帝成为人的真正含义：你不允许存在理智－美学的差异。

米歇尔　这意味着诗歌是真实的。

萝娜　我们非常巧妙地把所有事物都联系起来了。

保罗《罗马书》

瑟特　这让我想起我对保罗和世界史的解释！《罗马书》是保罗书信中唯一没有附加场景和涉及特殊问题的信件，所以它因为是自己对罗马人的讲辞而显得重要——他给出当今人士没有理由为之辩护的解释。这是因为上帝不可见的特性（显现在他创造之物的头脑中）已被否认，人们敬奉被造之物而不是造物之主。所以这又是有趣的柏拉图式语言，诗与非诗的断裂。接下来是不敬奉造物主导致的结果（因为他们没有借口不敬奉），那就是女人与女人、男人与男人交媾——违反自然的标志。上帝用这种方式让他们的心灵变得昏暗不明。而最先提到的是女性之间媾和，让人触目惊心。这是保罗

---

① 参 David Daube，《〈新约〉与拉比犹太教》（*The New Testament and Rabbinic Judaism*，Salem，NH：Ayer，1984），71 – 79。

给出的特殊例子，以说明因为关注被造之物而对造物之主的否认。在这个例子之后，是对所有可能犯的各种罪恶的一个概括。

罗伯特 你为什么会觉得女同性恋与男同性恋是使人们心灵变得昏暗，也是由于被造之物而遗忘造物之主的标志？

米歇尔 它是否和这个事实有关：男同性恋或女同性恋确实以行为表明，你是一个理智的人，而不是男人或女人；这个世界已经是一个理智的世界？它会指向对此世的崇拜——似乎它已获得基督教假定的彼岸世界的所有特征。

罗伯特 所以它是一条捷径。

瑟特 对。而且它符合奥古斯都的情形。

米歇尔 奥古斯都的情形如何？

瑟特 唔，如果你回到保罗关于此世的历史，它一开始通过亚当和夏娃引入原罪和死亡。他们身后是一个漫长的历史时期，有原罪和死亡，却没有原罪意识，因此也没有原罪和死亡关系的意识。那个时期之后是摩西与律法的时代，这意味着《摩西五经》以及对原罪的揭示，原罪意识和律法一起出现。保罗描述他自己的早年生活是一种对原罪无知的状态，因为他对律法无知，所以就有了这种"力比多"孩童。这里的问题是，既然很早就已经有了原罪意识，为什么救赎现在才出现？为什么现在才是恰当的时刻？保罗解释了这种从创物之主到被造之物的转移。这种转移一方面采取敬奉会朽坏的人的形式；一方面又敬奉飞禽、走兽和爬虫。第一眼看去，它似乎意味着希腊和埃及宗教。但是我想它意味着奥古斯都的死亡与圣化（divinization）——人人都知道他已是死尸一具，但是他被尊奉成神。埃及宗教融入罗马，但是它不再作为民族传统而具有合理性，因此人人都知道它是虚假的。你获得完全虚假的意识，这是原罪的最终结果。但是在地中海的另一端有真正的上帝，他先成为尸体再成为神。

米歇尔 由于在某种奇怪的方式之下，各种信仰都是相同的，所以取而代之的时机成熟了。

瑟特 ［213］对。

萝娜 它们从外部看起来是一样的。

米歇尔 所以一种信仰可以悄悄转移为另一种。

瑟特 因此信仰很关键，因为它确实是对某种事物的意识，而你知道这种事物是不真实的。

米歇尔 如果只有习俗化，如果宗教只是公开地做事情，那么罗马宗教的律法在某种程度上可以和新宗教的律法等同起来；所以如果有任何真正差异的话，它也应该是一种内部差异。

瑟特 因此这里有一种价值重估。被杀的人是一个奴隶，他因反对国家首领被杀，他成了神。所有事情都颠倒过来了。

罗伯特 你再次获得了尼采的价值重估。

萝娜 所以这是保罗为何要给罗马人写信的原因?

瑟特 我这么认为。没有人知道他写信的场景是什么。这似乎是他的方式，讲述……

罗伯特 这一伟大的历史时刻。

萝娜 而且你认为罗马让它成了可能?

瑟特 看起确实如此。

基督教和罗马帝国

米歇尔 你已经考察了几个拉丁作家——维吉尔、塔西佗、阿普留斯（Apuleius），并且在考虑他们对基督教的理解问题，对吗?

萝娜 他们有预感?

瑟特 预感或一种模糊的意识——某种根本的变革发生了。

萝娜 阿普留斯生活在何时？

瑟特 公元二世纪。

萝娜 所以他知道。

瑟特 他知道基督教。

塔西佗

罗伯特 你提到的塔西佗作品中和这方面相关的是什么？

瑟特 你指的是塔西佗《编年史》卷一中的两种宗教？

罗伯特 你能提醒我们一下吗？

瑟特 唔，它和这件奇怪的事情有关。如果你读过 Syme 论塔西佗的两卷本著作，[①] 你会首次意识到这一点。《编年史》第一卷大约四分之三的部分几乎什么都没谈，这一部分主要讲述在奥古斯都逝世时，军队对两次叛乱的镇压及其后果。这些事件似乎不具有十分重要的历史意义，但塔西佗几乎用了整卷篇幅来描述它们，所以你会感到非常奇怪。这和奥古斯都的两个儿子有关，一个叫杜路苏斯（Drusus），他的亲生儿子，另一个是他的养子日尔曼尼库斯（Germanicus）。他在这本书的后面提到，他认为杜路苏斯过于喜爱角斗表演了，尽管鲜血是廉价的。但是在此之前，杜路苏斯被派去镇压 Panuthian 军队的叛乱。这场叛乱由一个人挑起，他原来是剧团雇来鼓掌喝彩的人之一，他编造了一篇关于他兄弟的演讲辞（实际上他没有兄弟），说他兄弟被司令官杀害了，他问："在哪里我可以埋葬我的兄弟？"然后那天晚上出现了月蚀，士兵们立刻想到，随着月亮

---

① Ronald Syme，《塔西佗》（Tacitus, Oxford：Oxford University Press，1958）。

的黯淡和重放光明，他们的叛乱会成功还是失败。杜路苏斯和他的谋士们利用这种迷信，处决了叛乱首领，镇压了这场叛乱。同时，日尔曼尼库斯去了 Rhine 军队，这个军队比 Panuthian 大很多，并被分为两个军团，叛乱四处蔓延。他和妻儿一起去那里。他的儿子名叫卡利古拉（Caligula），又因为他的军靴昵称"小靴子"。所以日尔曼尼库斯到达后，呼吁他们停止叛乱。在他说话的时候，士兵中的一些人说："干嘛你不做皇帝。"他立刻从审判席跳下，拔出他的剑，用它指着自己的胸口说："我宁愿现在死在这里，也不愿对我的父亲和皇帝不忠。"当他说这番话的时候，人群中的一个士兵叫道："拿我的剑，它更快。"这句话让在场所有人都惊呆了。日尔曼尼库斯没能控制部队，叛乱更加扩大。他的解决办法是，告诉营长一级的指挥官，把他们认为军营里有罪的人统统杀掉。许多人（有罪的和无辜的）都被指挥官们杀掉了。然后日尔曼尼库斯第二天出来说："这不是我的本意。我们都是有罪的。我们必须通过消灭日尔曼人来偿还这些鲜血。"所以，他率领他们在日尔曼人的领地上进行了一场劳而无功的战役——借口因罗马人多年前遭受的失败而惩罚日尔曼人。日尔曼尼库斯的家庭和尼禄有直系亲属关系，卡利古拉的女儿阿格里皮娜（Agrippina）是尼禄的母亲。所以是他而不是杜路苏斯应该为这个家族的特征负责，杜路苏斯在第二卷中就被人杀害或去世了。在谈及日尔曼尼库斯之死时，塔西佗用了一个非常奇怪的词："信念"（Persuasio），描述他被伏都教仪式毒害，或日尔曼尼库斯相信那就是发生的事情，这加速了他的死亡。[215] 在我看来，塔西佗建立了这种旧宗教——按照卢克莱修的理解方式，以和新宗教对立。

    萝娜 这种旧宗教是？

    瑟特 杜路苏斯的宗教，宇宙神祇表达他们对人的眷顾。而在新宗教中，所有人都有罪。

米歇尔　并伴随十分悲惨的后果。

瑟特　一个完全无能的指挥官，但是不承认自己的无能并责怪其他人，或者通过责怪其他所有人，同时责怪自己。

萝娜　不义。

瑟特　不义，而且毫无意义。因为，鉴于在帝国的边境上拥有胜利将军的困难，帝国实际上已经受到限制。帝国开始调和与奥古斯都的关系，这并不是因为二者在个性上适宜调和，而是因为他们必须如此，因为任何人如果成为受大众喜爱的将军，他和他的军队就会控制罗马，所以帝国领土自然没有扩张。日尔曼尼库斯做的事绝对是疯狂的，他做的恰恰是让他从提贝里乌斯（Tiberius）那里篡夺王位的事，尽管实际上他是如此有道德感，永远也不会这么做。所以这是一项毫无意义的事业，牺牲了数千名士兵，风暴出现了，而他们不知道自己在做什么。顺便说一句，他是唯一有梦想的人。

萝娜　日尔曼尼库斯？在塔西佗全书中？

瑟特　是的，直到尼禄你才会看到有梦想的其他人。

米歇尔　这必定和"向内转"有关，它在某种程度上是可以预测的。因为罗马建立在征服的原则之上，它要么会变得过于庞大以至于不能继续扩张，对它自身构成危险；要么从另一种观点来看，它已经征服了所有事物。一个世界性帝国伴之以这样的宗教强迫自己向内转。而你想说塔西佗实际上已经看到了这一点？

罗伯特　扩张的结束？

瑟特　扩张的结束，这意味着罗马的真实本性是成为一种无限的帝国力量。

萝娜　基督教在某种程度上实现了这一点。

瑟特　对。奇怪的是，在卢堪（Lucan）那里，这一点几乎阐述得很清楚。当他写到庞培与恺撒之间的内战时，他在开篇中说，如果没有内战，罗马帝国可能会扩张到整个世界而且整个世界会由法律来统治。然后他转向作为统治者的尼禄说，如果我拥有你，我不需要缪斯。然后他说："请停留一下（Verweile doch），在你去天国之前到地球上来，因为当你到天国的时候，所有神祇会让你安坐在任何你想坐的地方。而无论你安坐在何处，我希望那个地方会是在罗马上空，因为那时这个世界将由爱统一起来。"

萝娜　尼禄作为基督的先行者。

奥古斯都的意义

米歇尔　卡利古拉和尼禄在某种程度上是被效仿的楷模，而塔西佗已经意识到这一点。你对此如何理解？

瑟特　唔，他们都看到（这和去诗意化的问题有关）希腊诗歌开始变成真实的。

米歇尔　从奥古斯都开始？

瑟特　从奥古斯都开始，关于美的先验性的整个观念——诗性宗教（poetic religion）的特征就被割断，因为现在它完全由一个成为神的尘世之人来实现。

罗伯特　所以希腊诸神被取代。

萝娜　被具体化（concretized）。

瑟特　对，被具体化为一个个体。那里不再有帝国的扩张的野心或热望，还伴随着彻底的政治衰败，所以人人都成为奴隶。同时那里不再有任何"爱欲"，不再有"美"。在此之后，也就是在尤利乌－克劳狄王朝建立之后，这个家族的所有人立刻开始重现希腊悲剧，这场悲剧以尼禄杀死他母亲并在舞台上背诵希腊诗歌为结局。克劳迪乌斯娶了他兄长的女儿，这和蛮族允许近亲通婚的事实相符。

这是元老院讨论的问题。

罗伯特　所有事情都在上演。

米歇尔　不仅是在舞台上为观众演出，这表明了罗马的部分特质。那些曾经是诗歌故事的事情现在发生了。但特别是古希腊悲剧得以实现，这一点必定很重要。

萝娜　都是罪恶的事情，对吗？

瑟特　当然，必定如此。你可以这么说，如果希腊诗歌是在诗的内部对野蛮行径的重新假设，那么现在你有了这些野蛮行径在现实中的完全实现。

米歇尔　我不太明白为什么奥古斯都一旦成了神，就必然会发生这些事情？

罗伯特　我想你说的有两种事情——帝国的扩张和美的丧失。

萝娜　为什么皇帝不能体现美？

瑟特　［217］他确实体现了美，但是不再作为雕像，而是作为人来体现。作为雕像，它超越自身；但是作为人，就没什么超越。而超越对美而言是关键。

罗伯特　这是一种去超验化（detranscententalizing）。

瑟特　对。你可以发现基督教以一种奇特的方式符合这一点，它在大规模地实现这一点。

罗伯特　所以它和我们前面讨论的事情有关：基督教否认神和人最终的差异。在那里没有超验。

瑟特　是的。

萝娜　而且它以去政治化（depoliticized）的方式做这件事情。

瑟特　是的。正因为它是以去政治化的方式做这件事情，它提供了真正的自由。

萝娜　你不需要做罗马人？

瑟特　唔，发生了两件有趣的事情。基督教在第二圣殿（the second temple）毁坏之前建立起来，也就是说，在帝国内部犹太人代表的最后痕迹——在地球上作为异类意味着什么消失之前。所以基督教似乎应该在第二圣殿毁坏的过程中拥有对自身的确认，并终止礼法（ceremonial law）。同时，它似乎承认人人内心能够领悟但不作为事实的事物——人人现在都是奴隶，因为在某种层面上仍然存在奴役和自由。因此既然犹太教已经消失，走出这个绝对无所不包（all‑embracing）的帝国的唯一途径是——

罗伯特　精神化。

萝娜　彼岸世界。

瑟特　对。每个人似乎都在不同程度上意识到这是一种新情况。

维吉尔

米歇尔　你如何发现维吉尔已经表现出这种理解？

瑟特　维吉尔写了一首虚无主义诗篇，在其中历史的胜利成为历史的终结，看不到未来的希望，又完全拒绝过去。

萝娜　那么这种胜利如何体现？

瑟特　维吉尔的描述假定共和制已经结束。这意味着从王政结束到奥古斯都之间的所有事情都已终结，而奥古斯都可能处于未来的开端。但是在《埃涅阿斯纪》卷六中，据说他的继承人（人们推测是玛尔凯鲁斯）会在年轻时就死去，因此没有未来。

萝娜　[218] 毫无希望。

瑟特　确实毫无希望。一方面有一个延续了十秒的黄金时代，另一方面，你发现整部诗篇以这种比例为基础：由于希腊人有荷马，所以罗马人有维吉尔，这或多或少是一种翻译。这部诗篇真正的困难在于荷马在希腊人之前并创造了希腊人。

罗伯特 而维吉尔是密涅瓦的夜鹰（［译注］密涅瓦为罗马神话中司智慧与工艺之女神。密涅瓦的夜鹰在黄昏降临时才开始飞翔）。

瑟特 这意味着这部诗篇是反事实的产物（a counterfactual）：如果我维吉尔，在罗马之前，那么罗马配得上称为希腊的继承人。

萝娜 但罗马不是由诗人创立的；诗人不是罗马的立法者。

罗伯特 但我不在前，因此……

瑟特 这种情况在第十二卷中出现。在整部诗篇中，维吉尔一直把埃涅阿斯的追随者称为"埃涅阿人"（Aeneadae），这时尤诺说，他们应该被称为意大利人。所以维吉尔写了一首诗，他承认"埃涅阿人"不过是对另一类人的诗意称呼。这解释了在卷六中埃涅阿斯何以从那扇不能实现梦想的门中出来。

萝娜 你为何这么说？

瑟特 在埃涅阿斯到冥府之后，他说有两扇门。

萝娜 你的意思是《奥德赛》（卷十九，560-67）？

瑟特 是的。真实的梦想从牛角门中来，虚幻的梦想从象牙门中来。埃涅阿斯从象牙门中来，然后你有了六卷虚幻的梦想。

米歇尔 原文很清楚地表明有和你说的相关的东西。但是维吉尔觉得它的意义是什么？他为何觉得只有十秒钟的"圆满"（perfection）？对奥古斯都的描述意义何在？为何帝国的缔造实际上却是帝国的终结？你能在这部诗篇中弄明白吗？

瑟特 我想最明显是在卷六中，安奇塞斯告诉埃涅阿斯，罗马人无论在哲学还是技艺方面都无法与古希腊人匹敌，但他们在统治方面更具优越性，这才是他们的真正使命。不过他说的是帝国，延续不断的帝国。他所说的"安抚弱小，征服狂傲"没有任何意义，除非是在扩张的时候。这句话符合从罗马建国到奥古斯都这段理想化历史之前的所有事情，但是不符合奥古斯时代。

米歇尔　所以它确实是对罗马原则的描述，这些原则可以得到实现并且导致罗马的灭亡，因为后来的罗马已经没有可做的事情。

瑟特　对。

萝娜　并且让基督教成为必要？

瑟特　是的。所以有趣的是，埃涅阿斯渴望成为城邦的缔造者，他确实在色雷斯缔造了一个城邦。他以自己的名字为这个城邦命名[219]，城邦的民众也因此被称为"埃涅阿人"而不是罗马人。城邦可能叫 Ainos［赞美］，你知道 deinos［恐怖］，所以城邦的名字就是"恐怖"。

萝娜　它是一个双关语？

瑟特　是的，很明显。但是那个城邦毁灭了，他们不能再待在那里。然后埃涅阿斯被告之未来，他被告知自己不能成为缔造者。创造将在三百五十年后开始。所以罗马的建立还需要经过三个半世纪。他没有希望，但他仍然在继续。

萝娜　以哪种方式？

瑟特　他在卷七的结尾描述奥古斯都和克丽奥特佩拉相遇的场景中披上铠甲、拿起盾牌。他不知道这么做的意义，但他还是接受了。

米歇尔　他不可能知道这么做的意义，因为意义都在未来显现。

瑟特　这意味着与阿喀琉斯之盾作对比，后者是完全可以理解的。你一看到它就明白它的意义。

萝娜　而埃涅阿斯的行为是历史性的。

罗伯特　所以埃涅阿斯之盾与阿喀琉斯之盾的功用不同，这再次表明希腊人和罗马人之间的差异。

瑟特　我在想莱辛的批评，记得他说过：这里没有运动，没有生命。

罗伯特　唔，一语中的。

萝娜 你觉得莱辛知道这一点吗？

瑟特 我不这么认为。我觉得他比较机械地对待这部作品。他的意思是这里没有诗。

萝娜 你需要这种现世维度。

瑟特 是的，它回到我们的老观点。莱辛明确指出，诗歌的特征是内部必须有活力，它不应该只是一个模式。他的论断由《埃涅阿斯纪》中纯粹散文体的那段话得到证实。

罗伯特 那段话是什么？

瑟特 在后面某一卷中，埃涅阿斯来到罗马，但他并不知道那就是后来的罗马。他寻求对抗拉丁人的援军。那里的国王——顺便说一句，是个希腊国王——不能给予他帮助。所以这里的暗含之意是，如果他和希腊国王一起创建罗马，那么罗马会变成希腊，维吉尔也会变成荷马。

萝娜 但是无法实现。

瑟特 无法实现。这部诗篇中有一卷全都在描述埃涅阿斯和那位在罗马的国王之间的情景。那位国王建议他从伊特拉斯坎人那里寻求帮助。[220] 然后，根据维吉尔的描述，埃涅阿斯派了个信使到伊特拉斯坎国王那里，后者送给他军队。所以整个故事（需要它来解释埃涅阿斯的胜利）完全是叙事性的。

萝娜 像史家笔法。

瑟特 对。而且你发现你可以用同样的方式缩减整部《埃涅阿斯纪》。维吉尔表明他自己的诗歌可以怎样被全然抹杀。

阿普留斯

萝娜 你在阿普留斯的作品中发现了何种罗马－基督教关系？

瑟特 他的作品直接与性有关。他讲了一个故事,在其中他暂时不告诉你故事的作者就是书中主人公。直到第十一卷,他才揭示这一点,同时还表明他自己皈依伊希丝(Isis)和欧西里斯(Osris)的宗教。

萝娜 在十一卷中吗?

瑟特 是的。这本书附了篇前言,说该书作者在希腊语环境中长大,后来又修习拉丁语,所以他的拉丁语不及希腊语。整个故事以一个名叫卢西乌斯(Lucius)的叙述者开始,但是你要到后来才知道他的名字。当然,卢西乌斯是"斐德若"的拉丁译名。他去一个名叫 Hypata 的小镇,位于塞萨利(Thessaly),他在去的路上遇见两个人。他们中的一个对另一个说:"噢,我不相信那是真的。"卢西乌斯具有强烈的好奇心(这里好奇心的意思是想要相信的意愿),他想听那个故事。故事由一个叫阿里斯托梅尼(Aristomenes)的人讲述,是关于他的老朋友苏格拉底的。阿里斯托梅尼在镇上遇到形如乞丐的苏格拉底,苏格拉底告诉他自己和一个女巫有过节。听他这么一说,阿里斯托梅尼立刻叫道:"噢,你会遭到这个世界上最坏的惩罚!"苏格拉底讲了他如何招惹上女巫,丧失了他所有财产等等。最后苏格拉底和阿里斯托梅尼到了一家旅店。他们当晚睡在那里,一个女巫走进来在阿里斯托梅尼身上撒尿,阿里斯托梅尼还看到她砍下一个男人的头。他处于十分惊恐的状态,心想:"噢,他们会以为人是我杀的。我永远都不能解释我怎么会不够胆量与一个女人搏斗。所以我会受到惩罚!"他想离开,所以他走到门边。但旅店老板说:"你怎么可以半夜出门?到处都是盗贼和拦路抢劫的人。如果你这时候出去,人人都会觉得我该为你的死负责。"所以,他又回到他的房间。黎明时分,苏格拉底起床了,然后他们继续上路。走了一会儿,苏格拉底说:"我觉得非常口渴。我昨晚做了个奇怪的梦，在梦中我的头被砍下来了。我太渴了。我看到一条小溪，在悬铃树旁边。"所以他们来到溪边，[221]苏格拉底喝了一口水，结果他的头就掉下来了。他死了。

萝娜　请解释！

瑟特　那是故事的开场。和阿里斯托梅尼在一起的那个人不相信，他觉得太荒谬了。然后卢西乌斯为这个故事的合理性辩护。他说："别人不相信的经历都可能发生在我们所有人头上。比如，你吞了块面包片，它几乎把你噎死。如果你没有亲身经历，你会觉得这种事几乎不可能发生。"最后，卢西乌斯到了一个镇，他有别人帮他写给米罗（Milo）的介绍信。米罗显然十分吝啬，没让他吃一顿饭，却整个晚上都让他讲故事。第二天早上，他去市场买东西吃。他买了条鱼，非常贵。买了鱼之后，他遇到他的一个朋友，这个人现在是管理市场的官员。当他得知那条鱼的价格后，他把它从手上拿走，返回市场，摆出他官员的架势，把所有鱼都用脚踩了一遍，包括卢西乌斯那条。所以卢西乌斯又没吃到东西。然后他碰到住在镇上的一个姑姑，邀请他赴晚宴。他姑姑告诉他，他留宿的那家人的妻子是个女巫。所以他立即决定引诱一个叫弗蒂丝（Photis）的女佣，因为引诱别人的妻子既违法又不道德的。所以他引诱了弗蒂丝，或者说弗蒂丝引诱了他。当他去他姑姑家赴晚宴时，有人告诉他第二天是"笑神"节，笑神是这个镇上古老的神祇。他姑姑对他说，我希望你想点明天娱乐的花样。在他回家的路上，他看到三个高大男人，手里拿着剑。弗蒂丝告诉过他贵族劫匪在夜间骚扰这个镇。

萝娜　贵族？

瑟特　是的，贵族无赖集团。卢西乌斯拔出他的剑，把三个人都杀了。他回到住的地方，马上就想："明早地方官来的时候我该怎样为自己辩护？他们会觉得我有罪。"后来地方官来了，把他带到即将举行审判的剧院。在舞台中央放着三具尸体，用床单盖着。卢西乌斯讲了个完全瞎编的故事，在他讲的时候，剧场里的所有人都捧腹大笑，包括他的房主米罗。当他讲完后，地方官说："拉开床单。"他照办，床单下面是三个葡萄酒囊，它们都被刺穿了，刺的位置恰好就是他刺那三个男人的位置。所以很明显这是一场精心策划的玩笑。他感觉受到极大的羞辱。他回到住的地方，弗蒂丝拿了条鞭子迎上来说：

> 我希望你鞭打我，直到我鲜血淋淋。我对发生在你身上的事情负有责任。我的女主人爱上一个年轻人。她让我从理发师那里收集他的头发。[222] 但我在收集的时候，被理发师注意到了，所以我不得不停止。我在回家的路上，看到有人正在刮酒囊上的毛（[译按] 葡萄酒囊以整张羊皮制成），所以我把这些毛拾了起来。我的女主人把这些毛放进她配制的药膏中，它们就是你用剑刺的那三个年轻人。

这两个故事相互之间不连贯。弗蒂丝讲的故事与作为这个城镇精心策划的玩笑的整个插曲不一致。一个涉及魔法，一个没有。不过，卢西乌斯利用弗蒂丝，强迫她偷她女主人的药膏。我们这时发现他从未和女人有性关系，他是一个同性恋。弗蒂丝现在允许他和男人媾和。后来他看见女主人变成一只鸟，他也想变成鸟，但结果却变成一头驴。

萝娜　魔法在什么地方出了问题？

瑟特　弗蒂丝拿错了药膏，所以他变成驴。

萝娜　没有翅膀。

瑟特　没有翅膀。所以它是《斐德若》，只是马被驴子取代。结果那头驴是伊希丝的对头，也是塞特（[译按] 埃及的夜与黑暗之

神）的对头，而塞特在埃及是类似于堤丰的神。记得苏格拉底在
《斐德若》中说过他想知道他的灵魂是不是像堤丰那样复杂。所以你
有了一个人，他的一次失误让自己变成一头驴，而这个失误是异性
恋导致的。所以随着故事的展开，他变得越来越纯洁。

萝娜　有理解这个故事的线索吗？

瑟特　我想关键是丘比特（Cupid）和塞姬（Psyche）的故事，
卷四和卷六都在讲这个故事。其中发生了两件重要事情。在丘比特
和塞姬故事之前，没有一个词提到"惩戒"；随着这个故事的展开，
"惩戒"这个词出现了十七次，所以这个故事是转折点。丘比特和塞
姬故事实际上是对《斐德若》之后发生的事情的描述。斐德若讲了
关于变形的事，有些人不相信真理和意见之间的差别，因此马可以
变成驴子。斐德若描述的是他自己的事情，结果它成为关于这个世
界历史的描述。前奥林匹亚诸神最初是埃及神祇，他们经由诗人转
化为奥林匹斯诸神，后来又被柏拉图神祇所取代（柏拉图神祇是埃
及诸神的精神化），最后他们和罗马法结合，成为未来世界的新神。

萝娜　很复杂。

瑟特　它回到关于伊西斯和欧西里斯的埃及宗教，但是把它和
罗马法联系起来（你们一会儿就能看到），再加上对爱欲的消除。

萝娜　这如何可能？

瑟特　［223］故事经过如下：丘比特和塞姬的故事分为三个部
分。塞姬是三姐妹中最小的一个。她十分漂亮，结果人们都停止敬
拜维纳斯，开始把她当作真正的维纳斯敬拜。维纳斯自然勃然大怒。
所以在第一阶段，你有了没有爱欲的灵魂。然后丘比特被派去惩罚
她，结果却爱上了她。在这一阶段你同时拥有灵魂和爱欲，但灵魂
自己不知道。最后塞姬在她姐姐们的鼓动下，偷看丘比特，知道那
就是爱欲，并因此失去了他。这是第三阶段，灵魂认出爱欲。然后

在最后一个阶段，灵魂和爱欲结合在一起——以罗马婚礼的形式。所有的灵魂现在都是不朽的。所以"Psyche"这个名字的意义是：现在每个灵魂都是一个专名（proper name）。这是柏拉图之后的最后阶段。

萝娜　通过罗马法律？

瑟特　是的。所以在故事开篇，我们被告知丘比特是完全不受法律约束的人。但是在故事结尾，朱庇特说："我们必须阻止他再这么无法无天，让他永远受与塞姬婚姻的束缚。"要这么做，塞姬就必须是永生的。所以整件事的焦点转移到塞姬作为专名代表的灵魂是个体的灵魂，因此这里就不再有爱欲。听到这个故事的所有人的结局是——那个女孩和那个讲故事的女人，以及那个女孩的未婚夫——在听完故事之后立即遇害。而作为人的卢西乌斯，成为通奸者的惩罚者。现在他的长耳朵派上了用场。记得《斐德若》中的这一点吗？混淆驴子和马的错误在于，驴子是耳朵最长的家畜，但是耳朵毫无用处。结果现在长耳朵确实有用，让他有能力偷听。

萝娜　间谍？

瑟特　是的。他能够偷听情人们的对话，然后惩罚通奸者。他压碎他们的手指，然后揭发他们。

米歇尔　这是不是又回到人形的问题？它们如何结合在一起？

瑟特　其中一件有趣的事情是，当弗蒂丝第一次来到他身边时，卢西乌斯煞费苦心对她的头发赞扬了一番，并说女人的头发是她天性端庄的标志，尽管女人试图靠赤裸身体来展示她的魅力，但她们的头发表明事实上并不如此，有些东西仍然必须隐藏。在故事结尾，卢西乌斯剃光了头发。他成了罗马的一名律师。

萝娜　一个无耻的修辞家？

瑟特　换句话说，他成了吕西阿斯。在法律的庇护之下，吕西阿斯胜利了。

   萝娜 没爱欲之人（参《斐德若》227c）？

   瑟特 对，没爱欲者。

   米歇尔 ［224］你是否在暗示整个故事都是对基督教的描述？

   瑟特 唔，故事中实际有个基督徒，一个女人。

   罗伯特 你的意思是有人被称为基督徒？

   瑟特 没有用这个词，但很明显她是基督徒。所以阿普留斯知道基督教。这也解释了故事中为何有对通奸和惩戒的大量强调，再加上个体灵魂的不朽，全都在法律的语境下发生。他似乎预见到那是即将到来的事情。

   罗伯特 罗马法和基督教一起运作？

   瑟特 我是这么理解的。他发现苏格拉底揭示了荷马诸神的真相，他们不过是人类爱欲的翻版。因此，荷马诸神被这种解释摧毁。然后，他们非但没有被更高的神祇取代，反而被过去取代。

   罗伯特 他们被这种解释摧毁的原因是？

   瑟特 唔，现在你知道它是什么。

   萝娜 你不能敬拜他们？

   瑟特 你不能敬拜你知道不过是人类现象的事物。

   米歇尔 这只是对即将到来的事物的宣言，而不是（比如像塔西佗那样）对当前形势的批判？塔西佗似乎指出，罗马帝制和基督教的共存是极度可怕的。在这种情况下是这样吗？

   瑟特 我这么认为。让人印象深刻的是，所有故事都是根据这三个部分建构的。在丘比特和塞姬的故事之后又讲了一个故事，它是之后唯一的滑稽故事，也是据说唯一脱离主题，没有放到恰当地方的故事。它是关于通奸的有趣故事，但是那些涉及通奸的其他故事则非常恐怖。

萝娜 可怕的事情落在通奸者头上？

瑟特 噢，是的。其中之一讲一个佣人或奴隶爱上了一个自由民女人，尽管他的主人已经让他娶了另一个奴隶。他的妻子杀掉他们的孩子，然后自杀。后来主人发现了一切。主人把这个人的眼睛弄瞎，在他全身涂满蜂蜜，结果他被蚂蚁活活咬死。所以我打算这么来解释，这是一个关于苏格拉底被魔力击败的故事。魔力实际上是由苏格拉底释放的，但他却无法控制。

米歇尔 魔力就是基督教？

瑟特 或与此类似的事物。

萝娜 但是如果你说基督教中有爱的宗教和永恒惩戒的奇特结合，在这里爱似乎被抛弃，并由惩戒取代。我认为你说在丘比特和塞姬的故事中，[225] 爱被习俗化了（conventionalized），爱欲进入法律的包围圈，这是爱欲的毁灭。

瑟特 是的，我这么认为，但是它还要复杂一些。塞姬由于她姐姐的鼓动，在丘比特睡着时看他。当他飞走时，她完全忘记是她自己的好奇心让她这么做的。她回到两个姐姐身旁说："我丈夫把我休了，他想娶你们两个。"然后她又分别对她们说："你只需要从那座山上跳下，然后风神会把你们带走，带到他身边。"

萝娜 所以这是《斐德若》中玻瑞阿斯与俄瑞迪娅故事的改写？

瑟特 对。当然她们两个都死了。所以她做的第一件事是，因她自己的罪而惩罚她姐姐。她做的第二件事是，在正午时分爬到一座高山上，寻找丘比特。她看到神殿四周随意丢弃着一些农具，她开始收集它们，并将它们分类。换句话说，塞姬（psyche）在离开丘比特，获得"血气"之后——由她杀害两个姐姐表现出来，开始进行哲学思考。所以在她成为永生的神之前，她成为完全的人。

索 引

（以下阿拉伯数字为英文版页码）

图书在版编目（CIP）数据

　　古典诗学之路：相遇与反思：与伯纳德特聚谈/（美）伯格著；肖涧译.
-- 2 版. --北京：华夏出版社，2016.6
　　（西方传统：经典与解释）
　　书名原文：Encounters & Reflections
　　ISBN 978-7-5080-8713-9

　　Ⅰ.①古… Ⅱ.①伯… ②肖… Ⅲ.①古典哲学－研究－西方国家
Ⅳ.①B502

中国版本图书馆 CIP 数据核字(2016)第 000095 号

Encounters & Reflections: Conversations with Seth Benardete
With Robert Berman, Ronna Burger and Michael Davis.
Edited by Ronna Burger
Licensed by The University of Chicago Press , Chicago, Illinois,U.S.A
©2002 by The University of Chicago.
All rights reserved

古典诗学之路

作　　者	[美]罗娜·伯格
译　　者	肖　涧
责任编辑	陈希米
责任印制	刘　洋

出版发行	华夏出版社
经　　销	新华书店
印　　装	三河市少明印务有限公司
版　　次	2016 年 6 月北京第 2 版　　2016 年 8 月北京第 1 次印刷
开　　本	880×1230　　1/32
印　　张	10.25
字　　数	239 千字
定　　价	49.00 元

华夏出版社　　　地址:北京市东直门外香河园北里 4 号　　　邮编:100028
　　　　　　　　网址:www.hxph.com.cn　　　电话:(010)64663331(转)
若发现本版图书有印装质量问题，请与我社营销中心联系调换。

西方传统：经典与解释

中国传统：经典与解释
Classici et Commentarii

经典与解释

刘小枫　陈少明◎主编